CRISTOLOGÍA
LLENA DEL ESPÍRITU

Fusionando Teología y Poder

CRISTOLOGÍA
LLENA DEL ESPÍRITU

Fusionando Teología y Poder[1]

"Yo, la luz, he venido al mundo, para que todo el que cree en mí no permanezca en tinieblas." (Juan 12:46)
—Jesús

David W. Dorries, Ph.D.

Traducido por
Edgar González Jaime, M.Div., J.D.

WORD & SPIRIT PRESS

Cristología Llena del Espíritu: Fusionando Teología y Poder. Publicado en inglés bajo el título: *Spirit-Filled Christology: Merging Theology and Power* por Aventine Press.

A menos que se indique lo contrario, todas las citas bíblicas son tomadas de LA BIBLIA DE LAS AMERICAS, Copyright © 1986, 1995, 1997 by The Lockman Foundation usadas con permiso.

© Copyright 2006 por David W. Dorries
Publicado por Word & Spirit Press
www.WandSP.com
Primera Edición

Sin limitar los derechos bajo el Copyright anterior, se reservan todos los derechos. Ninguna porción o parte de esta obra se puede reproducir, ni guardar ni introducir en un sistema de almacenamiento de información, ni transmitir en ninguna forma por ningún medio (electrónico, mecánico, fotocopias, grabaciones, etc.) sin el previo permiso expreso y escrito de ambos, el dueño de los derechos de Copyright y la casa publicadora de este libro.

ISBN: 0-9785352-1-9
Impreso en los Estados Unidos de Norteamérica
TODOS LOS DERECHOS RESERVADOS

Tabla de Contenido

Dedicatoria 1

Agradecimientos 3

Prefacio 5

Introducción 9

Capítulo 1 JESUCRISTO: LÍDER QUE EMERGE 19

Capítulo 2 MESÍAS 25

Capítulo 3 MUERTE Y RESURRECCIÓN 33

Capítulo 4 ASCENSIÓN E IMPARTICIÓN 39

Capítulo 5 PRESENCIA CONTINUA 45

Capítulo 6 INTERPRETACIONES QUE
DIFIEREN ACERCA DE JESÚS 53

Capítulo 7 HIJO DE DIOS:
Recobrando al Mesías del Antiguo Testamento 59

Capítulo 8 HIJO DE DIOS:
El Testimonio del Nuevo Testamento 67

Capítulo 9 HIJO DE DIOS:
Historia Cristiana y la Amenaza del Arrianismo 75

Capítulo 10 HIJO DE DIOS:
Historia Cristiana y las Amenazas del Nestorianismo
y el Liberalismo 85

Capítulo 11 HIJO DE HOMBRE:
El Trasfondo del Antiguo Testamento 93

Capítulo 12 HIJO DE HOMBRE:
El Testimonio del Nuevo Testamento 105

Capítulo 13 HIJO DE HOMBRE:
El Desafío Gnóstico a la Humanidad
Verdadera de Jesús 113

Capítulo 14 HIJO DE HOMBRE:
El Desafío Apolinario a la Humanidad
Verdadera de Jesús 125

Capítulo 15 HIJO DE HOMBRE:
El Desafío Eutiquiano a la Humanidad
Verdadera de Jesús 133

Capítulo 16 JESÚS: PRIMERO UN DON,
LUEGO EJEMPLO
Cristología y la Gracia de Dios 145

Capítulo 17 JESÚS: PRIMERO UN DON,
LUEGO EJEMPLO
Jesús como un Don: El Desafío del Pelagianismo 153

Capítulo 18 JESÚS: PRIMERO UN DON,
LUEGO EJEMPLO
Jesús como un Don: El Desafío del Semi-Pelagianismo. 163

Capítulo 19 JESÚS: PRIMERO UN DON,
LUEGO EJEMPLO
Semi-Pelagianismo y Conversión 171

Capítulo 20 JESÚS: PRIMERO UN DON,
LUEGO EJEMPLO
Semi-Pelagianismo y Santificación 179

Capítulo 21 JESÚS: PRIMERO UN DON,
LUEGO EJEMPLO
Semi-Pelagianismo Hasta el Día Presente 189

Contenido

Capítulo 22 JESÚS: PRIMERO UN DON, LUEGO EJEMPLO
Jesús como Ejemplo: Dependencia del Espíritu 203

Capítulo 23 JESÚS: PRIMERO UN DON, LUEGO EJEMPLO
Jesús como Ejemplo: Bautismo del Espíritu 217

Capítulo 24 JESÚS: PRIMERO UN DON, LUEGO EJEMPLO
Jesús como Ejemplo: Receptor del Espíritu 225

Capítulo 25 JESÚS: PRIMERO UN DON, LUEGO EJEMPLO
Jesús como Ejemplo: Dar Poder 237

Capítulo 26 JESÚS: PRIMERO UN DON, LUEGO EJEMPLO
Jesús como Ejemplo: Hablar en Lenguas 251

Capítulo 27 RECOBRO CRISTOLÓGICO
La Teoría de "Oprimir el Botón" de la Divinidad de Jesús 277

APÉNDICE 1
60 Afirmaciones de la Cristología Llena del Espíritu.. 293

APÉNDICE 2
CARTA DE ORAL ROBERTS 309

APÉNDICE 3
COMO RECIBIR A JESÚS COMO TU SALVADOR PERSONAL 313

APÉNDICE 4
COMO RECIBIR EL BAUTISMO EN EL ESPIRITU SANTO 315

NOTAS 319

DEDICATORIA

A Mariela,
mi sueño hecho realidad.
Para mí, eres una expresión tangible de Jesús.
Tu fiel y tierno amor hacen que
florezca lo mejor en mí.

Agradecimientos

El que este libro sea publicado ahora, es un tributo, sobre todo, a la gracia de Dios. Estoy agradecido por la orquestación de todos los eventos en mi vida que hicieron posible este momento. El contribuir a la familia de Cristianos en el ámbito mundial con un tratado en la materia de la persona y obra de Jesucristo, representa para mí un honor que no se puede expresar. Si el Señorío de Jesús es extendido en la iglesia o en el mundo a cualquier nivel como resultado de este libro, estaré complacido.

Mariela, mi esposa, se merece mi más profundo agradecimiento. Ella ha sido un sostén amoroso durante los dos años que este libro ha estado en proceso. Ella ha creído en mí, y en la importancia de este libro, y cuando la tarea pareció demasiado abrumadora, estimuló mi determinación de concluirlo. Mis hijos, Paul, Davis, y John también me han brindado mucho amor y aliento. También, deseo expresar mi agradecimiento a mis padres, Bill y Virginia Dorries, y a mi hermana y su esposo, Martha y Clark Whitten por sus constantes oraciones y respaldo a través de los años.

Ofrezco mi más sincero agradecimiento al Presidente Richard Roberts, al Oficial y Jefe Académico Ralph Fagin, y a la Junta Directiva de Regentes de la Universidad Oral Roberts por la sabática ofrecida en la primavera del 2004. Esos meses al principio del proyecto, que sirvieron para el enfoque de redacción, fueron altamente productivos. Mi más profundo agradecimiento a mis dos Decanos, Dr. William Jeringan en el Centro de Recursos de Aprendizaje y al Dr. Thomson Mathew en la Escuela de Teología y Misiones, quienes han ido más allá del llamado a sus deberes para facilitar este proyecto escrito. Estoy sinceramente agradecido a mi amigo y colega, Dr. Daniel Thimell, no tan solo por su valiosa opinión en muchas ocasiones durante el transcurso de la redacción de este libro, pero por su perdurable amistad por más de veinte años.

Quisiera honrar la memoria de mis queridos mentores en la Universidad de Aberdeen, los Profesores George S. S. Yule y James B. Torrance. Sus esfuerzos de cimentarme en los esenciales doctrinales Trinitarios del Evangelio, fueron apostólicos en el impacto formativo que ejercieron sobre mi vida y ministerio. Aunque su partida es distante, honro la memoria de Edward Irving. No es una tarea simple el diferenciar mi teología de la de Irving. Agradezco que valientemente enseñara el Jesús de santidad y poder a través del Espíritu y la herencia que tiene la iglesia en ello. Tengo una deuda con la visión de Irving, por lo que me gustaría pensar que este libro, en alguna manera, extenderá su legado, el cual ha sido tan rechazado.

Prefacio

Recientemente, mientras me dirigía a un grupo, les comentaba sobre mi especialización en el área académica. En forma de broma les dije que ¡**mi especialidad es Jesucristo**! Aunque mi área técnica es la Historia de la Iglesia, no es broma que la disciplina de la persona y obra de Jesucristo (Cristología) ha dominado el contenido y motivación de mi enseñanza.

Este libro representa la destilación de más de veintidós años de investigación, enseñanza, y redacción en la materia de la Cristología. El cimiento de *Cristología Llena del Espíritu* fue colocado durante mis años de estudio de Ph.D. en la Universidad de Aberdeen en Escocia. Los Profesores George S. S. Yule y James B. Torrance fueron mentores ideales para guiarme a través de los escritos y teologías de los Padres de la Iglesia y de los Reformadores Protestantes.

El escoger como tema para mi tesis doctoral, la Cristología del pastor Británico del siglo diecinueve, Edward Irving, probó ser providencial. Irving endosó las expresiones continuas de los dones sobrenaturales, las señales y milagros del Espíritu desde una base Cristológica. Los escritos de Irving me asistieron en el fusionar las implicaciones de la Cristología Encarnacional y la necesidad de la iglesia de recibir poder en su misión. La crítica de Agustín al Pelagianismo y la corrección de Lutero al Semi-Pelagianismo abrieron para mí la dimensión de la gracia. La apropiación del creyente a los beneficios de Jesús y la apropiación de su ministerio extendido siempre permanecen en el contexto de la iniciativa y el don de Dios.

Ningún otro evento pudo haber sido más de Dios, como el que se me ofrecieran una posición en la facultad graduada de la Universidad Oral Roberts tan pronto había finalizado mis estudios graduados. Durante las etapas tempranas de la renovación Carismática, Oral Roberts tuvo la visión de crear un seminario completamente acreditado como parte de su universidad, anticipando así el entrenamiento de líderes que energizaran este movimiento de expansión internacional. El vio lo significativo de fusionar teología sana con la dimensión experiencial del poder del Espíritu Santo. Cuan revelador es ver la declaración realizada por Oral Roberts durante la fundación del seminario. "Yo creo que el movimiento carismático tiene el poder *sin la teología* y que la iglesia en general tiene una teología sumamente critica *sin el poder*. Quiero que la nueva Escuela Graduada de Teología de la Universidad Oral Roberts ponga ambas juntas, y quiero ver que la iglesia se convierta en iglesia y por lo tanto convertirse en el instrumento del Espíritu Santo que debe ser". [2]

El dedicar mi vida a la tarea de entrenar por casi veinte años a estudiantes ministeriales dentro del diverso y estimulante ambiente de la Universidad Oral Roberts, continúa siendo un gran privilegio y un gozo para mí. Mientras los estudiantes se afianzan a la sustancia de *Cristología Llena del Espíritu*, salen de nuestra universidad con un modelo teológico / práctico capaz de revitalizar la iglesia con una unción fresca del Espíritu Santo. Mi oración es que este libro se extienda más allá de las aulas de la Universidad Oral Roberts, haciendo su viaje a las partes más remotas del mundo donde aquellos líderes de la iglesia, que jamás podrán salir de los límites de sus pueblos y ciudades, puedan ser expuestos a los mismos principios que disfrutan nuestros estudiantes en Tulsa, Oklahoma.

Introducción

Crecimiento Explosivo

Experiencialismo Desequilibrado

Tendencias Peligrosas

Alternativa Excepcional

Retos del Tercer Mundo

Cristología la Llave

Necesidad de Un Enfoque Refrescante

Movimiento de Reflexión a Acción

Bíblicamente basado e Históricamente Informado

Cristología Llena del Espíritu: Curso de Desarrollo

Estrategias de Satanás

Entrenando y Renovando el Intelecto

Cristología Llena del Espíritu: Reinterpretación Fundacional

Introducción

Crecimiento Explosivo

Desde el siglo pasado, el Cristianismo está experimentando una expansión mundial sin precedentes.[3] Es especialmente digno de atención el crecimiento explosivo de los Independientes (Cristianos no afiliados a organizaciones denominacionales), representando a más de 386 millones de adherentes a partir del año 2000. De entre los Independientes, los NeoCarismáticos[4] representan más de 295 millones de miembros en sus filas. El crecimiento de los Independientes responde grandemente al gran cambio de dirección en la demografía Cristiana. En el 1900, los Estados Unidos y Europa formaban el centro demográfico del Cristianismo mundial. En el 2000, el epicentro ha cambiado a América Latina, África y Asia.

Experiencialismo Desequilibrado

Claro está, hay mucho que celebrar respecto al rápido crecimiento y diversificación del Cristianismo. No obstante, al examinar más de cerca estas tendencias, nos deja con preocupación. Una orientación experiencial para con la fe Cristiana ha sido una característica general del movimiento Pentecostal/Carismático del siglo veinte. Este continúa siendo el caso entre los Neocarismáticos a medida que esta Tercera Ola de Pentecostalismo sigue dejando su marca entre las naciones del Tercer Mundo. El énfasis de experiencias y ministerio práctico es bueno cuando está balanceado con sana doctrina Cristiana que informa la enseñanza y predicación del Evangelio. A pesar de la expansión actual de la iglesia, ésta debe guardarse a sí misma contra un experiencialismo que tienda a ser reaccionario contra las dimensiones racionales y doctrinales.

TENDENCIAS PELIGROSAS

El sector Independiente del Cristianismo, al estar libre del control denominacional, opera sin cobertura protectora a la cual deba responder por sus creencias y prácticas. Esto es particularmente visible en su enfoque de entrenamiento de liderato. Las iglesias Independientes prefieren formas de entrenamiento informal internas, por encima de formatos académicos tradicionales. La educación formal, en su sentido tradicional, ya no es considerada como necesaria o deseable. Disciplinas teológicas inclinadas a contenido, a menudo son vistas como anticuadas e irrelevantes a las preocupaciones del diario vivir, y están siendo reemplazadas por entrenamiento inclinado a técnicas y ministerio práctico, donde los aprendices aprenden al ejecutar. El espíritu de la época que está incursionando en la iglesia de hoy es orgullosamente anti-intelectual, anti-doctrinal, anti-teológico, y anti-educacional.

ALTERNATIVA EXCEPCIONAL

A través de la historia del Pentecostalismo, individuos excepcionales se han opuesto a la tendencia del anti-intelectualismo. Más que cualquier otra figura en el Cristianismo, Oral Roberts reconfiguró el movimiento Pentecostal/Carismático positivamente para lograr un lugar de aceptación dentro de la vida pública americana. Posiblemente su mayor logro fue el establecer una muy desarrollada institución académica acreditada, la Universidad Oral Roberts, para apoyar el creciente movimiento Pentecostal/Carismático. La universidad incluye educación teológica a nivel graduado, ofreciendo así a las filas del progresivo movimiento internacional Neocarismático el más alto nivel de entrenamiento académico teológico.[5]

RETOS DEL TERCER MUNDO

No obstante, con el rápido crecimiento y diversificación de los Neocarismáticos, las instituciones existentes están experimentando gran dificultad en lidiar adecuadamente con los cambios dinámicos y las necesidades desesperantes de la iglesia del siglo veintiuno.

Por ejemplo, nuevas congregaciones están floreciendo de la noche a la mañana en Naciones en Desarrollo, con un liderato que no está entrenado para atender la congregación. Un caso fue reportado en China donde jóvenes adolescentes fueron colocadas al frente de una inmensa congregación simplemente porque eran las únicas integrantes del grupo que sabían leer y escribir.[6] Cientos de líderes son puestos a cargo de congregaciones sin tener ningún entrenamiento formal y con muy pocas posibilidades de obtener el mismo algún día. El reto que enfrentan las pocas instituciones capaces de proveer un entrenamiento teológico balanceado, las cuales están casi todas geográficamente situadas en el occidente, es el llegar a ser más innovadores y adaptables con relación al contexto que se está desarrollando. Creatividad, accesibilidad financiera, y movilidad son características obvias que deben ser adoptadas si los programas teológicos tradicionales vienen a ser parte de la solución para los nuevos Independientes. El entrenamiento sencillo que no ofrece grados académicos, el cuál es transmitido por medio de campus satélites y medios electrónicos, es un potencial para los seminarios del mañana.

CRISTOLOGÍA LA LLAVE

Junto a los nuevos sistemas de entrega, los cuales son igualmente importantes para enfrentar las necesidades urgentes del cambiante contexto de la iglesia, está el contenido teológico del entrenamiento. Ninguna necesidad es más crítica que la reevaluación y reconstrucción del factor Cristológico en la educación teológica. El Apóstol Pablo ilustra esta realidad al comparar un edificio con la Iglesia Cristiana (Efesios 2:19-22). La parte más vital del proceso es el establecer la piedra angular. La fuerza del cimiento, el cual sostiene todo el edificio, depende de que la piedra angular sea colocada correctamente. Jesucristo es la piedra angular de la iglesia. Todo se mantiene en pie o cae con Él. Cuando Jesucristo es conocido y experimentado correctamente, la iglesia que lleva su nombre será saludable y vital.

NECESIDAD DE UN ENFOQUE REFRESCANTE

Esto me lleva al propósito de escribir este libro. La iglesia moderna, incluyendo el creciente sector Independiente, necesita un enfoque refrescante hacia la Cristología. Por consiguiente, estoy proponiendo *Cristología Llena del Espíritu* como un modelo a consideración. Este enfoque satisface dos necesidades mayores. Primero, esta Cristología es fiel al testimonio Bíblico, y es consistente con la ortodoxia de los credos y concilios, y los Padres y Reformadores de la iglesia. Este enfoque provee un sentido de arraigo y continuidad con la ortodoxia tradicional, contrastando con el individualismo relativista de nuestra era. Segundo, *Cristología Llena del Espíritu* hace necesaria la dinámica experiencial del Espíritu Santo. Este enfoque no puede ser afirmado meramente a un nivel teológico. Un acuerdo teológico compele a una acción responsable. Uno no puede auténticamente confesar adherencia a *Cristología Llena del Espíritu* sin responder a sus consecuencias conductuales. Nuestra era, espiritualmente hambrienta, necesita un fundamento teológico que ofrezca salud, totalidad, y vitalidad auténtica. La vida encarnada de Cristo, ejemplifica autenticidad máxima en estas áreas, y *Cristología Llena del Espíritu* extiende a cada creyente la máxima vida posible, en la experiencia humana.

MOVIMIENTO DE REFLEXIÓN A ACCIÓN

Al borde de una crisis de liderato en el mundo Cristiano, no existe ninguna prioridad más enorme que aquella de la implementación de un extensivo esfuerzo educacional para proveer a los líderes Cristianos con el reto de reevaluar nuestras creencias Cristológicas para asegurar que estamos construyendo sobre un fundamento inmovible. Creo que si este modelo es entendido a un nivel abarcador, acarrea con él, el potencial para centrar la diversidad de la presente expansión sobre los esenciales del Evangelio, produciendo una vida Cristiana saludable y vital. Esta es una verdad revolucionaria, encarnando el ímpetu para un avivamiento abarcador y una reforma del Cristianismo a largo

Introducción

alcance. *Cristología Llena del Espíritu* nos mueve de reflexión a acción, apremiando a los creyentes a responder a la iniciativa del Espíritu de seguir el modelo de Jesús en Su ministerio público y el de la iglesia en el libro de Hechos.

Bíblicamente Basado e Históricamente Informado

En la preparación de este libro he tratado de lidiar con varios desafíos. *Cristología Llena del Espíritu* es presentado con un contenido académico sustantivo, sin embargo es articulado con el intento de evitar la jerga académica y minucia. También, una Cristología sana debe pasar dos pruebas. 1) **Debe ser firmemente bíblica en su composición.** La Cristología que no es cabalmente bíblica carece de revelación autoritativa y es una construcción humana susceptible de destrucción. 2) **Una Cristología sana también debe ser históricamente informada.** La Cristología, como un componente de la teología, ha experimentado desarrollo histórico por el espacio de casi veinte siglos de historia de la iglesia. Varias teorías con respecto a la persona de Jesucristo y la naturaleza de su obra ganaron reconocimiento durante períodos de la historia de la iglesia. Cuando la iglesia respondió a esas teorías, se desarrolló un cuerpo de conocimiento que reforzó grandemente el concienciar las sutilezas de la disciplina Cristológica. Es ingenuo y tonto, el abogar por un modelo Cristológico por la consideración de la iglesia de hoy sin hacer referencia a la sabiduría que puede ser adquirida de la rica historia del desarrollo Cristológico.

Cristología Llena del Espíritu: Curso de Desarrollo

Introducción — Los cambios dramáticos en el Cristianismo contemporáneo requieren un enfoque refrescante hacia la Cristología.

Capítulos 1 al 5: Un retrato biográfico de Jesucristo desde la narrativa de los Evangelios en Las Escrituras.

Capítulo 6: Interpretaciones que difieren de Jesús durante el desarrollo de la historia de la iglesia.

Capítulos 7 y 8: La identidad de Jesús como **Hijo de Dios**, según desarrollado en ambos, el Antiguo y Nuevo Testamento.

Capítulos 9 y 10: Desafíos a la deidad de Jesús desde la iglesia antigua.

Capítulos 11 y 12: La revelación en Las Escrituras de la identidad de Jesús como **Hijo de Hombre**.

Capítulos 13 al 15: Desafíos históricos a la verdadera humanidad de Jesús desde el Cristianismo antiguo.

Capítulo 15: Discusiones completas respecto a las naturalezas únicas de Jesús como Dios y hombre, y la interrelación entre esas naturalezas.

Capítulo 16: La declaración de Martín Lutero, "Jesús es primero un don, y luego un ejemplo," comienza un extenso estudio respecto a la naturaleza de la gracia de Dios revelada en Jesucristo.

Capítulos 17 al 21: Jesús es don – desafíos históricos.

Capítulos 22 al 25: La manera única de Jesús sirviendo como ejemplo al creyente y a la iglesia (incluyendo los planteamientos de Jesús como Dador y Receptor del Espíritu Santo, así como el carácter del Bautismo en el Espíritu).

Capítulo 26: **Hablar en Lenguas**, su historia a través del Cristianismo y su rol en el Bautismo del Espíritu.

Capítulo 27: Un análisis del error Cristológico moderno y la crítica, provista por *Cristología Llena del Espíritu*.

ESTRATEGIAS DE SATANÁS

Luchamos contra un enemigo malo, el maestro del engaño, cuyo resumé contiene siglos de conflicto contra la iglesia. Satanás no

Introducción

tiene nuevos trucos contra la iglesia. Agotó su arsenal de herejías contra la iglesia antigua y fue derrotado en todas las ocasiones. Desde el Concilio de Orange, él continúa con su única ventaja la cual es el reintroducir sus viejos trucos con nuevos disfraces. Él sabe que la Cristología ya no es una prioridad en la iglesia de hoy, y está trabajando con la premisa de que los nuevos competidores ignorarán las controversias antiguas, y las exitosas estrategias empleadas en su contra por los antiguos campeones de la fe.

Entrenado y Renovando el Intelecto

En vez de lamentarnos por esta tendencia, sugiero que todos los creyentes, particularmente aquellos que están en posiciones de autoridad local, lleguen a ser estudiantes informados de Cristología. Los requerimientos primarios son, una pasión para la preservación de las verdades Cristológicas, y una medida de disciplina para dominar el material Bíblico básico, histórico y teológico. El verdadero conocimiento de Cristo debe ser preservado en cada generación. El creyente cuyo intelecto es renovado por las Santas Escrituras y es entrenado por el estudio de los desarrollos históricos acerca de Jesús, está más disponible al Espíritu Santo para la tarea de proclamar y demostrar el Evangelio al mundo de hoy.

Cristología Llena del Espíritu: Reinterpretación Fundamental

La iglesia de hoy necesita una nueva **Definición de Fe**;[7] una reinterpretación fundamental sobre Jesucristo y Su propósito, ofreciendo así la oportunidad de armonizar la diversidad del Cristianismo y resistir el relativismo divisivo. *Cristología Llena del Espíritu* ofrece una interpretación fresca y dinámica sobre la persona y propósito de Jesús. Su autoridad está fundada en Las Escrituras, y su comprensión y aplicación está realzada por perspectivas del desarrollo Cristológico de la historia Cristiana. ¡Entra hacia este viaje con una expectativa de descubrimiento!

Capítulo 1
Jesucristo: Líder que Emerge

Jesús Fue una Figura Histórica Real

Jesús Adoptó la Fe Judía

Juan El Bautista

Los Discípulos de Jesús

Haciendo Individuos Completos

Capítulo 1

Jesucristo: Líder que Emerge

Jesús Fue una Figura Histórica Real[8]

Jesús nació en Belén, Judea, en el año 4 ó 5 D.C. Después de haber vivido brevemente en Egipto, Sus padres, María y José[9] se establecieron en Nazaret de Galilea, donde Jesús pasó Su vida temprana. Jesús tuvo hermanos y hermanas.[10] Siguió los pasos de su padre al tomar la profesión de la carpintería.

Jesús Adoptó la Fe Judía

La vida de Jesús hasta la edad de treinta años debe haber parecido bastante tranquila. Sin embargo, Su herencia Judía estaba formando Su identidad en una manera profunda. Cuando alcanzó los treinta años, dejó atrás el oficio de la carpintería y se lanzó a un ministerio público intrépido que finalmente revolucionaría la historia mundial.

Aun así, el levantamiento de Jesús como líder religioso no vino a través de los canales formales de poder dentro del establecimiento Judío. Evadiendo la estructura de poder del mundo religioso, Jesús escogió unirse inicialmente con un movimiento popular y controversial fuera del establecimiento guiado por una figura profética llamada Juan el Bautista. Jesús y Juan no eran extraños el uno para el otro, ya que sus madres eran parientes. (Lucas 7:28)

Juan El Bautista

Jesús escogió la ocasión de una de las reuniones de Juan para hacer su primera aparición en público. Al emerger de las aguas del bautismo de Juan, Jesús se lanzó a iniciar su ministerio itinerante entre los Judíos. El movimiento de Juan no volvió a ser el mismo. El entendió, que su breve encuentro con Jesús fue el clímax de su propio ministerio. Interpretó el despertamiento profético que él encendió como meramente preparatorio a la misión ahora forjada por Jesús. Juan explicó, "Yo a la verdad os bautizo con agua para arrepentimiento, pero el que viene detrás de mí es más poderoso que yo, a quien no soy digno de quitarle las sandalias; El os bautizará con el Espíritu Santo y con fuego". (Mateo 3:11) Resumiendo su propio rol con relación a Jesús, Juan declaró, "Vosotros mismos me sois testigos de que dije: 'Yo no soy el Cristo, sino que he sido enviado delante de El'. ...Es necesario que El crezca, y que yo disminuya". (Juan 3:28, 30) Cuando Jesús comenzó su trabajo, Juan terminó el suyo, dejando libres a sus seguidores para que fuesen seguidores de Jesús. La vida de Juan tuvo una conclusión abrupta cuando él retó el estilo de vida inmoral que tenía Herodes, el rey de Judea. Primero fue preso, y al corto tiempo fue decapitado por el cruel de Herodes.

Los Discípulos de Jesús

Así que Jesús se aventuró al ministerio por su cuenta, alineándose a sí mismo con el Dios de los Judíos, pero sin ningún respaldo oficial por parte del establecimiento religioso Judío. Aun así Jesús no trabajó solo. Él exclusivamente escogió a doce hombres sin ningún entrenamiento religioso previo para formar Su círculo íntimo de discípulos.[12] Ellos inmediatamente dejaron sus trabajos y hogares para seguir a Jesús. Los doce vivieron con Jesús, viajando y ministrando con Él. Un sin número de féminas también trabajó de cerca con Jesús y los discípulos, algunas siendo parientes del grupo. Durante el tercer y último año del ministerio público de Jesús, éste asignó a un círculo mayor de setenta discípulos, para realizar una misión especial. Esto no parecía ser un llamado permanente.

Parte de la misión de Jesús fue el entrenar a Sus doce discípulos a asumir el liderato de Su ministerio después de su partida. Continuamente les enseñaba, y frecuentemente les permitió ministrar a la gente en Su nombre. El ministerio de Jesús ganó visibilidad y reconocimiento rápidamente, y la mayor parte de Su tiempo la pasó predicando y supliendo las necesidades de multitudes de personas. Dondequiera que viajaba las personas se agolpaban alrededor de Él, y tuvo tanta demanda que tenía dificultad para encontrar tiempo hasta para comer. La oración personal con Su Padre celestial era una parte vital de su vida, y no era raro el que sacrificara su tiempo de dormir para orar de noche.

Haciendo Individuos Completos

Jesús ministró a personas individualmente. Aun cuando las multitudes se agolpaban alrededor de Él, fue sensitivo a las necesidades de los individuos.[12] Se preocupó por las necesidades inmediatas de las personas, así como de su condición eterna. Su ministerio fue a la persona total, comprendiendo el aspecto espiritual, emocional, mental, y físico de la vida humana. Jesús equiparó Su llegada, con la entrada del reino de Dios en la tierra, y llamó a las personas a entrar en las bendiciones y beneficios del reino. Así como lo dijo Jesús, "El tiempo se ha cumplido y el reino de Dios se ha acercado; arrepentíos y creed en el evangelio". (Marcos 1:15) Jesús predicó y enseñó acerca de los específicos del reino de Dios. El participar significó el perdón de los pecados, renacer espiritualmente con la promesa de la vida eterna, liberación de la opresión demoníaca, sanidad y salud para el cuerpo, y una vida fundada en la verdad y en el amor incondicional de Dios.

El evangelio significa "buenas nuevas," y la aparición de Jesús en Judea ciertamente significó buenas nuevas para las personas que estaban dispuestas a recibir Su mensaje y ministerio. La mejor noticia fue que Jesús les estaba ofreciendo a las personas una relación con Dios Padre, una relación de calidad inseparable unida con Su propia vida y destino. Ciertamente, una persona que pueda meditar significativamente en la naturaleza de la relación entre Dios y la humanidad, no es una persona ordinaria, aun cuando sea un profeta, un maestro o uno que realiza milagros. Jesús se puso a sí mismo en una posición poca común rara vez intentada, y solamente por líderes Hebreos previos. El se identificó a sí mismo como el Mesías del pueblo Judío. La vida y el ministerio de Jesús no pueden ser interpretados con precisión separados de su rol auto impuesto.

Capítulo 2
Mesías

Según la Promesa

Cordero de Dios

Jesús Anticipó Su Muerte

Falsas Expectativas

No es un Reino Político

Capítulo 2

Mesías

Según la Promesa

La promesa de un Mesías que viene ha sido entretejida en la fibra del legado Judío desde el tiempo del Padre Abraham. Mesías significa "El Ungido" de Dios, "El Cristo", El Salvador de las personas. Isaías, el profeta Hebreo, predijo la llegada de "El Ungido", y describió el tipo de liberación que Este traería a las personas. "El Espíritu del Señor Dios está sobre mí, porque me ha ungido el Señor para traer buenas nuevas a los afligidos; me ha enviado para vendar a los quebrantados de corazón, para proclamar libertad a los cautivos y liberación a los prisioneros". (Isaías 61:1) El día llegó cuando Jesús se puso de pie en la sinagoga de su pueblo natal Nazaret, buscó el pasaje previamente expresado por Isaías y lo leyó a la gente. Después de cerrar el libro, Jesús audazmente declaró, "Hoy se ha cumplido esta Escritura que habéis oído". (Lucas 4:21) Otra referencia clara al entendimiento propio de Jesús es expresada en el Evangelio de Juan. Mientras Jesús dialogaba con la mujer samaritana, ésta declaró, "Sé que el Mesías viene (el que es llamado Cristo); cuando El venga nos declarará todo. Jesús le dijo: Yo soy, el que habla contigo". (Juan 4:25-26)

Cordero de Dios

Conectado cercanamente con la promesa Mesiánica está la anticipación de la llegada del "Cordero de Dios", aquel cuya muerte de sacrificio expiaría por los pecados del pueblo. La noción de la muerte de un cordero no haría sentido sin el conocimiento del sistema de sacrificios expiatorios de la adoración Judía. El Dios Hebreo estableció este ritual de expiación durante el liderato de Moisés. Dios habló directamente a Moisés diciendo, "Ordena a los hijos de Israel, y diles: 'Tendréis cuidado de presentar mi ofrenda. ... y les dirás: Esta es la ofrenda encendida que ofreceréis al Señor: dos corderos de un año, sin defecto, cada día como holocausto continuo.'" (Números 28:2-3) La sangre del animal sería ofrecida a Dios en el altar por el sacerdote para hacer expiación por los pecados del pueblo.

Sin embargo, no era la intención el que este sistema fuera perpetuo. Fue dado por un tiempo sirviendo como una representación gráfica ritualista de necesidad para que una víctima más adecuada que animales, fuera presentada, y cuya muerte, aunque inmerecida, fuera libremente ofrecida y aceptada por Dios como una expiación final por los pecados del mundo. El profeta Hebreo Isaías visionó la llegada de un Cordero cuya muerte eliminaría por siempre el sacrificio de animales. "Más El fue herido por nuestras transgresiones, molido por nuestras iniquidades. El castigo, por nuestra paz, cayó sobre El, y por sus heridas hemos sido sanados. ...Pero quiso el Señor quebrantarle, sometiéndole a padecimiento. Cuando El se entregue a sí mismo como ofrenda de expiación, ...Porque derramó su alma hasta la muerte y con los transgresores fue contado, llevando El pecado de muchos, e intercediendo por los transgresores". (Isaías 53:5, 10, 12)

Jesús Anticipó Su Muerte

Jesús apareció en Israel con el propósito expreso de servir como El Cordero sacrificatorio. Vivió Su vida en una realización plena y en una disposición completa de que El estaba destinado a ofrecer Su vida como sacrificio expiatorio por los pecados del mundo. Juan el Bautista estaba consciente del destino de Jesús como Cordero sacrificatorio de Dios. "Al día siguiente vio a Jesús que venía hacia él, y dijo: He ahí el Cordero de Dios que quita el pecado del mundo". (Juan 1:29) El libro de Apocalipsis honra a Jesús como El Cordero victorioso que conquistó al entregar Su vida como una ofrenda. "Digno eres de tomar el libro y de abrir sus sellos, porque tú fuiste inmolado, y con tu sangre compraste para Dios a gente de toda tribu, lengua, pueblo y nación". (Apocalipsis 5:9)

Para prepararlos para su partida, Jesús relató en un sin número de ocasiones a Sus discípulos, que era necesario que lo mataran para el cumplimiento de Su misión. Aun cuando predijo Su futura crucifixión y resurrección, Sus discípulos no pudieron comprender que su Mesías enfrentaría un destino como ese. "Desde entonces Jesucristo comenzó a declarar a sus discípulos que debía ir a Jerusalén y sufrir muchas cosas de parte de los ancianos, de los principales y de los escribas, y ser muerto, y resucitar al tercer día. Y tomándole aparte, Pedro comenzó a reprenderle, diciendo: ¡No lo permita Dios, Señor! Eso nunca te acontecerá. Pero volviéndose El, dijo a Pedro: ¡Quítate de delante de mí, Satanás! Me eres piedra de tropiezo; porque no estás pensando en las cosas de Dios, sino en las de los hombres". (Mateo 16:21-23) En otra ocasión, los discípulos fracasaron en ver en el gesto humilde de una mujer al ésta derramar un frasco de perfume costoso sobre el cuerpo de Jesús; el preludio a Su muerte cercana. Vieron su acto como una pérdida, pero Jesús reconoció el significado de su acto. "Pero algunos estaban indignados y se decían unos a otros: '¿Para qué se ha hecho este desperdicio de perfume? Porque este perfume podía haberse vendido por más de trescientos denarios, y dado el dinero a los pobres.' Y la reprendían. Pero Jesús dijo: '¿por qué la molestáis? Buena obra ha hecho conmigo... se ha anticipado a ungir mi cuerpo para la sepultura'". (Marcos 14:4-6,8)

Falsas Expectativas

Jesús estaba siendo dirigido por una interpretación diferente y radical del rol del Mesías de aquella típica visión prevaleciente dentro de la cultura Judía. Aun sus propios discípulos, los cuales tenían confianza en Su Mesianando, tenían problemas viendo que el sufrimiento y la muerte eran componentes vitales. Vino a ser aparente que el liderato religioso judío sucumbió a las expectativas populares de la identidad del Mesías, aun cuando significó poner a un lado las consideraciones bíblicas que informaban el entendimiento que Jesús tenía de sí mismo.

Esto nos ayuda a entender mejor el irónico y además trágico desarrollo de la persecución de Jesús por las autoridades religiosas. Enloquecieron y se sintieron amenazados por el comportamiento de Jesús ya que El no se aproximaba ni encajaba en sus expectativas del Mesías. Sin embargo, en el mismo acto de rechazar y desechar a Jesús, estaban asistiendo inadvertidamente el cumplimiento de Su propósito Mesiánico. Al conspirar exitosamente para eliminarlo, meramente participaron en la realización profética de Su misión Mesiánica de morir como El Cordero expiatorio por los pecados del mundo.

NO ES UN REINO POLÍTICO

"A lo suyo vino, y los suyos no le recibieron". (Juan 1:1) Los líderes religiosos y la cultura Hebrea en general, fallaron grandemente en reconocer a Jesús como El Mesías porque no estaban en contacto con su propia fundación bíblica. Si hubiesen estado comprometidos con la verdad de La Escritura no hubiesen identificado erróneamente a Jesús. Jesús confrontó una mentalidad cultural que muy estrechamente ataba su visión de la llegada de un Mesías con patriotismo y ambición política. Las personas anhelaron la llegada de un libertador con poder militar y político capaz de libertar a Israel de la subordinación romana y formarla en una nación independiente.[13]

La misión Mesiánica de Jesús comprendió unas metas más elevadas que aquella de una reorganización social. El Rey Jesús prometió liberación de la atadura del pecado. El participar en su reino significó una vida de abundancia en este mundo, y vida eterna desde ese momento en adelante. El vino como el Mesías Judío, pero la recompensa de su liberación trascendió el destino del pueblo Judío. El Mesías es también El Cordero sacrificatorio de Dios, cuya muerte debe preceder a la iniciación de Sus promesas gloriosas. Ya que la maldición del pecado es universal, la expiación del Cordero también es universal. El Apóstol Pablo afirmó que Jesús "se dio a sí mismo en rescate por todos". (I Timoteo 2:6) El Apóstol Juan testifica que Jesús "es la propiciación por nuestros pecados, y no sólo por los nuestros, sino también por los del mundo entero". (I Juan 2:2)

Capítulo 3
Muerte y Resurrección

La Cruz

¡Consumado Es!

Resurrección

Apariciones Pos-Resurrección

Capítulo 3

Muerte y Resurrección

La Cruz

Esta lucha entre expectativas mesiánicas conflictivas tuvo el resultado de la muerte de Jesús a los treinta y tres años de edad en el año 28 ó 29 D.C. Su ministerio público estalló sobre el área de Palestina como un meteoro sólo para ser extinguido en tres años. Cegados por celos y justa indignación, los líderes religiosos judíos planificaron acabar con la vida de Jesús. Con la cooperación de uno de los discípulos del círculo interno de Jesús (Judas Iscariote), los líderes religiosos arrestaron a Jesús y lo entregaron a las autoridades romanas para ejecutarlo. Poncio Pilato, el procurador romano de Judea, sentenció a Jesús a muerte por crucifixión. Pilato se encontró en un predicamento incómodo ya que no pudo encontrar ningún hecho erróneo en Jesús. Sin embargo, Jesús no negó frente a Pilato que Él era el Rey de los Judíos, por lo que Pilato temió a las represalias de sus superiores romanos si liberaba a un rival político potencial del César. La multitud sanguinaria exigió la crucifixión de Jesús y Pilato asintió.

Clavado a una cruz, Jesús fue sometido a la muerte más cruel posible en la sociedad romana. La crucifixión era la muerte lenta y agonizante reservada para los criminales comunes. Aun así, hasta el modo de morir que visitó a Jesús fue otro cumplimiento de profecía bíblica. En la Ley Hebraica, el castigo por pecado digno de muerte era el ser colgado en un árbol. A esa persona se le consideraba que estaba bajo una maldición de Dios. "...pues el colgado es maldito de Dios." (Deuteronomio 21:22-23) Aunque inocente de pecado, Jesús voluntariamente tomó el castigo de culpabilidad que la humanidad merecía. Por tomar el lugar del pecador, Él vino a estar sujeto a la maldición de Dios, rompiendo así el poder de la maldición y libertando al pecador de las consecuencias del pecado. El Apóstol Pablo resumió el logro de Jesús al tomar sobre sí mismo nuestra maldición. "Cristo nos redimió de la maldición de la ley, habiéndose hecho maldición por nosotros (porque escrito está: Maldito todo el que cuelga de un madero), a fin de que en Cristo Jesús la bendición de Abraham viniera a los gentiles, para que recibiéramos la promesa del Espíritu mediante la fe." (Gálatas 3:13-14)

Por seis horas Jesús pendió en la cruz suspendido entre el cielo y la tierra. Fue alzado a muerte de cruz por el bienestar de la raza humana. Mientras los soldados alzaban la cruz de Jesús en aquel día fundamental con Jesús sobre ella, estaban ayudando a cumplir otra de Sus predicciones. "Y yo, si soy levantado de la tierra, atraeré a todos a mí mismo. Pero El decía esto para indicar de qué clase de muerte iba a morir." (Juan 12:32-33) En la cruz, Jesús sufrió las consecuencias espirituales, emocionales, mentales, y físicas suficientes para pagar el precio completo por la ira de Dios contra todo el pecado humano. Así como en el ritual Hebreo el cordero intachable era sacrificado por la inocencia de los pecados del pueblo, así también El Cordero de Dios fue ofrecido por todos los pecados, aunque Él mismo estaba sin pecado. "Al que no conoció pecado (Jesús), le hizo (Dios El Padre) pecado por nosotros, para que fuéramos hechos justicia de Dios en El (Jesús)." (II Corintios 5:21)

¡CONSUMADO ES!

Cuando se apagaba el último hálito de vida en Jesús, respiró Sus últimas palabras, "¡Consumado es! e inclinado la cabeza, entregó el espíritu." (Juan 19:30) Esas palabras fueron las palabras más dulces escuchadas por hombre mortal. "¡Consumado es!" Desde que Adán cayó en pecado, en el Jardín del Edén, un estado de enajenación ha estado en efecto entre El Dios que es Santo y la humanidad creada a su propia imagen. Como resultado del logro exitoso de la misión de Jesús el Mesías, la enajenación entre Dios y la humanidad fue vencida. Cuando Jesús habló esas palabras, "¡Consumado es!" y entregó Su espíritu, se estableció un cambio radical en la condición humana. La enajenación fue reemplazada por reconciliación. Ahora, desde el lado de Dios, el perdón y la restauración son la norma. Dios considera que la deuda por los pecados humanos ha sido pagada por completo, ¡y Sus brazos están completamente abiertos para todo aquel que venga a Él en el nombre de Jesús!

Resurrección

La muerte de Jesús significó que Su trabajo expiatorio por los pecados fue terminado, pero la totalidad de Su Misión Mesiánica estaba lejos de ser terminada. Jesús había dicho que Su muerte iba a ser seguida por la resurrección en el tercer día. Así como proclamó el Apóstol Pedro en su sermón Pentecostal, "…a éste entregado por el plan predeterminado y el previo conocimiento de Dios, clavasteis en una cruz por manos de impíos y le matasteis, a quien Dios resucitó, poniendo fin a la agonía de la muerte, puesto que no era posible que El quedara bajo el dominio de ella." Pedro continuó su predica citando una profecía Mesiánica del Rey David. "Pues tu no abandonarás mi alma en el Hades, ni permitirás que Tu Santo vea corrupción." Pedro añadió aun más en lo que respecta a David. "…miró hacia el futuro y habló de la resurrección de Cristo, que ni fue abandonado en el Hades, ni su carne sufrió corrupción. A este Jesús resucitó Dios, de lo cual todos nosotros somos testigos." (Hechos 2:23-24, 27, 31-32)

Apariciones Pos-Resurrección

Cuando Jesús resucitó, no se marchó inmediatamente de la tierra. Por cuarenta días apareció a Sus seguidores para confirmar que se había levantado de la tumba. Fue difícil el convencer a muchos de Sus seguidores de que Él realmente estaba vivo. Una vez el reconocimiento fue establecido, transpiró un evento crítico. Jesús respiró sobre Sus discípulos para que recibieran el Espíritu Santo. El Apóstol Juan registra este momento de la impartición del Espíritu. "...Jesús vino y se puso en medio de ellos, y les dijo: Paz a vosotros. Y diciendo esto, les mostró las manos y el costado. Entonces los discípulos se regocijaron al ver al Señor. Jesús entonces les dijo otra vez: Paz a vosotros; como el Padre me ha enviado, así también yo os envío. Después de decir esto, sopló sobre ellos y les dijo: Recibid el Espíritu Santo." (Juan 20:19-22) En este acto monumental de impartir el Espíritu Santo, Jesús estaba demostrando ahora, como El Señor resucitado, que hay nueva vida disponible para todo aquel que en Él cree. Yo creo que esto significa que el nuevo nacimiento estaba ahora en acción. El tiempo había llegado en el itinerario de Dios para que se activara el nuevo nacimiento entre Sus discípulos, aquellos que tenían confianza en El y Su obra redentora. "...que si confiesas con tu boca a Jesús por Señor, y crees en tu corazón que Dios le resucitó de entre los muertos, serás salvo;..." (Romanos 10:9)

Ahora que Jesús había confirmado con Sus discípulos que su identidad continua estaría en Él a través del Espíritu que les había dado, manifestó Su comisión para su ministerio terrenal. Jesús les ordenó a predicar, a bautizar, y a enseñar en Su nombre lo que Él había enseñado. (Hechos 1:8) Después de todo, las buenas nuevas de Su salvación son buenas nuevas a todas las personas.

Capítulo 4
Ascensión e Impartición

Partida

El Día de Pentecostés

Bautismo del Espíritu

No el Día del Nacimiento, Pero el Día de Dar Poder

Capítulo 4

Ascensión e Impartición

Partida

La conclusión de Sus apariciones en la tierra llegó cuando Él ascendió al cielo a la mano derecha del Padre. Reuniendo a Sus discípulos, subió al cielo y una nube lo recibió, alejándole fuera del alcance de la vista de ellos. Asombrados y perplejos, los discípulos fueron confortados por las palabras de un ángel. "Este mismo Jesús, que ha sido tomado de vosotros al cielo, vendrá de la misma manera, tal como le habéis visto ir al cielo." (Hechos 1:11) Con estas palabras, una promesa es hecha acerca de la segunda venida del Señor, la cual todavía esperamos. Él ascendió a Su Padre para asumir Su justo lugar de autoridad. Ahora Jesús reina sobre todo como Rey de Reyes y Señor de Señores. (Apocalipsis 19:16) Su nombre es mayor que todos los nombres (Filipenses 2:9-10)

El Día de Pentecostés

Antes de ascender al cielo, Jesús le advirtió a Sus discípulos de no aventurar apresuradamente en el ministerio. Cuando los estaba preparando para Su partida, inequívocamente les ordenó que no se reunieran para ningún otro propósito que el de esperar y orar por "la promesa del Padre... pero vosotros seréis bautizados con el Espíritu Santo dentro de pocos días." (Hechos 1:4-5) Este bautismo del Espíritu el cual Él les dijo que esperaran, sería un factor clave en la realización de su propósito. "...pero recibiréis poder cuando el Espíritu Santo venga sobre vosotros; y me seréis testigos en Jerusalén, en toda Judea y Samaria y hasta los confines de la tierra." (Hechos 1:8)

BAUTISMO DEL ESPÍRITU

En el tiempo oportuno del Padre, Jesús cumplió la promesa del Padre. Como el Señor que ascendió y resucitó, Jesús se convirtió en el Bautista del Espíritu Santo. "Así que, exaltado a la diestra de Dios, y habiendo recibido del Padre la promesa del Espíritu Santo, ha derramado esto que vosotros veis y oís." (Hechos 2:33) Ellos eran ahora la iglesia, pero les faltaba el ser llenos del poder del Espíritu. Los ciento veintidós discípulos habían estado esperando y orando en la habitación superior de una residencia en Jerusalén cuando llegó el Día de Pentecostés. "De repente vino del cielo un ruido como el de una ráfaga de viento impetuoso que llenó toda la casa donde estaban sentados.... Todos fueron llenos del Espíritu Santo y comenzaron a hablar en otras lenguas, según el Espíritu les daba habilidad para expresarse." (Hechos 2:2, 4) En aquel día, ambos, mujeres y hombres recibieron el bautismo del Espíritu Santo. Todos los ciento veinte fueron bautizados en el Espíritu, no tan sólo los doce apóstoles. Aun María, la madre de Jesús fue de las que recibió. Todo aquel que ministra en el nombre de Jesús, requiere la capacitación sobrenatural impartida a través del bautismo del Espíritu.

Ese mismo día, estos creyentes salieron a las calles de Jerusalén declarando las obras maravillosas de Dios. Al principio, proclamaron el evangelio mediante el hablar en otras lenguas. Aunque sus propias palabras eran ininteligibles para ellos, sus lenguas vinieron a ser las mismas de aquellos que estaban allí presentes, permitiendo así que estos diversos grupos de personas escucharan y entendieran el evangelio. Después Pedro predicó un sermón llevando a tres mil personas a la conversión y al bautismo. Ahora, llena de poder, la iglesia tomó acción con resultados sorprendentes. Armada con el bautismo del Espíritu, la iglesia ahora estaba tomando una posición pública intrépida para proclamar el Evangelio de Jesucristo en el mercado. Los ciento veinte discípulos fueron los socios fundadores de la iglesia. Pero después del día de Pentecostés, la iglesia se expandió rápidamente y continuaría creciendo.

No el Día del Nacimiento, Pero el Día de Dar Poder

En este momento es necesario hacer una observación importante. El Día de Pentecostés no fue el día del nacimiento de la iglesia. Más bien, el Día de Pentecostés fue el principio de la llenura de poder de la iglesia. El bautismo del Espíritu equipó a la iglesia sobrenaturalmente para que así ella pudiera seguir adelante predicando y confirmando la Palabra predicada con señales que la sigan. La iglesia ya había nacido, cuando Jesús, después de Su resurrección, respiró sobre los discípulos y les dijo, "Recibid el Espíritu Santo." (Juan 20:22) Recibieron el Espíritu Santo a través de la confianza que tenían en Su resurrección. Eran creyentes nacidos de nuevo, perdonados y limpiados por Su sangre. El nuevo pacto se había iniciado ya antes del Día de Pentecostés. Todo lo que restaba era la necesidad de recibir poder, ya que su comisión era una imposible sin una capacitación sobrenatural. Juan el Bautista predijo el rol de Jesús como Bautizante del Espíritu: "...Pero el que viene detrás de mí es más poderoso que yo;...El os bautizará con el Espíritu Santo y con fuego." (Mateo 3:11) Esa profecía fue cumplida literalmente en el Día de Pentecostés.[14]

En resumen, la salvación se logró a través del cumplimiento Mesiánico de Jesús del antiguo pacto. Jesús cumplió el antiguo pacto y estableció uno nuevo, sellado por el derramamiento de Su propia sangre. Luego, como el Señor que resucitó y ascendió, dio poder a los miembros de Su Iglesia con el bautismo del Espíritu, equipándolos para la misión de llevar el Evangelio a las partes más remotas de la tierra.

Capítulo 5
PRECENSIA CONTINUA

El Espíritu Santo se Especializa en Jesús

La Multipresencia de Jesús

El Crecimiento Temprano de la Iglesia

Los Cristianos Salen de Jerusalén

Centros Cristianos Claves

La Conversión de Pablo

Persecución Romana

Tres Siglos de Persecución

Constantino y el Triunfo de la Iglesia

Capítulo 5

PRECENSIA CONTINUA

La iglesia está funcionando ahora sin la presencia física de Jesús. Sin embargo, no debe levantarse ninguna duda a estas alturas de que Jesús ha sido puesto a un lado y que la iglesia es capaz de operar efectivamente sin Él. Nada puede estar más lejos de la verdad. Jesús continúa siendo el foco y el centro de este nuevo pacto de hermandad. De hecho, Jesús siempre será la justa cabeza de este cuerpo. Este cuerpo de creyentes depende de Él como la fuente, la vida, y el sustento de esta nueva comunidad.

El Espíritu Santo se Especializa en Jesús

El Nuevo Testamento presenta a la iglesia como el cuerpo viviente de Jesús en la tierra. Jesús resucitó de muerte a vida, y ascendió al trono del Padre en el cielo. Jesús no tan sólo está a la diestra del Padre, pero porque envió al Espíritu Santo, simultáneamente es capaz de estar en la tierra, extendiéndose a sí mismo en medio de Sus seguidores. Encontramos en el Evangelio de Juan que el propósito central del Espíritu Santo es de glorificar a Jesús, y de revelar Su vida y Sus enseñanzas a los discípulos. (Juan 16:13-15) El Espíritu Santo no nos lleva más allá de Jesús. Él nos lleva dentro de lo más profundo e íntimo de Jesús, dentro de Su presencia viviente.

Cuando Jesús dio la comisión que se encuentra en Marcos, capítulo dieciséis, encontramos una conclusión interesante en el verso veinte. "Y ellos salieron y predicaron por todas partes, colaborando el Señor con ellos, y confirmando la palabra por medio de las señales que la seguían." (Marcos 16:20) Observemos lo que claramente es indicado: El Señor está trabajando todavía. Aun está extendiendo Su ministerio. Ha alcanzado redención, pero no ha acabado con el mundo. Todavía queda un propósito a ser alcanzado en la historia.

La Multipresencia de Jesús

El es la cabeza de la iglesia. Está continuando Su ministerio a través del poder y la presencia del Espíritu Santo. Aunque está sentado a la diestra del Padre, Jesús ejerce una multipresencia. Él puede estar en múltiples lugares simultáneamente a través de la agencia del Espíritu Santo. Está en el cielo, y a la misma vez también está en la iglesia, y en el mundo. Él está personalmente en cada creyente, porque el Espíritu Santo tiene esa capacidad. Acceso directo al Jesús viviente, y comunicación continua con Él es normativa para la iglesia porque el Espíritu Santo nos ha sido dado.

El Crecimiento Temprano de la Iglesia

Por casi 2000 años, la iglesia de Jesús ha existido en el planeta tierra. El rápido crecimiento con relación a los números de convertidos fue aparente desde el comienzo cuando los 120 creyentes iniciales fueron bautizados en el Espíritu Santo en el Día de Pentecostés. Cuando ese día concluyó, 3,000 nuevos convertidos fueron añadidos a la iglesia. Expansión adicional siguió después de ese evento. En un corto período figuraron 5,000 hombres entre los convertidos de Jesús. (Hechos 4:4) La ciudad de Jerusalén fue el centro temprano del Cristianismo (como vino a ser llamado el movimiento Cristiano). Jacobo (o Santiago), el hermano de Jesús, fue el primer obispo (líder) de la iglesia de Jerusalén, sirviendo por treinta y dos años.[15]

Los Cristianos Salen de Jerusalén

Alrededor del año 66, ocurrió una migración masiva de Cristianos debido a una visión recibida por ciertos miembros de la iglesia advirtiendo a los Cristianos a salir de Jerusalén y establecerse en la ciudad de Transjordania de Pela. Por lo tanto, los Cristianos ya no estaban presentes cuando la ciudad sufrió uno de los días más oscuros de su historia en el año 70. En un esfuerzo para suprimir la rebelión política Judía, las tropas romanas tomaron por asalto a Jerusalén, destruyendo el templo Judío y dejando atrás una carnicería horrible de destrucción.

Centros Cristianos Claves

Otras ciudades ascendieron a prominencia como centros principales del Cristianismo. Antioquía fue una ciudad estratégica temprana para la expansión Cristiana dentro del territorio Gentil. Alejandría, Egipto, vino a ser una ciudad de gran influencia Cristiana por siglos. Estambul, llamado Constantinopla durante el reinado de Constantino, vino a ser la capital oriental del Imperio y una base principal del Cristianismo. No obstante, ninguna ciudad sobrepasó a Roma en influencia Cristiana. Roma, siendo la capital del Imperio, y el obispo romano siendo el primero en enfrentar el martirio, dirigió a un estatus exaltado.

La Conversión de Pablo

El convertido al Cristianismo temprano más prominente fue el líder religioso Judío Saúl (luego llamado Pablo), quien previamente había perseguido a los Cristianos. Mientras estaba en una misión para cazar Cristianos en Damasco, Pablo experimentó un encuentro literal y dramático con el Jesús resucitado, alterando radicalmente su identidad. Después de una estación o período de reorientación, Pablo abrió la brecha para la expansión de la iglesia más allá de sus raíces Judías, tomando el mensaje del Evangelio a lo profundo de la población Gentil (no Judía) del Imperio. Sus cartas a varias iglesias Gentiles que él había fundado, pronto se volvieron libros incluidos dentro de las Escrituras del Nuevo Testamento.

Pablo, junto con los doce discípulos originales de Jesús (excluyendo al traidor Judas), y otros, sirvieron en el rol de apóstoles tempranos de la iglesia. Los apóstoles eran líderes enviados por Dios para divulgar el Evangelio de Jesús y establecer nuevas iglesias. A las décadas tempranas de expansión les faltó la resistencia que vendría luego cuando las autoridades romanas comenzaran a reconocer que la iglesia cristiana simplemente no era otra secta judía.

PERSECUCIÓN ROMANA

Todo cambió durante el reinado del Emperador Nerón, cuando los cristianos se volvieron el blanco para una persecución especial. Ya antes vistos con sospecha y equivocadamente por la población común, en que los Cristianos se rehusaran a participar en las actividades sociales y políticas normales de la vida romana debido a la presencia desenfrenada de prácticas inmorales e idólatras, los Cristianos eran fácilmente victimados. En junio del 64, un fuego asolador en la ciudad de Roma destruyó diez de las catorce secciones de la ciudad. Las personas creyeron que su emperador Nerón era el responsable de encender la llama, ya que sus intenciones de reconstruir la ciudad eran conocidas. Nerón inventó una manera de relevarse de la sospecha que había en su contra. Puesto que las secciones de la ciudad intactas por el fuego incluían los hogares de los cristianos, Nerón tornó la atención que había en su contra al culparlos y usarlos como chivos expiatorios. Nerón comenzó a masacrar a los Cristianos por miles. Su crueldad no conoció límites. Él, incluso, llegó a encender sus jardines durante la noche usando a Cristianos como antorchas humanas. La intensa persecución continuó durante cuatro años, incluyendo el martirio de los apóstoles Pedro y Pablo en el año 67. El alivio llegó en el año 68 cuando Nerón fue destronado por una rebelión que ganó el apoyo del senado romano. Nerón se suicidó.

TRES SIGLOS DE PERSECUCIÓN

Aunque Nerón fue removido del poder, sus políticas legitimando la persecución de los Cristianos no se retiraron. Algunos emperadores simplemente ignoraron tales políticas, pero la mayoría de los emperadores que llegaron después de Nerón continuaron persiguiendo a la iglesia. Esta práctica continuó de cuando en vez hasta los primeros años del siglo cuarto. Los Cristianos sabían que cuando eran bautizados en el nombre de Jesús, la probabilidad de sufrimiento o muerte por su fe era una realidad. Sin embargo, los intentos para exterminar a los Cristianos solo sirvieron para extender el Evangelio remota y extensamente, dirigiendo esto a más convertidos e iglesias. Tertuliano, el líder de la iglesia, luego diría, "Mientras más somos aniquilados por ti, más crecemos en números, la sangre de los Cristianos es una semilla."[16]

CONSTANTINO Y EL TRIUNFO DE LA IGLESIA

Un cambio decisivo vino en el año 313 D.C., cuando Constantino se convirtió en emperador de Roma. En su búsqueda por el control del imperio, Constantino atribuyó una importante victoria militar (Batalla del Puente Milvio) al poder de Jesús, después que un sueño o visión le influenciara a ir en batalla con la insignia de Jesús en los escudos y estandartes de su ejército. Después de convertirse en emperador, y deseando el favor continuo de Jesús sobre su reinado, Constantino detuvo la persecución romana de Cristianos y comenzó a mostrar preferencia por Jesús por encima de los antiguos dioses romanos. Construyó elaborados edificios de iglesias y convocó concilios de la iglesia para decidir las diferencias doctrinales. Desarrollos futuros después de Constantino continuaron favoreciendo a la iglesia. En el año 380, el Emperador Teodosio I promulgó un edicto declarando al Cristianismo como la única religión legalmente permitida en el imperio romano.

Capítulo 6
Interpretaciones que Difieren Acerca de Jesús

Conflicto Doctrinal

El Canon Bíblico

Confesiones Credales

Apologistas

Respondiendo a las Herejías

Denominadores Comunes de Error

Capítulo 6

Interpretaciones que Difieren Acerca de Jesús

Conflicto Doctrinal

Por espacio de tres siglos, la iglesia Cristiana se levantó de ser el blanco de persecución dirigida a la exterminación, a un estatus supremo como religión oficial del Imperio Romano. Una vez se obtuvo la paz en las relaciones de iglesia y estado surgió otro tipo de guerra. Emergió controversia dentro de la arena de las enseñanzas y doctrinas fundamentales de la iglesia. Esto no es para implicar que la iglesia había sido alguna vez libre de pugnas sobre doctrinas correctas. Desde los tiempos del Nuevo Testamento en adelante, la iglesia se ha enfrentado con la tarea de identificar y exponer a falsos maestros y falsas enseñanzas que buscan alterar el fundamento de la verdad Cristiana.

Movimientos en las fases tempranas de desarrollo, son particularmente vulnerables a la corrupción de sus enseñanzas básicas ya que están en un proceso de estabilización doctrinal. Esto significa que pautas autoritativas de creencias como lo son el contenido bíblico, los credos confesionarios, y los estándares doctrinales están en un proceso de resolución. En el caso de la iglesia Cristiana, el levantamiento de enseñanzas aberrantes sirvió un propósito positivo, el de ayudar a estimular a la iglesia a solidificar sus estándares de verdad.

El Canon Bíblico

Esto no es para decir que los escritos bíblicos que finalmente constituyeron los veintisiete libros del Nuevo Testamento no estaban presentes y en uso por las iglesias desde las postrimerías del siglo primero en adelante. Cuando el Nuevo Testamento fue finalmente canonizado en el año 397 D.C., el Concilio de Cartago estaba realizando una tarea somera pero necesaria de ratificar oficialmente los libros ya reconocidos como bíblicamente autoritativos por muchos años.[17] Sin embargo, el tener un canon bíblico cerrado, de estatus autoritativo como el Nuevo Testamento enlazado con el Antiguo Testamento para formar la Biblia Cristiana, representó un hito en la persecución vital de preservar la verdad.

Confesiones Credales

Aparte del Credo de los Apóstoles, que fue una confesión bautismal temprana, las confesiones credales principales de la iglesia primitiva fueron formuladas en el calor de la batalla en respuesta de los desafíos doctrinales específicos que amenazaban a la iglesia. Fueron el producto de concilios especiales en los cuales asistieron obispos de congregaciones locales a lo largo del Imperio Romano y convocados bajo el auspicio del emperador romano. Las confesiones credales tuvieron un efecto obligatorio sobre las iglesias de la Cristiandad ya que fueron apoyados por la fuerza de la ley romana. Los obispos que no estaban dispuestos a cumplir con las confesiones credales oficiales fueron expulsados de sus iglesias.

Apologistas

Las confesiones credales no fueron la única protección contra las falsas enseñanzas. En tiempos fundamentales de perturbación doctrinal, líderes de la iglesia se han puesto a la altura de las circunstancias al producir escritos influyentes[18] en defensa de la verdad Cristiana. Los escritos apologéticos han ayudado a desenmascarar y desacreditar los perpetradores de falsa enseñanza y traer la verdad a una luz más clara entre los creyentes. A pesar del intento de exponer los errores de herejías específicas dentro de un contexto horizontal especifico, los escritos apologéticos principales han servido con propósito perdurable. Los antiguos errores tienen una forma de volver a salir a la superficie con diferentes disfraces en generaciones subsecuentes. Los líderes que se han familiarizado con las defensas apologéticas antiguas tienen más probabilidad de detectar los mismos errores o errores similares que buscan engañar nuevas generaciones de Cristianos.

Respondiendo a las Herejías

Por un período de 350 años, la iglesia Cristiana fue bombardeada por una serie de herejías, amenazándola de desplazarla de su fundamento antiguo. Comenzando aproximadamente en el año 170, y extendiéndose al 529, la supervivencia misma de la iglesia dependió de varios líderes claves quienes estaban dispuestos a confrontar la creciente marea de enseñanzas falsas y tomar una posición audaz por la verdad. Durante ese período, siete herejías significativas buscaron infiltrar la iglesia y propagar enseñanza corrompida; cualquiera de las mismas hubiera pervertido el fundamento sagrado necesario para la subsistencia de la iglesia. Todas estas herejías fueron potencialmente destructivas precisamente porque desafiaron la piedra angular misma de la verdad, i.e., el verdadero conocimiento de la persona de Jesús y Su obra de salvación. Si la piedra angular es removida, el cimiento se hunde, y la estructura completa viene a ser inestable. Si cualquiera de estos errores doctrinales hubiera ganado credibilidad duradera en la iglesia, la casa desprovista de su tesoro, hubiera estado sin valor. El apóstol Juan, hace este punto abundantemente claro. "Todo el que se desvía y no permanece en la enseñanza de Cristo, no tiene a Dios;..." (II Juan 1:9) Cualquier identidad equivocada concerniente a Jesús es un error fatal.

Denominadores Comunes de Error

Entre las siete herejías, los errores doctrinales se pueden reducir a tres denominadores comunes. Los tres son la negación a la verdadera humanidad de Jesús, la negación a la verdadera deidad de Jesús, y el rechazo a la autosuficiencia de la gracia de Dios en Jesús. Estos factores representan baluartes esenciales de la verdad Cristiana, sin los cuales el Cristianismo viene a ser reducido a nada más que inutilidad y fantasía supersticiosa. Si hubiera una cabeza diabólica de toda maldad, y ciertamente la hay, ésta ventilaría su esfuerzo final y fútil en un intento por subvertir las verdades absolutamente esenciales sobre las cuales la iglesia se posiciona, las doctrinas concernientes a la identidad de Jesús y la naturaleza de Su gracia.

Capítulo 7
Hijo de Dios:

Recobrando al Mesías del Antiguo Testamento

La Salvación Debe Venir de Dios

El Mesías Debe Ser Divino Así Como Humano

El Mesías Esperado No Necesita Ser Dios

Un Mesías Divino Blasfemo

Desafiando la Visión Estática del Monoteísmo

El Mesías Debe Ser Dios Salvador

El Mesías Debe Ser Dios Eterno

Capítulo 7

Hijo de Dios: Recobrando al Mesías del Antiguo Testamento

La Salvación Debe Venir de Dios

La falla fatal durante la vida de Jesús fue el identificarlo erróneamente como si Éste fuera meramente una persona humana, a la vez que se falló en reconocer Su origen divino. La conclusión del Antiguo Testamento fue que ningún simple humano había podido agradar a Dios y por lo tanto servir como un vehículo para rescatar el resto de la raza humana. Dios tendría que llevar Su propia mano derecha y venir Él mismo a redimir Sus criaturas caídas. El profeta Isaías correctamente visionó el predicamento humano llevando a la intervención propia de Dios. "Y lo vio el Señor, y desagradó a sus ojos que no hubiera derecho. Vio que no había nadie, y se asombró de que no hubiera quien intercediera. Entonces su brazo le trajo salvación, y su justicia le sostuvo." (Isaías 59:15-16)

El Mesías Debe Ser Divino Así Como Humano

El misterio que Jesús buscó solucionar, primero para el pueblo Judío, y luego para la humanidad, fue que el Mesías esperado sería tanto de origen divino así como de origen humano. Ningún humano podría cualificar para ser el Salvador del mundo. El Salmista dijo, "Nadie puede en manera alguna redimir a su hermano, ni dar a Dios rescate por él." (Salmo 49:7) Jesús entendió que el Mesías debía ser único. Debía ser de arriba, del ser eterno de Dios, y a la misma vez también tener la naturaleza humana del mismo tipo de Su hermano, el hombre. Mientras el Galileo caminó y habló, comió y bebió, durmió y despertó, rió y lloró, nadie cuestionó Su humanidad auténtica. En contraste, las afirmaciones de deidad de Jesús no fueron reconocidas, con excepción de Sus seguidores más cercanos y algunas otras personas.

El Mesías Esperado No Necesita Ser Dios

Los reclamos de Jesús, de ser el Mesías Divino, encontraron el rechazo del establecimiento religioso en dos frentes. Primeramente, ellos no creían que Él era su Mesías prometido por la Escritura. Como ha sido señalado, Jesús no coincidía con su imagen estereotipada de un Rey Mesías del linaje Davídico, un guerrero poseyendo gran proeza militar y política, capaz de reunir apoyo para un movimiento de liberación lo suficientemente potente como para ganar la independencia de Israel de Roma. Desde su marco conceptual, el Mesías solamente necesitaba ser un líder humano excepcional, no Dios. Con esta atribución, Él sería el líder escogido de Dios, pero ciertamente no Dios mismo.

Un Mesías Divino Blasfemo

Así que, en el segundo frente, Jesús se distanció más de las autoridades al presentarse a sí mismo como el Mesías **Divino**. Ya que Jesús fue el Hijo de Dios de lo alto, enviado en una misión mesiánica, meramente estaba diciendo la verdad acerca de Su naturaleza única y propósito. Pero tales reclamos fueron percibidos por los Judíos como si fuera absoluta anatema. Simplemente en una ocasión Jesús declaró ante los líderes Judíos: "'Yo y el Padre somos uno'. Los Judíos volvieron a tomar piedras para apedrearle. Jesús les dijo: 'Os he mostrado muchas obras buenas que son del Padre. ¿Por cuál de ellas me apedreáis?' Los Judíos le contestaron: 'No te apedreamos por ninguna obra buena, sino por blasfemia; y porque tú, siendo hombre, te haces Dios.'" (Juan 10:30-33) En otra ocasión, Jesús se declaró a sí mismo como el gran "Yo Soy," un nombre recibido en la Escritura por Jehová Dios. Jesús dijo, "'Vuestro Padre Abraham se regocijó esperando ver mi día; y lo vio y se alegró.' Por eso los Judíos le dijeron: 'Aún no tienes cincuenta años, ¿y has visto a Abraham?' Jesús les dijo: 'En verdad, en verdad os digo: antes que Abraham naciera, Yo Soy.' Entonces tomaron piedras para tirárselas, pero Jesús se ocultó y salió del templo." (Juan 8:56-59)

DESAFIANDO LA VISIÓN ESTÁTICA DEL MONOTEÍSMO

El monoteísmo fue el cimiento de verdad de la fe Judía. Jesús no desafió al monoteísmo del Antiguo Testamento, pero sí confrontó la visión estática del monoteísmo sostenida por la mayoría de Sus contemporáneos. Viéndose a sí mismos como los guardianes del monoteísmo tradicional, los líderes Judíos fallaron en ver en su propia Escritura indicaciones claras de que el Dios de Abraham, Isaac, Jacob podía ser constituido relacionalmente. El establecimiento Judío se apoyó sobre una Trinidad indiferenciada, mientras que Jesús reveló que Dios es multidimensional, constituido de una comunión de Personas Divinas (Padre, Hijo, y Espíritu Santo) compartiendo la misma esencia eterna.

El teólogo Donald Bloesch ha señalado que, "La denominación más frecuente para Dios en el Antiguo Testamento, la palabra Hebrea, Elohim, connota una pluralidad divina en unidad."[19] Una referencia obvia es encontrada en la historia de la creación del Pentateuco. Mientras Dios contemplaba la creación de los primeros humanos, realizó esta declaración, "Y dijo Dios: 'Hagamos al hombre a nuestra imagen, conforme a nuestra semejanza;...'" (Génesis 1:26) Un escrito cristiano apócrifo[20] del primer siglo, *La Epístola de Bernabé*, aunque no es un libro del Nuevo Testamento, no obstante arroja luz interesante sobre este pasaje de Génesis.[21] El contexto es una conversación entre el Padre y el Hijo mientras trabajan juntos para crear la humanidad. En otro pasaje del Antiguo Testamento, el profeta se mueve libremente del caso singular al plural haciendo referencia a Dios. "Y oí la voz del Señor que decía: '¿A quién enviaré, y quién irá por **Nosotros**?' Entonces respondí: 'Heme aquí; envíame a mí.'" (Isaías 6:8)

El Mesías Debe Ser Dios Salvador

El Antiguo Testamento no vacila en conectar la figura mesiánica con atributos de divinidad eternal. Anteriormente introducido en este capítulo, está la verdad de Dios que puede traer salvación a Sus criaturas humanas caídas. Ningún simple humano puede salvarse a sí mismo, ni tampoco puede salvar a sus compañeros creados. Los contemporáneos de Jesús estaban esperando la llegada de un gran líder humano, pero Jesús sabía que el Mesías debía ser Dios. Solamente la intervención divina de lo alto podía redimir a las personas de sus pecados. Los profetas del Antiguo Testamento declararon que solamente Dios podía ser Salvador de la humanidad. "Mas yo he sido el Señor tu Dios desde la tierra de Egipto; no reconocerás a otro dios fuera de mí, pues no hay más salvador que yo." (Oseas 13:4) "Yo, yo soy el Señor, y fuera de mí no hay salvador." (Isaías 43:11) Isaías, más adelante implica que no aparecerá ningún salvador que no sea Dios mismo. "Un Dios justo y salvador; no hay ninguno fuera de mí." (Isaías 45:21)

El Mesías Debe Ser Dios Eterno

Otros pasajes mesiánicos del Antiguo Testamento conectan al Mesías con atributos eternales los cuales sólo pueden aplicar a ese que es Dios. El profeta Miqueas ofrece un ejemplo. "Pero tú, Belén Efrata, aunque eres pequeña entre las familias de Judá, de ti me saldrá el que ha de ser gobernante en Israel. Y sus orígenes son desde tiempos antiguos, desde los días de la eternidad." (Miqueas 5:2) Otro pasaje mesiánico familiar explícitamente conecta al niño que ha de nacer y el hijo que ha de ser dado con los nombres divinos, Dios Poderoso y Padre Eterno. "Porque un niño nos ha nacido, un hijo nos ha sido dado, y la soberanía reposará sobre sus hombros; y se llamará su nombre Admirable Consejero, Dios Poderosos, Padre Eterno, Príncipe de Paz. El aumento de su soberanía y de la paz no tendrán fin sobre el trono de David y sobre su reino, para afianzarlo y sostenerlo con el derecho y la justicia desde entonces y para siempre." (Isaías 9:6-7) Este pasaje explícitamente revela la llegada de un Mesías de nacimiento humano que es también divino en naturaleza.

Capítulo 8
Hijo de Dios: El Testimonio del Nuevo Testamento

El Anuncio del Nacimiento y Durante la Vida Terrenal de Jesús

Testimonio Pos Ascensión

Doctrina de la Encarnación

Preexistencia de Jesús en el Nuevo Testamento

Capítulo 8

Hijo de Dios: El Testimonio del Nuevo Testamento

La iglesia primitiva identificó a Jesús como ambos, el Mesías y el Hijo de Dios. Fue tan indiscutible la confesión apostólica del mesianado de Jesús, que este título fue añadido a Su nombre. El Nuevo Testamento honra a Jesús con el nombre de Jesucristo. El título Cristo, literalmente significa, Mesías. He igualmente significante para los primeros Cristianos fue la creencia de que su Mesías era de origen divino y naturaleza divina.

El Anuncio del Nacimiento y Durante la Vida Terrenal de Jesús

Al entrar Jesús a la historia humana, los escritos autoritativos que rodeaban Su nacimiento y vida proveen un testimonio tremendo e incontrovertible de que Jesús es el Cristo (Mesías), el eterno Hijo de Dios.

1. Cuando **el ángel Gabriel** anunció la llegada del nacimiento de Jesús a María, Su Madre, estas afirmaciones de Su deidad y su mesianado fueron habladas: "Y he aquí, concebirás en tu seno y darás a luz un hijo, y le pondrás por nombre Jesús. Este será grande y será llamado Hijo

del Altísimo; y el Señor Dios le dará el trono de su padre David; y reinará sobre la casa de Jacob para siempre, y su reino no tendrá fin". (Lucas 1:31-33)

2. **Juan el Bautista** confesó la divinidad de Jesús. "Y yo le he visto y he dado testimonio de que éste es el Hijo de Dios". (Juan 1:34)

3. **El Dios Padre Mismo** atestiguó en voz audible en varias ocasiones que Jesús era Su Hijo. En una ocasión fue siguiendo la sumisión de Jesús al bautismo de Juan: "Y he aquí, se oyó una voz de los cielos que decía: 'Este es mi Hijo amado en quien me he complacido.'" (Mateo 3:17)

4. Mientras Jesús estaba ensamblando **Su banda de discípulos**, su disponibilidad de abandonar sus empleos y hogares para seguirle, dependió primeramente de su convicción de que habían encontrado al Mesías. Cuando Andrés le dijo a su hermano Simón (Pedro) acerca de Jesús, sus primeras palabras fueron, "Hemos hallado al Mesías". (Juan 1:41) Un evento asombroso ocurrió cuando Jesús caminó sobre el agua y también permitió que Pedro saliera del bote y caminara. El evento inspiró a los discípulos a adorar a Jesús. "Entonces los que estaban en la barca le adoraron, diciendo: 'En verdad eres el Hijo de Dios.'" (Mateo 14:33)

5. Los eventos que rodearon la muerte de Jesús en la cruz trajeron temor al corazón del **centurión romano** y a otros que custodiaban a Jesús, moviéndolos a exclamar, "En verdad éste era Hijo de Dios". (Mateo 27:54)

6. Después que Jesús se levantó de entre los muertos al tercer día, **Su discípulo Tomás** tuvo dificultad de creer

los reportes acerca de la resurrección de Jesús. Después que Jesús le apareció a él y a otros, y permitió a Tomás que tocara sus heridas de crucifixión, éste se convirtió en un creyente. "Respondió Tomás y le dijo: '¡Señor mío y Dios mío!'" (Juan 20:28) Jesús no prohibió la adoración que Tomás le hizo. Y la adoración es solamente reservada a Dios. Anteriormente, Jesús mismo resistió a Satán con las palabras de la Ley del Antiguo Testamento, "Al Señor tu Dios adorarás, y solo a Él servirás". (Mateo 4:10, citado de Deuteronomio 6:13)

Testimonio Pos Ascensión

Después de la ascensión de Jesús al cielo, los escritores del Nuevo Testamento continuaron ofreciendo evidencia abundante de la deidad eterna de Jesús. La creencia de que Jesús es el Hijo de Dios fue un punto esencial de la creencia y la doctrina de la iglesia temprana.

1. Poco después de la conversión dramática de **Saúl (Pablo)**, "se puso a predicar a Jesús en las sinagogas, diciendo: 'Él es el Hijo de Dios'". (Hechos 9:20) Más tarde en el ministerio de Pablo, en una carta a la iglesia que fundó en Colosas, éste declaró, "Porque toda la plenitud de la Deidad reside corporalmente en Él (Jesús),..." (Colosenses 2:9)

2. En otra instancia, un diácono de la iglesia temprana (uno que asistió a los apóstoles), **Felipe**, explicó el Evangelio de Jesús a un hombre Etíope. Su receptividad al mensaje lo guió a exclamar a Felipe, "'¿Qué impide que yo sea bautizado?' Y Felipe dijo: 'Si crees con todo tu corazón, puedes.' Respondió él y dijo: 'Creo que Jesucristo es el Hijo de Dios.'...y lo bautizó (Felipe)". (Hechos 8:36-38)

3) El apóstol **Juan** afirmó constantemente en sus escritos que, sin la creencia de que Jesús es el Hijo de Dios, no hay relación con Dios, o la herencia de la vida eterna de Dios. En el Evangelio de Juan, éste reveló su propósito primario en escribir su relato de la vida y ministerio de Jesús. "Y muchas otras señales hizo también Jesús en presencia de sus discípulos, que no están escritas en este libro; pero éstas se han escrito para que creáis que Jesús es el Cristo, el Hijo de Dios; y para que al creer, tengáis vida en sus nombre". (Juan 20:30-31) En una de las epístolas de Juan, éste establece el estándar. "Todo aquel que confiesa que Jesús es el Hijo de Dios, Dios permanece en él y él en Dios". (I Juan 4:15)

Doctrina de la Encarnación

La creencia de la iglesia concerniente a la Deidad de Jesús como Hijo de Dios, se desarrolló en lo que se conoce como la doctrina de la Encarnación. Implícito en esta creencia está el reconocimiento de Su preexistencia. Jesús existió como el Hijo eterno de Dios antes de Su nacimiento humano de María en Belén. El apóstol Juan testifica de la naturaleza divina de Jesús. En el siguiente pasaje, Juan identifica a Jesús con el Logos (Palabra) divino. El Nuevo Testamento describe a Jesús en Su preexistencia, como ambos, la Palabra de Dios y como Hijo de Dios. Juan establece que, "En el principio existía el Verbo, y el Verbo estaba con Dios, y el Verbo era Dios". (Juan 1:1) Jesús, como la Palabra, escogió ser encarnado, para así libertar a la humanidad de pecado. En el acto de la Encarnación, el Logos asumió dentro de Su naturaleza divina la naturaleza de humanidad, sin cesar de ser Dios. Juan sucintamente describe este evento. "Y el Verbo se hizo carne, y habitó entre nosotros,..." (Juan 1:14)

En tiempo y espacio, Dios se hizo humano. Sobre esta misteriosa ocurrencia sobrenatural, descansa la completa superestructura de la creencia Cristiana. El apóstol Pablo señala, "Pero cuando vino la plenitud del tiempo, Dios envió a su Hijo, nacido de mujer, nacido bajo la ley,..." (Gálatas 4:4) A María se le hizo difícil comprender el mensaje que le proporcionó el ángel Gabriel, que ella daría a luz al "Hijo del Altísimo." "'Y he aquí, concebirás en tu seno y darás a luz un hijo, y le pondrás por nombre Jesús.' ... Entonces María dijo al ángel: '¿Cómo será esto, puesto que soy virgen?' Respondiendo el ángel, le dijo: 'El Espíritu Santo vendrá sobre ti, y el poder del Altísimo te cubrirá con su sombra; por eso lo santo que nacerá será llamado Hijo de Dios'". (Lucas 1:32, 31, 34-35)

Las circunstancias, rodeando la concepción de Jesús, fueron únicas en la historia humana. Una virgen se convirtió en madre. Poseyendo una semilla misteriosamente suplida por la divina persona del Espíritu Santo, María fue fertilizada por esa semilla, produciendo una concepción en su vientre, resultando en lo que de otra manera sería un embarazo y parto natural. Cuando el bebe varón, Jesús, nació, era una persona individual poseyendo ambos, una naturaleza divina y una naturaleza humana. Su naturaleza divina provino de lo alto, y preexistió dentro de la Trinidad como el Hijo de Dios y la Palabra de Dios. Su naturaleza humana provino de María, y fue así de otras criaturas humanas.

Preexistencia de Jesús en el Nuevo Testamento

Mientras Jesús conversaba con Nicodemo, le revela su preexistencia. "Nadie ha subido al cielo, sino el que bajó del cielo, es decir, el Hijo del Hombre que está en el cielo". (Juan 3:13) También en el evangelio según Juan está la confesión de Jesús, "antes que Abraham naciera, yo soy". (Juan 8:58) En una oración a su Padre celestial, Jesús hizo una referencia a su anterior existencia dentro de la Trinidad. "Y ahora glorifícame tú, Padre, junto a ti, con la gloria que tenía contigo antes que el mundo existiera". Jesús continuó su oración diciendo, "porque me has amado desde antes de la fundación del mundo". (Juan 17:5, 24)

En resumen, los escritores bíblicos afirmaron que Jesús es el Hijo de Dios encarnado. Por el bien de la raza humana, Jesús descendió de su lugar de intimidad con Dios el Padre en el cielo para asumir una naturaleza humana dentro de su propio ser divino. El vivió dentro de las limitaciones de la finita humanidad, aun así, nunca violó la Ley Mosaica, como habían hecho todos los humanos. Su muerte en la cruz del Calvario, en sustitución por la raza pecaminosa, compró la justificación y el perdón para la creación enajenada y sus criaturas. Su resurrección trajo regeneración y la promesa de vida eterna a toda la humanidad creyente. Su ascensión y bautismo del Espíritu Santo sobre la iglesia les dio poder a los creyentes para difundir el mensaje del Evangelio mundialmente con una facultad sobrenatural. Estos logros representaron el trabajo de Jesús el Cristo, el eterno Hijo de Dios.

Capítulo 9
Hijo de Dios: Historia Cristiana y la Amenaza del Arrianismo

Las Enseñanzas de Arrio

Falso Protector del Monoteísmo

Constantino y el Concilio de Nicea

Arrianos y Semiarrianos

El Credo Niceno

Cristiandad Dividida

El Triunfo de Atanasio y el Credo

Homoousios – Llave a la Victoria

La Brillante Defensa de Atanasio

La Caída del Arrianismo

Capítulo 9

Hijo de Dios: Historia Cristiana y la Amenaza del Arrianismo

Una breve historia temprana de la iglesia ha sido aventurada previamente. El Cristianismo eventualmente penetró el Imperio Romano, emergiendo de la oscuridad y la persecución severa, a la posición de convertirse en la religión oficial de ese mismo Imperio. El creer en la divina naturaleza de Jesús continuó sin serios desafíos hasta el siglo cuarto.[22] Dentro de la segunda década del siglo cuarto, un presbítero de Baukalis, Egipto, a la sombra de la respetable iglesia de Alejandría, comenzó a propagar una opinión errónea acerca de la divinidad de Jesús que eventualmente dividió la Cristiandad.

El nombre de ese hombre fue Arrio. Éste, una vez rivalizó a Alejandro por el oficio de obispo de Alejandría. Al regresar en derrota a la oscuridad de Baukalis, buscó notoriedad diseminando una doctrina novel.[23] Alejandro, ahora el superior de Arrio como obispo de Alejandría, fue el primero en detectar herejía[24] en las enseñanzas de Arrio. En conferencias personales, Alejandro buscó corregir los errores de Arrio, y advertirle de cesar la propagación de sus opiniones. Sin embargo, Arrio, por lo contrario, aceleró sus esfuerzos, incluso ganando algunos adherentes notorios a su perspectiva, como Eusebio, obispo de Nicomedia.

Las Enseñanzas de Arrio

Antes que el relato se adelante bastante, debemos pausar para hacer mención de la sustancia de las enseñanzas de Arrio acerca de Jesús. Arrio no negó explícitamente la divinidad de Jesús, pero la manera en que calificó la divinidad tuvo el efecto de desafiar la creencia normativa de que Jesús compartió la deidad esencial del Padre. Arrio aceptó la creencia de la iglesia de la preexistencia de Jesús, e incluso estuvo de acuerdo con la Escritura de que Jesús fue el agente divino usado por Dios para crear al mundo. Aun así, no alcanzó afirmar que la divinidad de Jesús era eterna. Solamente la divinidad del Padre era eterna. Jesús poseyó una divinidad creada distinta a la divinidad eterna del Padre. Para Arrio, Dios no siempre fue Padre. Cuando creó al Hijo, antes de la creación del universo, entonces se convirtió en Padre. Antes de la creación del Hijo, el Padre estaba solo.

Esto significó que Arrio fabricó dos niveles de deidad, divinidad creada e increada. Solamente Dios el Padre era eternamente, y así esencialmente, divino. Jesús no era divino en la manera que la divinidad es entendida, como poseyendo el ser eterno de Dios. Para Arrio, Jesús era visto como un dios menor, usado por el Dios eterno como un agente en la creación y la redención. El Jesús de Arrio era semidivino, puesto que la deidad eterna es reservada solamente para Dios el Padre.

Falso Protector del Monoteísmo

Arrio creyó que sus enseñanzas servían para proteger la tradición monoteísta de la herencia Judeocristiana. De alguna manera, imaginó que el monoteísmo podía ser mejor preservado al rehusarse en darle a Jesús el mismo estatus de divinidad como el eterno, trascendente Dios. Como presbítero de la iglesia de Baukalis, Arrio continuó bautizando en el nombre del Padre, del Hijo, y del Espíritu Santo. Aun así, en doctrina, atribuyó al Hijo y al Espíritu una divinidad de criatura totalmente distinta a la divinidad eterna reservada solamente para Dios el Padre. Cuan irónico fue que el autoproclamado campeón del monoteísmo, al fallar en permitir al Hijo y al Espíritu el compartir la deidad eterna de la Trinidad con el Padre, inadvertidamente introdujo un principio politeísta[25] dentro de la doctrina Cristiana. A la vez que las peligrosas enseñanzas de Arrio manejaron ganar extensa diseminación popularidad, las creencias establecidas de la iglesia acerca de Jesús enfrentarían un examen severo de supervivencia.

Constantino y el Concilio de Nicea

Al Constantino convertirse en emperador romano, la persecución de Cristianos se detuvo y la iglesia disfrutó del favor del estado. Fue durante el reinado de Constantino que las enseñanzas de Arrio comenzaron a ganar popularidad. Aquellos que adoptaron las enseñanzas de Arrio se les conocieron como Arrianos, y a su movimiento, Arrianismo. Constantino se preocupó a la vez que los Arrianos comenzaron a dividir la iglesia en facciones rivales. Al fracasar en sus esfuerzos de traer unidad por la negociación personal, Constantino convocó una conferencia de obispos de la iglesia a celebrarse en el año 325, en el pueblo de Nicea cerca de su residencia imperial. Incluyendo a presbíteros y asistentes quienes acompañaron a los 318 obispos que respondieron a la invitación del emperador, de entre 1500 a 2000 personas atendieron el Concilio de Nicea. Los obispos participaron en las deliberaciones por aproximadamente seis semanas. El asunto primordial a la mano fue la necesidad de alcanzar un acuerdo sobre los conflictos doctrinales creados por el Arrianismo.

Arrianos y Semiarrianos

La contingencia Arriana presentó primero su confesión credal ante la asamblea de obispos. Los obispos no podían tolerar la posición Arriana en su definición precisa, y el credo Arriano fue rechazado. Otro grupo, representando lo que se ha denominado como la facción semiarriana, presentó al Concilio una forma modificada de Arrianismo. Su sutil fraseología suavizó los bordes ásperos de las enseñanzas de Arrio, pero se inclinó demasiado al comprometer la ortodoxia.[26] La fraseología del credo Semiarriano no diferenció claramente entre la posición Arriana y la no Arriana, por lo tanto, no ofreció una resolución a la controversia en mano.

El Credo Niceno

Constantino estaba determinado en romper con el estancamiento entre los obispos. Ante el consejo de su consultor, ordenó que la confesión Semiarriana fuera enmendada al añadirle la palabra griega, homoousios, en el lugar indicado dentro del documento. Alejandro, el obispo de Alejandría, fue llamado para llevar a cabo el trabajo de corrección. Atanasio, su brillante y joven asistente, el cual sería su sucesor como obispo de Alejandría en el año 328, le asistió. Alejandro y Atanasio hicieron mucho más que enmendar el credo. Su trabajo representó una gran revisión. Y el empleo del término, homoousios, diestramente redactado dentro del documento, golpeó una clara línea divisoria entre las facciones contrarias. La confesión se convirtió en el Credo Niceno, y, desenmascarando toda sutileza, forzó al Arrianismo a ser expuesto. Constantino respaldó el Credo Niceno con la fuerza de la ley romana, expulsando de las iglesias del Imperio cualquier obispo que rehusara en apoyarlo. Como resultado, la vasta mayoría de los obispos ratificó el Credo.

Cristiandad Dividida

Con casi un apoyo unánime, el Credo Niceno inicialmente parecía ser el instrumento que uniría las iglesias del Imperio bajo una común confesión doctrinal. Constantino estaba esperanzado en que el Arrianismo simplemente se iría. Pero el Arrianismo estaba lejos de terminar. Después de Nicea, Arrio continuó su furiosa campaña para promover sus enseñanzas. Otros obispos que habían votado por el Credo, continuaron propagando agresivamente doctrina Arriana. Tres años después de Nicea, cuando Atanasio tomó oficio como obispo de Alejandría, encontró la Cristiandad más dividida que nunca a causa de la controversia Arriana. Atanasio había sido el asistente de Alejandro desde los comienzos de las confrontaciones entre Alejandro y Arrio. Él conocía de los puntos teológicos en juego, y la formidable amenaza representada por el Arrianismo a la salud y prosperidad de la iglesia.

Las condiciones fueron de mal en peor después de la muerte de Constantino, cuando una sucesión de emperadores tomó posiciones opuestas con respecto al Arrianismo, llevando por consiguiente a la iglesia en un violento viaje de confusión como en una montaña rusa. Cuando llegaron al poder emperadores que favorecían el Arrianismo, la iglesia sufrió conmoción al ser destituidos de sus puestos obispos ortodoxos. Atanasio fue destituido de Alejandría cinco veces durante esta lucha. Durante toda esta batalla furiosamente luchada, Atanasio estuvo usando su talentosa pluma, produciendo un arsenal de escritos doctrinales articulados y autoritativos en oposición al Arrianismo.[27]

El Triunfo de Atanasio y el Credo

Los Arrianos odiaban a Atanasio y planificaron para falsear su reputación y tornar a emperadores y al imperio en su contra. En un momento dado, un particular eslogan ganó prominencia, "Athanasius contra mundum", una frase latina la cual significa, "Atanasio contra el mundo". Pero después de una lucha por más de cincuenta años, la verdad del Evangelio comenzó a prevalecer. La ortodoxia del Credo Niceno eventualmente triunfó sobre los errores del Arrianismo. El Credo Niceno[28] ha prevalecido durante siglos para permanecer un estándar doctrinal unificador de la Cristiandad. Todas las tres ramas mayores del Cristianismo de hoy (Catolicismo Romano, Ortodoxia Griega, Protestantismo) respaldan el Credo Niceno.

Homoousios – Llave a la Victoria

El secreto del triunfo del Credo, el uso de la palabra *homoousios*, necesita más explicación. Esta palabra griega, propiamente traducida, simplemente significa "la misma sustancia, esencia o ser". Refiriéndose a la relación del Hijo con el Padre, *homoousios* identifica al Hijo como, **teniendo la misma sustancia, esencia y ser** como el Padre. Los Semiarrianos extendieron al límite su opinión cuando respaldaron el término *homoiousios*, el cual significó de **esencia parecida o similar**. Admitieron que el Hijo tenía una esencia similar con la divinidad del Padre. No obstante, *homoousios* era totalmente inaceptable para ellos. Rechazaron en reconocer que el Hijo compartía **la misma esencia** igual que la divinidad del Padre.

Alejandro y Atanasio reconocieron esta sutil pero crítica diferencia. Percibieron que solamente *homoousious*, y no *homoiousios*, era esencial para preservar la fe ortodoxa. Así como revelaron los escritos de Atanasio, la superestructura de la doctrina Cristiana dependía sobre la verdad fundacional en que la divinidad de Jesús comparte **la misma** esencia eterna como la del Padre. Por el contrario, aunque sus cualidades como de dios son **similares** a las del Padre, debe ser visto como otro en vez de Dios mismo. Solo *homoousious* revela la verdad. Jesús y la divina esencia del Padre son **lo mismo**, por lo tanto Jesús es Dios eterno. Atanasio razonó que si Jesús no es Dios, entonces las Escrituras están invalidadas, y aquellos que creen en Jesús están sin redención. La salvación debe venir de Dios, no de un ser creado por Dios. Solamente Dios mismo puede perdonar pecados y dar vida eterna.

LA BRILLANTE DEFENSA DE ATANASIO

La refutación de Atanasio del Arrianismo estableció un estándar de defensa teológica contra cualquier adversario de la deidad eterna de Jesús que se levantara contra la iglesia Cristiana. Su apología puede resumir en dos premisas claves:

I. PRIMERA PREMISA. El negar que el Hijo de Dios comparte la misma divinidad eterna como la del Padre, lógicamente requiere que sea visto como un ser creado, aún si algún nivel de estatus divino se le es atribuido.

A. CONCLUSIONES LOGICAS.

1. Si Dios creó a Jesús, Su Hijo, entonces Dios no es un Padre eterno. Vino a ser Padre cuando creó al Hijo.

2. Si Dios creó a Jesús, Su Hijo, no obstante Jesús es considerado como si fuera dios en algún sentido, entonces el Cristianismo ha sido reducido a una forma de politeísmo pagano.

3. Si Dios creó a Jesús, Su Hijo, entonces también debió haber creado al Espíritu Santo. Tres dioses han sido postulados ahora, dejando abierta la posibilidad para que más dioses puedan añadirse todavía a este panteón.

4. Sólo si Dios es trino en su ser, existiendo eternamente como Padre, Hijo y Espíritu Santo, es que puede preservarse el monoteísmo. Cada miembro de la Trinidad puede ser adorado como Dios eterno.

II. SEGUNDA PREMISA. Si Dios creó a Jesús, Su Hijo, aunque sea considerado en cierto sentido como Dios, entonces el Jesús histórico fue solamente un "intermediario," mientras Dios mismo permanece trascendente y desconocido para la humanidad.

B. CONCLUSIONES LOGICAS.

1. Dado que nuestro encuentro con el Jesús histórico fue con un ser secundario, no tenemos certeza de que su ministerio a nosotros fuera confiable. No tenemos forma de saber si él representó con exactitud la voluntad de Dios. No tenemos seguridad de nuestra salvación.

2. Si nuestro encuentro con el Jesús histórico fue con un ser secundario, entonces no nos relacionamos a Dios

cuando nos relacionamos con Jesús. Todavía tenemos que conocer a Dios en una forma relacional. Dios permanece desconocido a nosotros.

3. Si nuestro así llamado "mediador" fue una criatura como nosotros mismos, y no Dios mismo, entonces él debe encontrar a uno que pueda mediar por él. Si Jesús mediador no es Dios, entonces su mediador también debe encontrar un mediador. La conclusión es una progresión infinita de mediadores, nunca guiándonos exitosamente a Dios mismo.

La Caída del Arrianismo

La profunda crítica de Atanasio emitió la sentencia de muerte del Arrianismo como un movimiento influyente. Aunque el triunfo del Credo Niceno no era totalmente seguro al momento de la muerte de Atanasio en el año 373, la victoria se selló en el año 381 en el Concilio de Constantinopla. Ahí, los obispos reforzaron la confesión Nicena, mientras incorporaron dentro de la ortodoxia la verdad de la esencial divinidad eterna del Espíritu Santo.

El Arrianismo elaboró la primera gran amenaza a la creencia de la iglesia a la divinidad plena de Jesús, pero otros desafíos se levantarían a través de los siglos. Sin embargo, ninguna amenaza seria abarcaría los distintivos de la herejía Arriana. Arrio fue un pretensor peligroso porque reconoció deidad preexistente en Jesús. Su error fue retener de Jesús el estatus de deidad eterna sostenido por el Padre. Al hacerlo así, Arrio postuló por Jesús una clase de deidad creada que le faltaba la autenticidad de lo verdaderamente divino.

Capítulo 10
Hijo de Dios: Historia Cristiana y las Amenazas del Nestorianismo y el Liberalismo

Nestorianismo

Theotokos

No Encarnación

Unión de Voluntades

Hijo de Dios por Promoción

Adopcionismo Clásico

Refutación de Cirilo – Anhypostasis

Jesús, Un Ser Humano – Divino

Kenosis

Liberalismo

Jesús Reducido a un Ideal Humano

La Crítica de Barth

La Epístola a los Romanos

Neoortodoxia

Pensamientos Finales

Capítulo 10

Hijo de Dios: Historia Cristiana y las Amenazas del Nestorianismo y el Liberalismo

Nestorianismo

Otras amenazas a la verdadera humanidad de Jesús se levantarían en la historia cristiana, manifestando herejía con un disfraz distinto. Aproximadamente cien años después de la aparición de Arrio, una nueva amenaza a la deidad de Jesús se levantó en la persona de Nestorio. Nestorio se convirtió en obispo de la prestigiosa iglesia de Constantinopla en el año 428. Sus enseñanzas erróneas respecto a Jesús no habían sido obvias hasta su nombramiento en Constantinopla. Al llegar a ser el centro de atención, sus ideas ganaron atención y rápidamente levantaron una alarma.

Theotokos

Las opiniones de Nestorio fueron cuestionadas inicialmente al él oponerse públicamente al título tradicional para María, la madre de Jesús, i.e., *theotokos*. La traducción de esta palabra griega es "paridora de Dios". Nestoriano se opuso a la noción de que al dar a luz a Jesús, María estaba dando luz a Dios. Nestorio prefirió el título, *Cristotokos*, el cual significa "paridora de Cristo". El podía tolerar la idea de que María había dado a luz a Cristo el Mesías, pero no estaba de acuerdo en que ella había dado a luz a Dios.

No Encarnación

Esta controversia señaló que problemas subyacentes acechaban bajo la superficie en cuanto a la opinión de Nestorio acerca de Jesús. Su postura protectora en cuanto a la humanidad verdadera de Jesús lo guió a adoptar una interpretación sumamente extrema sobre la deidad de Jesús. Aunque Nestorio reconoció el nacimiento único de Jesús de una virgen, fracasó en reconocer la preexistencia de Jesús como hijo de Dios. Para Nestorio, Jesús no era divino por naturaleza, pero meramente humano. Dios hizo provisión para que Jesús fuera concebido sobrenaturalmente, ya que Él fue capaz de prever que Jesús sería una vasija adecuada para sus propósitos. En la concepción de Jesús, el logos divino, o el "Cristo de lo Alto" habitó en él. Esto significó que durante la vida terrenal de Jesús, El era esencialmente y totalmente humano, aunque habitando en él estaba el *logos* divino de Dios. El no era Dios encarnado, sino un hombre habitado por lo divino.

Unión de Voluntades

Además, Nestorio enseñó que la relación entre el logos de Dios habitado en Jesús y Jesús el hombre era solo moral, y no una substancial unión inseparable de divino y humano. Nestorio creía que la personalidad de Jesús como un hombre poseía independencia aparte del logos y mantenía unidad con lo divino, puramente, como un acto de Su voluntad humana. En cualquier momento, Jesús pudo haber deseado voluntariamente separarse del logos y Su misión mesiánica. De eso haber ocurrido, él hubiese sido solo otro hombre judío caminando alrededor de Galilea.

Una ilustración analógica de esta perspectiva de la relación de Jesús con lo divino es la relación del matrimonio. Dos personas individuales vienen a ser una, por su buena voluntad de entrar en el pacto matrimonial. Si uno o el otro cónyuge viola el acuerdo pactado, resultando en un divorcio, la unidad de la relación del matrimonio se disuelve por un acto de la voluntad. Nestorio veía la unión de lo humano y lo divino en Jesús solo como una relación.

Hijo de Dios por Promoción

Aunque Nestorio relegó la natural esencial de Jesús de ser meramente humano, aun así diseñó una manera de atribuirle el estatus de Hijo de Dios. Jesús no era Hijo de Dios por naturaleza, pero ganó el título como resultado de su impecabilidad y cumplimiento exitoso de su misión de redención. Dios resucitó a Jesús de la muerte y confirió divinidad sobre Él en su ascensión al cielo.

Adopcionismo Clásico

Nestorio no inventó este patrón de interpretación doctrinal. Esta perspectiva ha sido generalmente clasificada como "adopcionismo" a través de la historia Cristiana. Tal vez el propagador temprano de la enseñanza adopcionista lo fue Pablo de Samosata (tercer siglo). El adopcionismo que ayudó a darle forma a esta perspectiva de Nestorio lo fue Teodoro de Mopsuestia (350-428). Adopcionismo en su forma clásica contempla a Jesús esencialmente como un hombre cuya vida virtuosa culmina en Su "adopción" a un estatus divino como Hijo de Dios. Nestorio no fue el primer hereje, tampoco sería el último en defender opiniones adopcionistas de la divinidad de Jesús. Sin embargo, por el tiempo específico y la posición de Nestorio como obispo de Constantinopla, la iglesia tomó acción ligera y decisiva contra su herejía. Cuando la iglesia condenó a Nestorio en el Concilio de Efeso en el año 431, estaba realizando una declaración concluyente contra todas las negaciones adopcionistas de la divinidad eterna de Jesús.

Refutación de Cirilo – Anhypostasis

El teólogo de distinción más instrumental en exponer los errores del Nestorianismo lo fue Cirilo, obispo de Alejandría. Cirilo, el teólogo más estimado de su tiempo, fue instado por sus contemporáneos a pronunciar por escrito los asuntos en cuestión en las controversias.[29] Cirilo utilizó efectivamente dos palabras griegas para desarticular la herejía Nestoriana. Cirilo aplicó la primera palabra, *anhypostasis*, en referencia a la humanidad de Cristo. Esta palabra compuesta es traducida: *an* = carente; *hypostasis* = existencia personal independiente. Cirilo afirmó que la humanidad de Jesús es a*nhypostasis*, i.e., sin existencial personal independiente. Esto significó que la humanidad de Jesús nunca poseyó independencia aparte de Su deidad. Cirilo explicó que las dos naturalezas de Jesús se juntaron indivisiblemente en Su concepción en María. Jesús no fue una persona humana habitada por lo divino. Su personalidad es completamente única, consistiendo de dos naturalezas separadamente unidas en Su concepción milagrosa.

Jesús, Un Ser Humano – Divino

Cirilo sostenía que la preexistente divinidad eterna de Jesús como Hijo de Dios fue residente en Su naturaleza divina impartida dentro del vientre de María por el Espíritu Santo. Ahí, fue inseparablemente unida a Su naturaleza humana, suplida por Su madre. Por lo que Jesús fue únicamente constituido. El no fue un ser divino per se, ya que tenía también naturaleza humana. Sin embargo, tampoco era meramente un ser humano, ya que la naturaleza divina estaba presente. **El era un ser humano – divino.** Jesús es una persona indivisible, la unión de naturalezas humana y divina. Cirilo señaló con precisión el error básico de Nestorio, i.e. de reducir la esencia de Jesús a humanidad solamente. Aún cuando fuera "adoptado" para ser Hijo de Dios, Su esencia permanece mera humanidad. En adición, el tener el título Hijo de Dios no invalida Su origen finito de criatura. Un humano finito no puede ser transformado en Dios infinito. El Jesús de Nestorio nunca podrá ser Dios en Su ser esencial. En ser, solamente era humano.

KENOSIS

Cirilo utilizó también la palabra *kenosis* en su refutación. En el nuevo Testamento, Pablo usa efectivamente *kenosis* para describir la acción de la Encarnación, en la cual el Hijo divino se rinde al proceso de convertirse en humano. Pablo relata que Jesús, "aunque existía en forma de Dios, no consideró el ser igual a Dios como algo a qué aferrarse, sino que **se despojó a sí mismo**,... haciéndose semejante a los hombres". (Filipenses 2:6-7) La palabra griega para "despojó" en este pasaje es *enkenosen*, una forma de la palabra *kenosis*.

Cirilo entendió correctamente el uso de Pablo de "despojó" no en sentido literal, como si fuera despojado de un receptáculo a otro. Al contrario, significó una humillación total en la buena voluntad del Hijo de Dios para vivir dentro de las limitaciones finitas y límites de humanidad humilde, sin depender en la gloria infinita de Su naturaleza divina. En resumidas cuentas, el Hijo de Dios se negó a sí mismo el uso de todas sus capacidades divinas que pudieran comprometer la integridad de la humanidad que asumió en Su Encarnación. El acto de vaciarse a sí mismo de prerrogativas divinas fue un acto de amor por la raza caída que El vino a salvar. El Hijo de Dios vino a ser humano, sin abandonar Su identidad y estatus divino.

Cirilo sabía que el nexo vital entre *kenosis* y la Encarnación significaba la ruina de la perspectiva de Nestorio acerca de Jesús. Cirilo razonó que, para Nestorio, no podía haber *kenosis* del Hijo de Dios. Uno que era un ser humano en esencia, no puede degradarse a sí mismo para convertirse en lo que ya es. El Jesús de Nestorio era un hombre aspirado a ser elevado a estatus divino. Cirilo acusó a Nestorio por sustituir el habitar por la doctrina de la iglesia de la Encarnación. Un mero hombre, aunque habitado por Dios, no puede salvar. El necesita a alguien que lo salve.

Liberalismo

La creencia de la iglesia en la deidad eterna de Jesús resistió la amenaza del Arrianismo en el siglo cuarto y la amenaza del Nestorianismo en el siglo quinto. El estándar de ortodoxia ha sido establecido, y ninguna amenaza seria apareció por casi 1400 años.[30] Con el levantamiento de la crítica bíblica en círculos académicos europeos en el siglo diecinueve, llegó un gran intento para reestructurar la ortodoxia teológica de la iglesia Cristiana. El padre de este movimiento, impulsado para darle una nueva forma al Evangelio en una "relevancia" cultural a expensas de la ortodoxia tradicional, lo fue Friedrich Schleiermacher (1768-1834).

La faceta más peligrosa de este movimiento, conocido como Liberalismo, fue su sutil reinterpretación de las doctrinas bíblicas esenciales, dejando a sus engañados seguidores solamente con un Jesús humano. En el proceso de "demitologizar" las Escrituras, los liberales despojaron de los Testamentos todos los eventos sobrenaturales. Jesús no continuó siendo el encarnado Hijo de Dios. Sus milagros fueron tachados. Aún las doctrinas sagradas de la resurrección y la ascensión de Jesús fueron renunciadas.

Jesús Reducido a un Ideal Humano

Los liberales estaban conformes de reducir a Jesús a un ideal humano "La conciencia de Dios". Jesús fue un mero hombre que personificó la experiencia máxima de Dios. Otros teólogos Liberales expandieron el concepto original a una conciencia colectiva y ética. La vida ejemplar de Jesús culminó en Su muerte de sacrificio, dejándonos para encontrar nuestra salvación por emulación. El Liberalismo llegó su conclusión lógica en el relativismo religioso de Ernst Troeltsch. Una vez el ideal de Jesús de "La conciencia de Dios" fue comprendido, Jesús como una persona histórica vino a ser prescindible. El ideal de Jesús es asequible por todas las culturas, sin embargo, ninguna cultura puede imponer sus normas religiosas sobre otras. Los Cristianos tienen a Jesús como su modelo, mientras que otras culturas y religiones deben hollar sus propios caminos sin Él.

La Crítica de Barth

Debido a que las escuelas teológicas europeas cayeron y aceptaron la agenda Liberal, generaciones de pastores llenaron los púlpitos de iglesias por casi un siglo. El estatus quo fue sacudido por la devastación traída por la Primera Guerra Mundial, despertando a muchos a la superficialidad del Liberalismo ante el sufrimiento humano. El cambio estalló cuando un joven pastor suizo educado bajo el sistema Liberal comenzó a probar el inestable cimiento de la visión mundial prevaleciente. Karl Barth (1886-1968) encontró que su preparación teológica era carente mientras buscaba contestaciones a preguntas preocupantes de la vida planteadas por sus feligreses. Su búsqueda lo llevó a una reinterpretación refrescante de la Biblia. Barth ayudó a rescatar al Cristianismo europeo de un impotente Jesús humano cuya muerte no tuvo eficacia expiatoria por una humanidad pecadora.

La Epístola a los Romanos

La publicación de Barth, en 1919 de su libro *La Epístola a los Romanos* envió hondonadas de olas a través del mundo teológico de los Liberales. Barth señaló que el Dios de la Biblia no era una reflexión del idealismo humano, pero sí un Dios soberano que se relacionaba con Sus criaturas humanas de acuerdo a Su propia voluntad. Además, Jesús no fue simplemente un modelo humano de vivir virtuosamente, sino el Hijo eterno de Dios enviado al mundo para redimir la raza humana del pecado. Barth desconcertó a sus oponentes al utilizar algunas de sus propias herramientas críticas de interpretación bíblica para demoler las presuposiciones Liberales y para recobrar para la iglesia la ortodoxia sana de su antigua fe.

Neoortodoxia

La Neoortodoxia de Barth produjo una nueva ola de teólogos y pastores para la Europa del siglo veintiuno, fuertes en su compromiso para con la deidad de Jesús, la eficacia expiadora de la cruz, y de Su resurrección triunfal sobre el pecado y su cautiverio. Para el Cristianismo en general, Barth demostró que la honestidad intelectual exigida por el mundo moderno no necesitaba ser sacrificada por aquellos que rechazaban comprometer las creencias esenciales de la fe. La iglesia no debe desechar las creencias esenciales como lo es la deidad eterna preexistente de Jesús en el nombre de la relevancia cultural para que su autoridad y autenticidad estén en juego.

Pensamientos Finales

Nuestro conforte como Cristianos, descansa en la verdad de nuestra confesión, que Jesús es el Hijo de Dios. El ha sido eternamente el Hijo, mientras que el Padre siempre ha sido Su Padre. La Trinidad es trina en esencia. Dios el Padre, Dios el Hijo y Dios el Espíritu Santo son diferenciados relacionalmente, aunque de Una Esencia Divina. Cuando el Hijo tuvo el deseo voluntario de convertirse en carne y habitar en la historia por causa de nuestra redención, El no cesó de ser Dios. Todos nuestros asuntos con Jesús son completamente fidedignos y fiables. Dios el Padre inició todas las palabras y obras de Jesús. Porque Jesús nos perdonó de nuestros pecados, somos perdonados. Porque Jesús ganó redención para todo el que cree, entonces podemos estar seguros de nuestra salvación eterna.

Capítulo 11
Hijo de Hombre: Trasfondo del Antiguo Testamento

El Mesías es Hijo de Hombre

El Hijo de Dios es Hijo de Hombre

Dos Filiaciones

Hijo de David

Jesús, Descendiente de David

Belén, la Ciudad de David

Impecabilidad de Jesús

Sacrificio Impecable

Capítulo 11

Hijo de Hombre: Trasfondo del Antiguo Testamento

Durante los treinta y tres años de la vida terrenal de Jesús, el asunto de Su humanidad verdadera no estaba en disputa. Sólo después que Jesús no estaba ya físicamente presente con Su iglesia, habiendo ascendido milagrosamente al trono de Su Padre en el cielo, emergieron preguntas de si Su humanidad había sido verdaderamente auténtica. El reto que Jesús enfrentó durante el curso de Su vida no fue el convencer a personas de que Él era humano, lo cuál no fue cuestionado, sino tratar de establecer que Él también era divino. Entre las multitudes de personas que enfrentaba, nadie tuvo razón para cuestionar la identidad humana de Jesús.

El Mesías es Hijo de Hombre

La profecía mesiánica en el Antiguo Testamento, reveló la llegada de un Salvador divino quien también sería humano. Una de las descripciones que enfatiza los orígenes humanos del Mesías es **Hijo de Hombre**. Jesús se apropió de la designación **Hijo de Hombre** para sí mismo, y se convirtió en una descripción prominentemente usada por Él en el Nuevo Testamento. El profeta Daniel experimentó una visión de la llegada del Hijo de Hombre. "Seguí mirando en las visiones nocturnas, y he aquí, con las nubes del cielo venía uno como un **Hijo de Hombre**, que se dirigió al Anciano de Días y fue presentado ante El. Y le fue dado dominio, gloria y reino, para que todos los pueblos, naciones y lenguas le sirvieran. Su dominio es un dominio eterno que nunca pasará, y su reino uno que no será destruido". (Daniel 7:13-14) La visión profética de un Hijo de Hombre venidero es claramente mesiánica.

El salmista Asaf, provee otro eslabón Antiguo Testamentario entre el Mesías que viene y el Hijo de Hombre. "Sea tu mano sobre el hombre de tu diestra, sobre el **Hijo de Hombre** que para ti fortaleciste". (Salmo 80:17) Aquí, "el hombre de tu diestra" es Aquel que posee el lugar más alto de honor, es decir, el propio Hijo del Padre. El Hijo del Padre es conocido también como el **Hijo de Hombre**.

EL HIJO DE DIOS ES HIJO DE HOMBRE

Jesús tomó el mando de la descripción Hijo de Hombre, y la aplicó a sí mismo. Numerosas veces en los Evangelios Jesús se refiere a sí mismo como Hijo de Hombre. Aquí señalamos varios ejemplos para ilustrar este punto. "Cuando llegó Jesús a la región de Cesarea de Filipo, preguntó a sus discípulos, diciendo: '¿Quién dicen los hombres que es el **Hijo del Hombre?**'... Respondiendo Simón Pedro, dijo: 'Tú eres el Cristo, el Hijo del Dios viviente'. Y Jesús, respondiendo le dijo: 'Bienaventurado eres, Simón, hijo de Jonás, porque esto no te lo reveló carne ni sangre, sino mi Padre que está en los cielos'". (Mateo 16:13, 16-17) Observa que Jesús se identifica a sí mismo como el Hijo de Hombre, aun así elogia la respuesta de Pedro a Su pregunta, que El también es "el Hijo del Dios viviente". Jesús reforzó Su filiación dual, como Hijo de Hombre e Hijo de Dios.

Otra instancia en la que Jesús se encuentra refiriéndose a sí mismo como Hijo de Hombre, está hablando de Su cercana crucifixión cuando será "levantado a lo alto" en la cruz del Calvario para morir por los pecados de la humanidad. "Nadie ha subido al cielo, sino el que bajó del cielo, es decir el **Hijo del Hombre** que está en el cielo. Y como Moisés levantó la serpiente en el desierto, así es necesario que sea levantado el Hijo del Hombre, para que todo aquel que cree, tenga en El vida eterna". (Juan 3:13-15) Observa que en el mismo pasaje, Jesús llama la atención a Su preexistencia en el cielo. El habla de Su descenso del cielo y predice Su cercana ascensión, donde irá de regreso al trono de Su Padre. Jesús continúa realizando referencias a Su naturaleza dual, porque Aquel que es Hijo de hombre es también Hijo de Dios.

En otro pasaje, Jesús milagrosamente le dio la facultad de ver a un hombre que nació ciego. Jesús se dirigió al hombre que ya era capaz de ver y le dijo. '"¿Crees tú en el **Hijo del Hombre?**' El le respondió y dijo: '¿Y quién es, Señor, para que yo crea en El?' Jesús le dijo: 'Pues tú le has visto, y el que está hablando contigo, ése es'. El entonces dijo: 'Creo, Señor'. Y le adoró". (Juan 9:35-38) Aquí Jesús realizó ambos, invitó al hombre sanado a creer en El, como Hijo de Hombre, y permitió adoración a sí mismo. Sin lugar a dudas, Jesús no vio inconsistencia en asumir los roles duales de Hijo de Dios e Hijo de Hombre.

Dos Filiaciones

En resumen, el Nuevo Testamento identifica a Jesús como teniendo dos filiaciones distintas: El es simultáneamente Hijo de Hombre e Hijo de Dios. Su identidad no está completa si una u otra designaciones no están reconocidas. Fue preordenado y revelado en la escritura profética que el Mesías es ambos. Dos entidades aparentemente antitéticas, deidad y humanidad están combinadas en una persona. El es una persona con orígenes duales: no creado en su deidad eterna, y creado en Su humanidad. Los escépticos pueden estar desconcertados en reconciliar como la divinidad y la humanidad pueden coexistir en una persona. Sin embargo, la Escritura nos aprieta en su propia lógica sin dejar espacio para desviación. El Jesús de la Escritura es una persona de identidades duales. El es Hijo de Hombre e Hijo de Dios.

Hijo de David

Otra designación bíblica importante evidenciando la humanidad del Mesías es, **Hijo de David**. En la historia israelita, David había sido un rey que había seguido a Dios con todo su corazón. (I Reyes 14:8) Como resultado, Dios pactó con David para establecer su simiente por siempre y su trono durante todas las generaciones. (Salmo 89:3-4) Dios le prometió a David, "Tu casa y tu reino permanecerán para siempre delante de mí; tu trono será establecido para siempre". (II Samuel 7:16) Y de la simiente de David, casa, ciudad y reino saldrá el Mesías de Israel. "Porque un niño nos ha nacido, un hijo nos ha sido dado, y la soberanía reposará sobre sus hombros; y se llamará su nombre Admirable Consejero, Dios Poderoso, Padre Eterno, Príncipe de Paz. El aumento de su soberanía y de la paz no tendrán fin **sobre el trono de David y sobre su reino**, para afianzarlo y sostenerlo con el derecho y la justicia desde entonces y para siempre. El celo del Señor de los ejércitos hará esto". (Isaías 9:6-7)

Jesús, Descendiente de David

Jesús tomó su lugar legítimo en el trono de David Su padre. Como expresara el apóstol Pablo, en su sermón en Antioquia de Psidia, "De la descendencia de éste (Rey David), conforme a la promesa, Dios ha dado a Israel un Salvador, Jesús". (Hechos 13:23) En otra parte, Pablo habló de los orígenes humanos de Jesús por medio de David, "que nació de la descendencia de David según la carne".[31] (Romanos 1:3) En el anuncio del ángel Gabriel a María, que ella tendría un hijo, le dijo, "Este será grande y será llamado Hijo del Altísimo; y el Señor Dios **le dará el trono se su padre David**; y reinará sobre la casa de Jacob para siempre, y su reino no tendrá fin". (Lucas 1:32-33)

Belén, la Ciudad de David

Incluso, el nacimiento de Jesús en Belén es significante, ya que Belén es la ciudad de David. El Evangelio de Lucas registra que el mensaje del ángel a los pastores que se encontraban en las cercanías del nacimiento del Mesías, "porque os ha nacido hoy, **en la ciudad de David**, un Salvador, que es Cristo el Señor". (Lucas 2:11) Aunque Jesús es conocido por la ciudad en la cual creció (Jesús de Nazaret), María y José estaban en Belén en el momento de Su nacimiento por causa del registro en un censo requerido en aquel momento por el emperador romano. Viajaron a Belén ya que José era "de la casa y de la familia de David". (Lucas 2:4) Esto alineó el lugar de nacimiento de Jesús con la profecía concerniente a la localización del nacimiento del Mesías. "Pero tú, Belén Efrata, aunque eres pequeña entre las familias de Judá, de ti me saldrá el que ha de ser gobernante en Israel". (Miqueas 5:2)

Puesto que Jesús creciera en Nazaret de Galilea, la mayor parte de Sus adversarios no conocían que Belén fue Su lugar de nacimiento. Aunque conocían que Belén era el lugar bíblico del nacimiento del Mesías. Los oponentes de Jesús usaron su información errónea para provocar controversia al negar la posibilidad de que Jesús pudiera ser el Mesías. "Otros decían: 'Este es el Cristo'. Pero otros decían: '¿Acaso el Cristo ha de venir de Galilea? ¿No ha dicho la Escritura que el Cristo viene de la descendencia de David, y de Belén, la aldea de donde era David?' Así que se suscitó una división entre la multitud por causa de Él". (Juan 7:41-43)

Sin embargo, Jesús poseía la ascendencia bíblica apropiada para ser el Mesías. El Evangelio de Mateo comienza con esta declaración, "Libro de la genealogía de Jesucristo, hijo de David". (Mateo 1:1) el lugar de nacimiento de Jesús en Belén y Su ascendencia de parte de José le conectó con la familia de David. El caso del mesianado de Jesús fue sustanciado por Sus credenciales, por cuanto Él satisfizo las calificaciones bíblicas de ser hijo de David. Y, como hijo de David, la ascendencia histórica de Jesús corroboró Sus orígenes terrenales, apoyando así Su identidad como Hijo de Hombre.

IMPECABILIDAD DE JESÚS

Otra dimensión del mesianado de Jesús que pone en relieve Su verdadera humanidad es Su **impecabilidad**. Jesús fue un tipo del cordero sacrificado ofrecido regularmente en el sistema de adoración del Antiguo Testamento como expiación por los pecados de la gente. Las instrucciones de Dios a Sus sacerdotes en este punto eran claras y no negociables. El cordero o cualquier otro animal debe ser "**sin defecto**".[32] "Cada día ofrecerás un cordero de un año sin defecto para holocausto al Señor; mañana tras mañana lo ofrecerás". (Ezequiel 46:13)

Para Jesús, ser el cordero máximo y final ofrecido en muerte de sacrificio expiatorio por pecados, Su vida debió haber sido sin mancha o defecto. Esto significó que la cualidad moral de la vida de Jesús debió haber sido sin mancha de pecado. El Apóstol Pedro señala, "...fuisteis redimidos...con sangre preciosa, como de un cordero sin tacha y sin mancha, la sangre de Cristo". (I Pedro 1:18-19) El autor de Hebreos también afirma que Jesús, a través del derramamiento de Su sangre, "se ofreció a sí mismo sin mancha a Dios". (Hebreos 9:14) El que los animales fueran sin mancha era un rasgo de reproducción natural. Para que Jesús fuera sin mancha era una realización moral. "Porque no tenemos un sumo sacerdote que no pueda compadecerse de nuestras flaquezas, sino uno que ha sido tentado en todo como nosotros, pero sin pecado". (Hebreos 4:15)

Sacrificio Impecable

Jesús valorado como una ofrenda de pecado, hubiese sido anulado si El mismo hubiera sido pecador. Ningún humano puede justamente reclamar ser el Mesías cuyos propios pecados lo hubieran conectado con los pecados de la humanidad que vino a libertar del pecado y su poder. No sólo fue Jesús la ofrenda de pecado, pero fue también el Sumo Sacerdote representando a la gente. Sin embargo, su sacerdocio se paró en contraste con el sacerdocio Levítico de los Hebreos. Los Levitas eran pecadores como todas las personas, ofreciendo sacrificios que también cubrían sus propios pecados. Ellos también esperaron al Mesías que vendría que ofrecería una expiación perfecta por los pecados. Jesús era ese Mesías, y su rol sacrificatorio como expiación por pecados, era para otros y no para sí mismo. El era el Sumo Sacerdote sin pecado, cuya ofrenda fue aceptable para Dios bajo esos preceptos. "Porque convenía que tuviéramos tal sumo sacerdote: santo, inocente, inmaculado, apartado de los pecadores y exaltado más allá de los cielos, que no necesita, como aquellos sumos sacerdotes, ofrecer sacrificios diariamente, primero por sus propios pecados y después por los pecados del pueblo, porque esto lo hizo una vez para siempre, cuando se ofreció a sí mismo". (Hebreos 7:26-27)

Capítulo 12
Hijo de Hombre: Testimonio del Nuevo Testamento

El Verbo se Hizo Carne

Jesús Encarnado en Nuestra Carne

No tan sólo Carne Física

La Obediencia de Jesús en Nuestra Carne

Verdadera Humanidad Causa para Alabanza

Auto-limitación de la Encarnación

El Espíritu Santo Asistió la Humanidad de Jesús

Capítulo 12

Hijo de Hombre: Testimonio del Nuevo Testamento

El asombroso logro moral de Jesús de vivir toda una vida perfecta y absolutamente libre de pecado, no se aprecia como debe ser. Yo creo que esta falta de apreciación se debe a una severa percepción errónea de la verdadera humanidad de Jesús. Los Cristianos generalmente depositan un énfasis desproporcionado sobre la deidad de Jesús a expensas de Su humanidad real. Aunque la mayoría de los Cristianos profesan que creen en la humanidad de Jesús, no le proporcionan a Su humanidad su lugar apropiado porque carecen del entendimiento de la importancia de la Encarnación de Jesús y sus implicaciones.

El Verbo se Hizo Carne

El apóstol Juan anuncia el evento de la Encarnación en términos claros y significativos. "Y el Verbo se hizo carne, y habitó entre nosotros". (Juan 1:14) El termino "Verbo" (*logos* en griego) es importante, ya que el sujeto de esta declaración es el eterno *Verbo* o *Hijo* de Dios que se hizo encarnado. El termino "carne" (*sarx* en griego) es significativo, en su descripción de la naturaleza de la humanidad que el Verbo asumió en Su Encarnación. La "carne"

—105—

normalmente se piensa como que es la parte corporal física de una persona. Pero sarx (traducida carne) en su uso bíblico es **la esfera de vida humana terrenal en su totalidad.** Sarx cubre el todo de la existencia humana incluyendo sus funciones corporales e intelectuales.

"Carne" también frecuentemente es malentendida como que posee un tenor malvado. Sin embargo, sarx en su contexto bíblico no acarrea ese significado. El estudioso bíblico Eduard Schweizer señala, ". . . la carne no es una esfera la cual debe ser diferenciada de otras cosas terrenales y la cual es intrínsicamente mala o especialmente peligrosa. Se convierte en mala sólo cuando el hombre edifica su vida en ésta".[33] Schweizer añade, "Pero el mundo adquiere su carácter pecaminoso solamente a través de incredulidad, no a través de sarx".[34]

Jesús Encarnado en Nuestra Carne

Esta discusión de "carne" es necesaria ya que muchos Cristianos, desatentos del material bíblico, consideran que la "carne" del Jesús encarnado es diferente a la "carne" de la humanidad común. Algunos Cristianos se encuentran incómodos aceptando que la "carne" de Jesús era idéntica con nuestra humanidad común. Tal vez tengan dificultad en creer que Jesús pudo haber prevalecido sobre el pecado si El hubiese compartido realmente nuestras tentaciones y naturaleza común.

No tan sólo Carne Física

En su intento por resolver este dilema, encontraron conveniente en reducir la "carne" de Jesús a la esfera puramente física. Razonaron que la Encarnación era acerca de Jesús tomando un cuerpo como el nuestro, como si El se estuviera poniendo una vestimenta de "carne" física para cubrir de otro modo Su ser divino. Aquellos que razonan en esta forma no tan sólo duplican la antigua herejía Apolinaria (la cual cubriremos en un próximo capítulo), pero también se ponen ellos mismos en desigualdad con la revelación bíblica. Los hallazgos de Schweizer son una vez más de ayuda en este asunto. Este señala que cuando Jesús asumió nuestra naturaleza humana, El "no meramente la llevó como una vestidura, pero se hizo idéntico con ella".[35] Aquellos que reducen la humanidad de Jesús a Su constitución física, han redefinido selectivamente la "humanidad" para Jesús, transigiendo Su propósito encarnado para identificarle totalmente con la raza de Adán como nuestro Hermano Hombre.

La Obediencia de Jesús en Nuestra Carne

La parte más preocupante de este escenario es que roba a Jesús de Su magnifica victoria moral sobre el pecado. Nuestra salvación es dependiente de que Jesús sea obediente a la voluntad de Su Padre como Hijo de Hombre. El tenía que invertir el patrón de desobediencia iniciado por Adán. "Porque así como por la desobediencia de un hombre los muchos fueron constituidos pecadores, así también por la obediencia de uno los muchos serán constituidos justos". (Romanos 5:19) Si, es correcto enfatizar la culminación de la vida obediente de Jesús cuando el se rindió a sí mismo a la muerte en la cruz. Pero la muerte de sacrificio de Jesús tenía significado porque Jesús fue fiel a la voluntad de Su Padre durante una vida de sufrimiento para resistir las tentaciones del pecado. El autor de Hebreos declara que Jesús, "aprendió obediencia por lo que padeció". (Hebreos 5:8) Lo que hizo "especial" la carne de Jesús no fue su sustancia, sino en el guardar Su carne en continua obediencia a la voluntad de Su Padre celestial. Su obediencia moral no fue un fingimiento hecho sólo en pretexto de la humanidad y realmente lograda por Su proeza divina. Todo lo contrario. La carne de Jesús era idéntica a la carne de la raza de Adán cuando el vivió su vida en completa obediencia a la voluntad de Su Padre. ¡La Gloria sea para Dios!

Verdadera Humanidad Causa para Alabanza

Cuando la realidad de la verdadera humanidad de Jesús es

reconocida, entonces el logro magnifico de Su impecabilidad puede ser enfatizado, dando razón para nuestro honor, alabanza y adoración. Nosotros, de hecho, podemos regocijarnos de que Jesús no tenía carne "especial" distinta de la carne común de la raza de Adán. Podemos estar agradecidos que Jesús fue moralmente recto, aunque estaba limitado por nuestra naturaleza y esfera humana. La Encarnación fue completa. Hebreos registra, "Así que, por cuanto los hijos participan de carne y sangre, Él igualmente participó también de lo mismo, para anular mediante la muerte el poder de aquel que tenía el poder de la muerte, es decir, el diablo, y librar a los que por el temor a la muerte, estaban sujetos a esclavitud durante toda la vida. Porque ciertamente no ayuda a los ángeles, sino que ayuda a la descendencia de Abraham. Por tanto, **tenía que ser hecho semejante a sus hermanos en todo**, a fin de que llegara a ser un misericordioso y fiel sumo sacerdote en las cosas que a Dios atañen, para hacer propiciación por los pecados del pueblo". (Hebreos 2:14-18)

Auto-limitación de la Encarnación

El propósito de la Encarnación era el redimir la raza caída de Adán. La carne que se había corrompido y enajenada de Dios tenía que ser limpiada de su pecado y reconciliada con Dios. Este motivo redentor guió al Hijo de Dios a dejar Su lugar de majestad y gloria en el cielo y descender a la tierra a tomar en sí mismo la vil carne de Adán. Esta kenosis (auto-vaciamiento) de Su deidad no fue una abdicación a Su naturaleza divina, pero sí una limitación propia de vivir dentro los limites de finita humanidad.

El Espíritu Santo Asistió la Humanidad de Jesús

A lo largo de Su vida Encarnada, Jesús escogió el no usar Sus prerrogativas divinas, pero consintió en vivir como un hombre, aunque un hombre en completa dependencia de la provisión del Padre del Espíritu Santo. A través de la presencia santificadora del Espíritu Santo, Jesús mantuvo Su carne humana común en absoluta santidad. Su carne era totalmente capaz de ser tentada a pecar, como lo es la carne común de la humanidad. El autor de Hebreos simplemente declara que nuestro sumo sacerdote, "ha sido tentado en todo como nosotros, pero sin pecado". Al compartir la misma carne con toda la humanidad, nuestro sacerdote puede "compadecerse de nuestras flaquezas". (Hebreos 4:15) El Credo de Atanasio declara que la humanidad de Jesús es "de la sustancia de Su madre".[36] Aunque María vivió una vida ejemplar a favor de Dios, la esencia de su humanidad era como la de cada humano, i.e., mortal y corruptible. Debemos aprender a no alejarnos de la impecabilidad de Jesús en humanidad mortal y corruptible, pero gloriarnos en ella. La humanidad alcanzó victoria eterna en el triunfo moral de Jesús contra el pecado. Por ello, nuestra naturaleza caída esta ahora restaurada ante el Padre. Somos aceptados y justificados con nuestro santo Dios porque Jesús tomó nuestra naturaleza y la hizo sin pecado.

Capítulo 13
Hijo de Hombre:
El Desafío Gnóstico a la Humanidad Verdadera de Jesús

La Autoridad Apostólica de Juan
El Espíritu de Anticristo
La Herejía Gnóstica
El Gnosticismo es Sincretista
Infiltró la Iglesia
Creencias Gnósticas
Redención Gnóstica
Negación de la Humanidad de Jesús
No Encarnación, Expiación o Resurrección
Ireneo, Padre Anti-Gnóstico
Recapitulación
Errores Doctrinales Expuestos
Otros Fracasos
Docetismo
La Nueva Era es Neognosticismo
La Nueva Era se Apropió Erróneamente de Jesús
Narcisismo
Jesús nos Libertó del Narcisismo

Capítulo 13

Hijo de Hombre: El Desafío Gnóstico a la Humanidad Verdadera de Jesús

La Autoridad Apostólica de Juan

La controversia girando alrededor de las identidades duales de Jesús como Hijo de Hombre y como Hijo de Dios apareció temprano en la historia de la iglesia, aún en tiempos bíblicos. El apóstol Juan convirtió a Efeso en su hogar, una ciudad ideal para diversidad y aberración doctrinal. Juan ejerció su autoridad apostólica para confrontar errores Cristológicos y para mantener a la iglesia en un curso recto. Juan era la figura ideal para semejante tarea, siendo uno de los principales conformadores de la doctrina bíblica. El reconoció que considerar propiamente la persona de Jesús y Su misión redentora era fundacional para pensar correctamente acerca de todas las otras doctrinas Cristianas. Juan tomó una posición firme e inmovible contra los herejes Cristológicos. "Todo el que se desvía y no permanece en la enseñanza de Cristo, no tiene a Dios; el que permanece en la enseñanza tiene tanto al Padre como al Hijo". (II Juan 9)

El Espíritu de Anticristo

Al cierre de la era del Nuevo Testamento, el apóstol Juan enfrentó una concepción errónea de Jesús que había aparecido en la iglesia temprana. Había aquellos que estaban contendiendo que Jesús no había venido en una verdadera carne humana. "Pues muchos engañadores han salido al mundo que no confiesan que Jesucristo ha venido en carne. Ese es el engañador y el anticristo". (II Juan 7) Este error Cristológico tan enérgicamente confrontado por Juan, representó una expresión específica de una visión mundial religiosa más abarcadora que ha desafiado la verdad cristiana en otros tiempos. Esto debe llevarse a un examen de cerca.

La Herejía Gnóstica

La opinión errónea enfrentada por Juan generalmente puede remontarse a un dualismo cosmológico antiguo llamado Gnosticismo. Los movimientos sectarios judíos, aun antes del tiempo de Cristo, fueron conocidos por haber desposado el Gnosticismo. Otra forma del mismo reapareció para amenazar la Cristiandad temprana, como podemos observar de los escritos de Juan. Entonces, en el segundo siglo, varios grupos Gnósticos infiltraron la iglesia desafiando las doctrinas esenciales de la fe Cristiana. Algunos padres de la iglesia, como Ireneo y Tertuliano, expusieron los errores del Gnosticismo y ayudaron a libertar a la iglesia de su engaño.

El Gnosticismo es Sincretista

Nuestro enfoque será en la expresión del segundo siglo, en donde se planteó la primera amenaza seria a la integridad a las verdades esenciales del Evangelio. Los Gnósticos no eran un movimiento monolítico, sino que representaron una variedad de doctrinas y prácticas. Aunque los detalles de las enseñanzas Gnósticas variaban, puede detectarse una penetrante visión mundial religiosa típica de todos los partidarios Gnósticos. Generalmente, el Gnosticismo era sincretista, ya que sus enseñanzas buscaban utilizar el Cristianismo como un punto focal para unificar y armonizar varias sensibilidades religiosas y filosóficas. Ellos buscaban absorber una variedad de ideas y prácticas religiosas dentro de un solo sistema en un esfuerzo de proveer una visión holística mundial religiosa. Utilizaron cosmogonías (teorías de origen del universo) para intentar ofrecer respuestas a preguntas no realizadas específicamente en las Escrituras Cristianas.

INFILTRÓ LA IGLESIA

Los Gnósticos circularon una abundancia de escritos privados, intentando ganar credibilidad al reclamar falsamente que sus escritos habían originado de Jesús, los apóstoles, y otros escritores tempranos. Algunos maestros Gnósticos, como lo fue Marción (110-160), fundaron una organización fuera de la iglesia establecida, pero la mayoría se quedó dentro de la iglesia y buscó penetrar el establecimiento con sus enseñanzas. Los Gnósticos desdeñaron a los Cristianos comunes, y buscaron proselitar la iglesia al realizar reuniones por separado y aparte de los servicios regulares donde podían propagar sus prácticas y doctrinas secretas. Los sistemas Gnósticos más importantes de los tiempos fueron aquellos de Basílides, Valentín y sus discípulos (Heracleón, Tolomeo y Teódoto en la escuela italiana), los Ofitas, Kainites, Perates, Setianos, Justino y los Nasenos. Los representantes de los ultra gnósticos fueron Marción, y Carpócrates.

CREENCIAS GNÓSTICAS

Todos los maestros Gnósticos creían que el universo es gobernado por fuerzas opuestas dualistas. La esfera del espíritu es buena, y la esfera de lo material es mala. Entre estos extremos opuestos, comenzando con la esfera del espíritu, hay un continuo descendente de niveles de realidad, cubierto por múltiples dioses y emanaciones de esos dioses. Al nivel más bajo del continuo está el universo creado, cuyo origen es un resultado de un accidente cosmológico forjado por un dios malvado. La única parte buena de la humanidad es una parte espiritual del alma que no ha sido creada. El alma está atrapada dentro de un ambiente y cuerpo material que es totalmente malvado.

REDENCIÓN GNÓSTICA

La única esperanza redentora para la raza humana es la iluminación intelectual. El nombre "Gnosticismo" es derivado de la palabra griega *gnosis* la cual significa "conocimiento." La respuesta al dilema humano es conocimiento propio, que lleva a un estado de iluminación, permitiendo al alma atrapada escapar su malvado contorno material. Aunque la liberación final de la maldad viene en la muerte, los Gnósticos creen que cuando la iluminación ocurre en esta vida, la libertad de la responsabilidad es una realidad presente. El estilo de vida entre el iluminado generalmente se dirigía en una de dos direcciones. Algunos Gnósticos vivían una estricta negación propia, privando los apetitos y esperando su escape final a través de la muerte. Otros Gnósticos veían su libertad como una ocasión para la gratificación propia. Razonaban que el tener un alma iluminada garantizaba su destino espiritual, y les otorgaba la licencia para participar en cualquier forma de autoindulgencia en esta vida. Dado que la esfera histórico material se autodestruirá finalmente, ellos creen que sus acciones dentro de este mundo que está desapareciendo no son dignas de responsabilidad.

NEGACIÓN DE LA HUMANIDAD DE JESÚS

Jesús, el Salvador Gnóstico, entra en el retrato como el Gran Maestro. Dado que el conocimiento propio trae el estado de iluminación deseado, el propósito esencial de Jesús es enseñar el conocimiento propio apropiado conducente a la iluminación. Jesús no participó en la materia, sino que vino a libertar a los atrapados seres espirituales de su carga material. Los Gnósticos creen que Jesús emanó de la esfera del espíritu y no tiene comunión o asociación con la maldad. El es un espíritu puro, siendo completamente divino en naturaleza, sin vestigio de humanidad en Su ser. La apariencia humana de Jesús fue meramente camuflajeada, disfrazando Su sustancia puramente espiritual. La negación Gnóstica de la humanidad verdadera y un cuerpo físico verdadero es su forma de proteger a Jesús de participar en la esfera malvada de materialidad.

No Encarnación, Expiación o Resurrección

Para el Gnóstico, el cuerpo de Jesús era "carne fantasma." Jesús no tuvo naturaleza humana o cuerpo físico, lo cual era una negación explícita de la doctrina bíblica de la Encarnación. La crucifixión no tenía significado para el Gnóstico, ya que el cuerpo de Jesús era inmaterial y por lo tanto no podía morir. Tenían una de dos explicaciones para la narrativa de la crucifixión. Un grupo creía que los soldados erróneamente crucificaron a Simón el Cireneo en vez de Jesús; el hombre que ayudó a cargar la cruz de Jesús. Otro grupo planteaba que Jesús místicamente se separó a sí mismo de Su "cuerpo fantasma", y observó desde la distancia los procedimientos de crucifixión con un desdén burlón. Los Gnósticos, por lo tanto, niegan el valor de la expiación de sangre en la cruz por los pecados de la humanidad. Los Gnósticos también negaron la resurrección, dado que Jesús no experimentó muerte. La resurrección no tenía significado en su sistema de pensamiento, ya que el ser restaurado a la materialidad es el ser meramente reconstituido dentro de la esfera de maldad. La meta máxima del Gnóstico es el escape, no la resurrección. Para el iluminado, la parte buena del alma algún día será regresada a la esfera de lo puramente espiritual. Todo lo demás se entregará para aniquilación.

Ireneo, Padre Anti-Gnóstico

Por emerger a la mitad del segundo siglo, la amenaza Gnóstica fue muy temprana para ser lidiada por un concilio mayor de la iglesia como aquellos convocados después que Constantino se convirtió en emperador. No obstante, el Gnosticismo apareció en un tiempo en que dos padres de la iglesia, de considerable sabiduría teológica, se encontraban en la escena. Estos dos líderes fueron, Ireneo de Lión (Francia) y Tertuliano de Cartago (África del Norte). En particular, Ireneo (130-203) se consagró a sí mismo al estudio del Gnosticismo, familiarizándose a sí mismo con la variedad de maestros Gnósticos y sus enseñanzas específicas. Sus hallazgos fueron compilados en un tratado masivo, *Contra las Herejías*. Esta refutación definitiva de errores doctrinales Gnósticos, probó ser un factor mayor que llevó al fallecimiento del Gnosticismo. Tertuliano (160-220) contribuyó una refutación influyente de las enseñanzas del ultra Gnóstico, Marción, y su movimiento (Marcionismo).

RECAPITULACIÓN

Ireneo refutó al Gnosticismo organizando sus ideas alrededor del tema bíblico de la *recapitulación*. Este tema refleja la perspectiva revelada en Efesios 1:10, mientras Pablo ilustra el drama de la obra redentora de Jesús en "reunir todas las cosas en Cristo, tanto las que están en los cielos, como las que están en la tierra". La palabra griega, traducida "reunir", es *anakephalaiomai*. La traducción latina es *recapitulatio*, de ésta es que se deriva el tema de Ireneo de la recapitulación. Este tema enfatiza el propósito divino de la Encarnación del Hijo, cuando tomó sobre sí mismo la naturaleza común de la humanidad. Por tomar nuestra naturaleza y entrar dentro de nuestra experiencia, trajo redención, restauración y recobro a la raza de Adán. La caída de Adán en el pecado frustró los planes de Dios, la misión de Jesús en entrar el mundo como el Segundo Adán era para recapitular todas las cosas en una amorosa armonía con Dios y Su diseño original. El primer Adán cayó en desobediencia con la voluntad de Dios, sumergiendo así a la raza entera en una alienación pecadora de Dios. Era necesario que el Segundo Adán tomara la verdadera naturaleza y condiciones de la humanidad caída, pero no obstante ofrece hacia el Padre obediencia perfecta, para así deshacer la obra del primer Adán (Romanos 5:19). La obediencia impecable de Cristo, culminando en Su sumisión a la cruz del Calvario, resultó en Su derrota triunfal sobre todos los enemigos comunes a la humanidad (pecado, Satán, y la muerte). Porque Jesús es el Segundo Adán, el Hermano Hombre de todos los miembros de la raza, es capaz de recapitular al Padre todo aquel que ponga su confianza en El. R.P.C. Hanson argumenta esta discusión de recapitulación: "por lo cual Cristo siguió todas las etapas de la experiencia de Adán y todo el proceso de las transgresiones de Adán, en cada etapa y cada acto obedeciendo donde Adán había desobedecido".[37]

La ilustración de Ireneo del drama divino de redención dependió fuertemente de un entendimiento preciso de la doctrina de la Encarnación. Era necesario para el cumplimiento del propósito redentor de Dios que el Hijo eterno de Dios viniera a ser completamente humano en el evento de la Encarnación. Sus condiciones y naturaleza humana deben haber sido comunes a toda la humanidad para que su obediencia sea auténtica. Su naturaleza y cuerpo humano deben haber sido auténticos para que Su sacrificio en la cruz sea vicario (realizado o actuando por otra persona) y así eficaz para la redención de la raza de Adán.

Errores Doctrinales Expuestos

Al clarificar la importancia de la doctrina de la Encarnación, Ireneo descartó las interpretaciones Gnósticas de Jesús. El Jesús Gnóstico no es humano, por lo tanto ofrecer una vida obediente al Padre no es posible o incluso deseable. La muerte no es posible para un Jesús divino que no es mortal. Ni la muerte es necesaria en la enseñanza Gnóstica, ya que el Salvador Gnóstico no muere para expiar por pecados, pero simplemente transmite conocimiento. La resurrección del cuerpo es una doctrina Cristiana vital negada por los Gnósticos. La transformación a inmortalidad e incorrupción para los creyentes Cristianos es un acontecimiento futuro asociado con el tiempo de la Segunda Venida de Jesús. Sin la resurrección, la muerte viene a ser final. Como el apóstol Pablo declara, "Pues si los muertos no resucitan, entonces ni siquiera Cristo ha resucitado; y si Cristo no ha resucitado, vuestra fe es falsa; todavía estáis en vuestros pecados. Entonces también los que han dormido en Cristo han perecido". (I Corintios 15:16-18)

OTROS FRACASOS

En adición a estos problemas doctrinales centrales, otros fracasos del Gnosticismo fueron detectados por el análisis de Ireneo. Expuso el error de colocar un creador que no fuera Dios mismo. Demostró la insensatez de postular múltiples dioses, enfatizando el carácter monoteísta del Evangelio Cristiano. Reveló que la raíz del problema humano no es la ignorancia, sino el pecado. Estableció que la humanidad, la materialidad y la historia no son malas en sí mismas, pero fueron creadas buenas y fueron restauradas a su bien original en la redención de Jesús. Ireneo demostró que el punto de partida para el conocimiento Cristiano es la revelación propia de Dios en la historia a través de Su Hijo, y no en especulación filosófica.

DOCETISMO

La negación Gnóstica de la verdadera humanidad de Jesús enfatizó un patrón de error doctrinal cuya tendencia ha sido resurgir en varias formas a lo largo de la historia de la iglesia Cristiana. Este patrón de herejía Cristológica ha sido identificado como *docetismo*. **El docetismo es un patrón de pensamiento que niega o devalúa la humanidad verdadera y/o el verdadero cuerpo humano de Jesús.** El docetismo encontró expresión en el Cristianismo temprano no sólo en el Gnosticismo, pero también en otras dos herejías mayores las cuales serán consideradas luego: Apolinarismo y Eutiquianismo. El Gnosticismo en sí mismo, aunque muerto en su expresión antigua, ha resurgido dentro de la historia en variaciones ligeramente diferentes del original para plantear nuevas amenazas a la doctrina de la humanidad verdadera de Jesús.

LA NUEVA ERA ES NEOGNOSTICISMO

El movimiento de la Nueva Era, el cual se origina en el siglo veinte, es una escuela contemporánea de pensamiento que despliega muchas similitudes con el Gnosticismo antiguo. No todo pensamiento de Nueva Era incumbe en sí mismo a Jesús. Las enseñanzas que incluyen a Jesús, le prestan escasa atención como figura histórica. El pensamiento de la Nueva Era está más interesado con una imagen arquetípica de Jesús considerada impresa en el alma de cada persona; frecuentemente llamado "el Cristo interno". Este Cristo interno es una chispa eterna increada de divinidad que se encuentra en todas las personas y que debe ser "descubierta" a través del conocimiento propio si uno quiere experimentar el potencial completo de la vida. La mayoría de los practicantes de Nueva Era argumentan que el Jesús de la historia fue una persona real que ejemplificó la búsqueda del auténtico descubrimiento propio. Jesús fue sólo un ejemplo entre otros de aquellos que han descubierto a un nivel alto el "Cristo interno". Jesús no es el salvador de la humanidad. Lo que "salva" en el pensamiento de la Nueva Era es un "Cristo esotérico" ilustrado como una impresión arquetípica de divinidad que reside en cada persona. El debe ser despertado o activado si se quiere realizar el potencial de la vida.

La Nueva Era se Apropió Erróneamente de Jesús

El pensamiento de la Nueva Era es culpable de apropiarse erróneamente del Jesús auténtico de la Biblia. Mientras reconocían al Jesús de la historia, negaron Su identidad única y exclusiva como Hijo de Dios y Salvador del mundo. En cambio, su énfasis es sobre el "Cristo interno", una chispa divina presente en toda la humanidad. En resumen, el pensamiento de la Nueva Era sumerge a sus adherentes dentro una adoración propia Narcisista, la misma antítesis de la invitación Cristiana a una rendición propia a Jesús y Su cruz.

Narcisismo

La autoindulgencia Narcisista del pensamiento de la Nueva Era es una reminiscencia del Gnosticismo antiguo. Aun entre los

Gnósticos que practicaban una estricta abnegación, sus motivos eran la autoprotección y el aislamiento del mundo. El pensamiento Gnóstico promueve escape de la responsabilidad de relaciones. Si la existencia física histórica es vista como malvada, entonces el retirarse de las relaciones de la vida es preferido en vez del envolvimiento.

Jesús nos Libertó del Narcisismo

El Evangelio Cristiano presenta una alternativa radical al Gnosticismo. Jesús promete el perdón del pecado y su autoabsorción. Invita a las personas a amar a Dios primero y a sus prójimos como se aman a sí mismos. Los Cristianos, libertados del poder del pecado, son libres de experimentar las bondades de la creación de Dios y compartir las riquezas del amor de Dios en todas las relaciones de la vida. El Jesús de las Escrituras, no estaba avergonzado de tomar nuestra humanidad dentro de Su propio ser divino, a fin de restaurar la humanidad verdadera y las relaciones humanas verdaderas a todas las personas. El Jesús Gnóstico sólo promete la retirada a la autoabsorción hasta el escape final de la muerte de la esclavitud y la tiranía de la vida.

Capítulo 14
Hijo de Hombre:
El Desafío Apolinario a la Humanidad Verdadera de Jesús

El Levantamiento del Apolinarismo

Jesús Sólo Humano en Cuerpo

El Logos Divino Constituyó el Alma Racional de Jesús

La Humanidad es más que un Cuerpo

Apolinarismo – Ser un Humano es Ser Pecador

La Iglesia Responde

"Lo No Asumido es lo No Redimido"

Encarnación y Redención en Riesgo

Apolinarismo Justamente Condenado

Apolinarismo Hoy

La Completa Humanidad de Jesús No es una Doctrina Opcional

Capítulo 14

Hijo de Hombre: El Desafío Apolinario a la Humanidad Verdadera de Jesús

El patrón de denegar y devaluar la humanidad verdadera de Jesús, conocida como docetismo, logró su expresión clásica en el Gnosticismo. Para el Gnóstico, no había absolutamente nada humano acerca de Jesús. La humanidad aparente de Jesús era un disfraz cubriendo Su divinidad pura. Sin embargo, esta estricta negación de la humanidad de Jesús no fue la única forma de docetismo que la iglesia enfrentaría en su historia. Otras manifestaciones de docetismo aparecieron en el Cristianismo temprano desviándose de la expresión clásica y por lo tanto más sutil en su desafío a la humanidad verdadera de Jesús.

El Levantamiento del Apolinarismo

Al comienzo de su ministerio, Apolinario (310-392) era un respetado obispo de Laodicea. Era un intelectual dotado y un fuerte defensor del Credo Niceno, por ende un campeón de la divinidad eterna de Jesús. Aun así sus enseñanzas respecto a la humanidad de Jesús atrajeron sospechas desde el comienzo, poco después de su nombramiento al obispado de Laodicea en el año 360. Al encontrar sus enseñazas condenadas por concilios locales, Apolinario se alejó de la iglesia en el año 375. Se convirtió en un sectario, formando su propia organización y ordenando a sus propios obispos. Reconociendo que el Apolinarismo era una herejía peligrosa, la iglesia formalmente condenó y anatematizó esta enseñanza en el Concilio de Constantinopla en el año 381. El Emperador Teodosio I ejerció la fuerza de la ley romana contra el Apolinarismo al seguir el Concilio del año 381.

Jesús Sólo Humano en Cuerpo

El Apolinarismo no era una negación completa a la humanidad en Jesús, pero si limitó Su Humanidad a Su cuerpo físico. Técnicamente Apolinario también otorgó a Jesús un alma sensible. Aun así, esto probó ser una concesión inconsecuente en luz de la definición de humanidad. La tricotomía de la naturaleza humana de Apolinario, incluía: a) el cuerpo físico; b) un alma sensitiva estrechamente conectada; y c) una alma racional (consistiendo de la voluntad, la mente y el espíritu). En este esquema el alma sensitiva era simplemente una parte del funcionamiento del cuerpo. Apolinario creía que la capacidad de la libre voluntad era una parte del alma racional, el control real, y el centro de la personalidad humana. Aquí comienza el problema de Apolinario. Asumió que poseer una libre voluntad humana necesariamente implicaba a la persona en pecado. Por lo tanto, para proteger a Jesús de participar en el pecado, Apolinario negó a Jesús un alma racional humana.

El Logos Divino Constituyó el Alma Racional de Jesús

Apolinario reconoció que tenía que encontrar una manera de atribuir personalidad a Jesús, habiendo retenido de él un alma racional. Con el objeto de completar la personalidad de Jesús, Apolinario propuso que el alma racional era contribuida por el *logos* o Palabra divina. El alma y el espíritu de Jesús eran de Su naturaleza divina, mientras que Su cuerpo era humano. Al utilizar esta formula, Apolinario estaba satisfecho de que había explicado cómo Jesús había mantenido una vida sin pecado. Jesús había logrado impecabilidad al tener sólo un cuerpo que era humano. Su voluntad, mente y espíritu eran divinos. La aritmética de Apolinario era simple: 2/3 deidad + 1/3 humanidad = una persona, Jesucristo.

La Humanidad es más que un Cuerpo

Lo que aparentemente era la solución lógica para Apolinario respecto a la composición de la personalidad de Jesús levantó sospechas claras entre sus contemporáneos. La pregunta más obvia que emergió tras la fórmula Apolinaria es esta. ¿El cuerpo físico constituye el todo de la personalidad humana? Las Escrituras claramente atribuyen a Jesús tener igual grado de capacidades y características comunes a la humanidad, incluyendo una voluntad humana, mente y espíritu. Esto es ilustrado aptamente mientras Jesús oraba en el Huerto de Getsemaní antes de Su crucifixión. En Su humanidad, y deseando evitar la prueba de la cruz, Jesús oró a Su Padre, "'Padre, si es tu voluntad, aparta de mí esta copa; pero no se haga mi voluntad, sino la tuya'. ...Y estando en agonía, oraba con mucho fervor; y su sudor se volvió como gruesas gotas de sangre, que caían sobre la tierra". (Lucas 22:42, 44) Aquí vemos que está probado que Jesús tenía una voluntad humana propia separada de la voluntad divina. Además, la oración de Jesús no fue fingida por el beneficio de la apariencia. Su agonía personal es obviamente genuina.

Apolinarismo – Ser un Humano es Ser Pecador

Al negar una alma racional humana a Jesús, Apolinario ,en efecto, estaba negando una humanidad real en Jesús. Apolinario equivocadamente razonó que si Jesús hubiese sido completamente humano, no hubiese sido capaz de evitar el pecado. Y como un pecador, Jesús no podía ser nuestro Salvador. Esta falsa presuposición, i.e., que para ser humano es ser pecador, es la raíz del error Apolinario.

La Iglesia Responde

El error Apolinario emergió en un tiempo cuando algunos líderes Cristianos bien sabios y astutos se encontraban en la escena. Ellos vieron el peligro en la Cristología Apolinaria, y se dedicaron al estudio cuidadoso y al discurso apologético con el fin de exponer y desacreditar esta herejía. Los Padres Capadocios dirigieron el ataque contra el Apolinarismo. Dos de los Capadocios eran hermanos, Gregorio de Nisa y Basilio el Grande, mientras que el tercero era su amigo de toda la vida, Gregorio de Nacianzo. Atanasio, una fuerza vital en refutar el Arrianismo, también jugó un rol en oponer el Apolinarismo.[38]

"Lo No Asumido es lo No Redimido"

El tratado de Gregorio de Nacianzo, *Epístola 101*, probó ser la refutación más efectiva del Apolinarismo. Este trabajo fue canonizado en el Concilio de Calcedonia en el año 451 como una de las defensas más cruciales de la Cristología ortodoxa escrita en la historia Cristiana temprana. Una frase de *Epístola 101* emergió como el ente motivador contra la herejía Apolinaria. "Porque aquello que El no ha asumido no lo ha sanado". Refiriéndose al evento de la Encarnación, Gregorio razonó que la porción de la humanidad asumida por el Hijo de Dios en la Encarnación representó la porción de humanidad que cualificó para ser sanado y restaurado por el trabajo redentor de Jesús. El muy ciertamente estaba implicando que el Hijo de Dios tomó nuestra humanidad completa para que la salvación que compró para nosotros estuviera completa.

Encarnación y Redención en Riesgo

En la *Epístola 101*, Gregorio continuó al declarar que, "Si solo la mitad de Adán cayó, entonces aquello que Cristo asume y salva

El Desafío Apolinario

debe estar a la mitad también; pero si el todo de Su naturaleza cayó, debe ser unida al todo de Su naturaleza que fue engendrada, y así ser salvada en un todo". Gregorio reconoció que la iglesia de la Encarnación estaba en riesgo. Cuando Apolinario restringió la humanidad de Jesús solamente a Su estado físico, estaba prevaricando a una Encarnación incompleta. Y una Encarnación incompleta significó una redención incompleta para la raza humana. Gregorio razonó que si el Hijo asumió un cuerpo humano desprovisto de un alma racional humana, entonces el sacrificio expiatorio en la cruz no fue eficaz para la persona humana total. Solo nuestros cuerpos son redimidos.

Apolinarismo Justamente Condenado

Además, los Capadocios sostuvieron que la declaración bíblica, "Y el Verbo se hizo carne", (Juan 1:14) era representada erróneamente por Apolinario. Apolinario sostuvo que **carne** (*sarx* en el Nuevo Testamento Griego) es el componente puramente material físico de la humanidad. Los Capadocios señalaron que el significado más exacto para **carne** (*sarx*) incluía todo lo que es esencial a la humanidad. La falta de conocimiento bíblico de Apolinario resultó en una concepción falsa de la Encarnación del Hijo, y un Jesús que no era humano en lo absoluto. Si el alma racional de Jesús era divina y no humana, entonces nos quedamos con una Cristología no mejor que el Gnosticismo. El Jesús Apolinario, desprovisto de una mente humana, una voluntad humana, y un espíritu humano, no cualifica para ser humano por ninguna definición lógica. La manifestación de Apolinario de la humanidad en Jesús era sólo una pretensión. Los obispos en Constantinopla en el año 381 tomaron un paso necesario en defensa de la ortodoxia Cristológica cuando condenaron y anatematizaron el Apolinarismo.

Apolinarismo Hoy

El tipo de herejía docética representada por el Apolinarismo continúa plagando la Cristiandad. La doctrina de la Encarnación en algunos círculos continúa sin enfatizarse e interpretada equívocamente. Muchos tienen un conocimiento limitado de la conexión directa entre Encarnación y redención. La Encarnación se convierte en un pensamiento posterior de reflexión en la época Navideña, en vez de un elemento esencial de instrucción regular en la agenda de predicación y enseñanza de la iglesia. Alguna vez escuche a un pastor muy educado de una iglesia Protestante grande, durante un mensaje de Navidad explicar la Encarnación como un evento en el cual el hijo divino "fue vestido con un cuerpo físico". Este fue un ejemplo evidente de la herejía Apolinaria.

La Completa Humanidad de Jesús No es una Doctrina Opcional

Pocos cristianos entienden la declaración profunda de Gregorio, "Porque aquello que El no ha asumido no lo ha sanado". La lógica bíblica de redención es que el objeto de la Encarnación del Hijo debe incluir la totalidad de la identidad humana. Si el Hijo no se convirtió en lo que somos como el Segundo Adán, entonces aquello que no asumió en Su Encarnación continúa bajo la maldición del pecado. Jesús tomó todo lo que somos para que la reconciliación, redención y relación con el Padre pudiera aplicar a nuestra humanidad total. No solo Jesús tuvo que pagar la penalidad del pecado con el derramamiento de Su sangre en la cruz, pero también fue necesario que ofreciera al Padre una vida completa de verdadera obediencia humana. Para que la obediencia de Jesús sea auténtica, Su alma racional debe ser auténticamente humana. Los Cristianos ingenuamente descartan la importancia de la humanidad de Jesús, pensando que poner demasiado énfasis sobre la deidad de Jesús a la expensa de Su humanidad es un intercambio virtuoso. Pocos comprenden que nuestra redención es nula y sin valor si Jesús no es completamente humano así como totalmente divino.

Capítulo 15
Hijo de Hombre: El Desafío Eutiquiano a la Humanidad Verdadera de Jesús

El Levantamiento del Eutiquianismo

Humanidad Divinizada

No de la Misma Sustancia

Concilio de Ladrones

Nuevo Emperador y Emperatriz

La Definición de Fe de Calcedonia

Naturalezas Distintas Sostenidas

La Herejía Cristológica de una "Carne Cambiada"

Las Herejías Clásicas Finalizaron en Calcedonia

Monofisitas

Una Versión de Eutiquianismo del Siglo 19

El Eutiquianismo se Cimienta Bien Contra Edward Irving

Nociones Modernas Eutiquianas

Ninguna Disculpa Por Ser Humano

Jesús no Necesitó Ninguna Ventaja Injusta

Capítulo 15

Hijo de Hombre: El Desafío Eutiquiano a la Humanidad Verdadera de Jesús

La condena del Apolinarismo en el año 381 no terminó la lucha de la iglesia contra el desafío docético a la humanidad verdadera de Jesús. Otra herejía amenazante se levantó a mediados del siglo quinto llamada Eutiquianismo que temporalmente ganó la aprobación del Imperio Romano. Tomó a un concilio mayor de la iglesia, el cual se reunió en Calcedonia en el año 451, el dominar la Cristología Eutiquiana y restablecer la ortodoxia en el mundo.

El docetismo encontró en el Apolinarismo a la humanidad de Jesús reducida a nada más que a su cuerpo físico, el cual no es humanidad en un sentido completo. El docetismo representado por el Eutiquianismo reconoció a Jesús como humano, pero vio a Su humanidad tan alterada cuando estaba unida con Su deidad que perdió toda semejanza a la humanidad tal y como nosotros la conocemos. El Eutiquianismo nos presenta con un Jesús teniendo una carne "cambiada" o "divinizada" que era diferente a nuestra común naturaleza humana.

El Levantamiento del Eutiquianismo

El Eutiquianismo apareció en escena en medio de una lucha de poder entre iglesias rivales en la esfera Oriental. Alejandría y Antioquía eran conocidas por énfasis distintos en su interpretación Cristológica. Es difícil hoy para nosotros identificarnos con la realidad del siglo quinto, en donde interpretaciones doctrinales que diferían eran asuntos de interés y discusión nacional. Alejandría tendía a enfatizar la naturaleza divina de Jesús, y Antioquía enfatizaba la naturaleza humana de Jesús. Cuando estaban en control líderes Cristianos de integridad y estabilidad teológica, las opiniones que diferían de estas dos iglesias tendían a complementarse la una con la otra y promovían el balance teológico. Cuando estaban al mando líderes deficientes, surgía una competencia desagradable y enfermiza produciendo un clima de extremismo y error.

Eutiquianismo afloró cuando el inescrupuloso Dióscoro ascendió al poder como obispo de Alejandría. Este era motivado por lo político en vez de lo espiritual, y no se detendría por nada para avanzar a su iglesia de Alejandría por encima de la de Antioquía. Dióscoro ganó un gran avance al poder manipular al débil Emperador Romano Teodosio II (murió en al año 450). Dióscoro no tenía una inclinación teológica, pero buscó con avidez una expresión extrema de Cristología Alejandrina para usarla como arma en contra de la posición de Antioquía. Escogió la Cristología de Eutiques (384-454) para sus propósitos. Eutiques era un monje viviendo en aislamiento monástico, bien distante de las luchas de las políticas imperialistas y eclesiásticas.

En esta ocasión, se debe realizar una descripción más completa de la Cristología Eutiquiana. Eutiques puso un énfasis exagerado en la divinidad de Jesús, y prestó solo una escasa atención a la humanidad de Jesús. El es conocido por el dicho, que había "dos naturalezas antes de la Encarnación, pero solo una después". Eutiques admitió que estaban envueltas dos naturalezas en la Encarnación del Hijo, una divina y la otra humana. Pero que al momento de la concepción de Jesús en María, ocurrió un cambio radical. La naturaleza divina que viene de lo alto supeditó y dominó la naturaleza humana, y que la persona de Jesús producida por esta unión misteriosa era esencialmente una naturaleza divina. Después de la unión de naturalezas en la concepción, solamente la naturaleza divina era distinguible.

Humanidad Divinizada

Técnicamente, Eutiques admitió que Jesús tenía naturaleza humana después de la concepción, pero los atributos humanos fueron absorbidos dentro de Su divinidad al contacto. Otra manera de explicar que pasó en la concepción de Jesús, fue que la naturaleza divina se volvió "divinizada", perdiendo así sus distintivos atributos humanos. Eutiques usó la ilustración de la gota de vinagre (representando la naturaleza humana de Jesús) que cae en el océano (representando la naturaleza divina de Jesús). La gota de vinagre, aunque químicamente presente en el océano, se difundió tan ampliamente dentro de la inmensidad del océano que ya no era distinguible.

No de la Misma Sustancia

En aplicación, esto significó que rasgos como la característica de inmortalidad y la corruptibilidad de la humanidad de María fueron alterados cuando entraron en unión con la semilla divina. En la concepción, fueron transformados en los rasgos de inmortalidad e incorruptibilidad. Los rasgos humanos fueron "divinizados", de manera que la naturaleza y la experiencia de Jesús no fueran comunes a la raza que El vino a salvar. Eutiques admitió que el cuerpo de Jesús no era *homoousios* (palabra griega empleada en el Credo Niceno, la cual significa "misma sustancia, esencia y ser") con nuestros cuerpos humanos. Sus palabras fueron, "Este cuerpo de Cristo no era de la misma sustancia (*homoousios*) con la nuestra".

Concilio de Ladrones

Retornando ahora al contexto histórico, Dióscoro buscó utilizar el

Eutiquianismo para aventajarse injustamente contra los de Antioquía. Convenció a Teodosio II a convenir un concilio que oficialmente estableció el Eutiquianismo como la doctrina ortodoxa de las iglesias, y para desterrar por ley a todos los obispos que discreparan. Teodosio llamó apresuradamente al Concilio de Efeso en el año 449, para que muchos de los obispos favoreciendo al Antioquianismo no fueran capaces de asistir. Los oponentes del Eutiquianismo en asistencia, fueron tratados bruscamente por las tropas romanas, para que la Cristología Eutiquiana fuera instalada forzadamente como la doctrina ortodoxa de la Cristiandad. El Emperador Teodosio II ratificó las conclusiones del Concilio. La historia no ha mirado favorablemente los procedimientos del Concilio de Efeso (449). Su carácter poco ético ha traído como resultado que su nombre sea recordado como el "Concilio de Ladrones", donde Dióscoro temporalmente tuvo éxito en robar a la iglesia de su Cristología ortodoxa. Este concilio no es reconocido entre los ocho grandes concilios ecuménicos de la iglesia Cristiana.[39]

Nuevo Emperador y Emperatriz

Un evento inesperado jugó un gran rol en la resolución de esta controversia. Cuando las circunstancias parecían escalofriantes para los de Antioquía, un trágico accidente repentinamente cambió la marea a su favor. En el año 450, el Emperador Teodosio II cayó de su caballo y murió. El próximo en línea para gobernar el Imperio Romano fue su hermana, Pulqueria. La nueva emperatriz y su esposo, Marciano, favorecieron la Cristología de Antioquía. En el año 451, llamaron a un nuevo concilio para considerar justamente los conflictos. Más de 500 obispos constituyeron el Concilio de Calcedonia. Ningún líder de la iglesia afloró a la ocasión como una figura mayor en las deliberaciones. Aunque no estaba presente en el concilio, León I, obispo de Roma, contribuyó con un tratado teológico significante que ganó la aprobación del concilio. Los escritos del ahora difunto Cirilo de Alejandría también jugaron un gran rol en las conclusiones del concilio.

La *Definición de Fe* de Calcedonia

Aunque estaban a favor del Credo Niceno, el concilio encontró necesario el formular una nueva confesión, conocida como *Definición de Fe*, a fin de resumir la refutación de las herejías que se levantaron después del Concilio de Nicea en el año 325. El punto principal de la agenda en Calcedonia fue el encontrar una conclusión referente a la Cristología Eutiquiana. El concilio condenó como herética la doctrina de Eutiques, y cuidadosamente redactó su *Definición de Fe* para excluir el Eutiquianismo. Una declaración significante de la *Definición* fue redactada como sigue: "...nuestro Señor Jesucristo, ...consustancial (*homoousios*) con el Padre con relación a Su Trinidad, y consustancial (*homoousios*) también con nosotros con relación a Su naturaleza humana: como nosotros en todas las cosas pero sin pecado; ..." Aquí, el concilio reforzó la fe Nicena al afirmar que la deidad de Jesús era de la misma sustancia como la deidad del padre. En adición, apuntaron a Eutiques al aplicar también *homoousios* a la humanidad de Jesús. El concilio declaró que la humanidad de Jesús era de la misma sustancia a nuestra humanidad. Eutiques había rechazado conceder que la humanidad y el cuerpo humano de Jesús compartían la misma sustancia con nosotros.

Naturalezas Distintas Sostenidas

En una declaración cuidadosamente redactada, la *Definición* afirmó que no ocurrió alteración de sustancia cuando las naturalezas divina y humana de Jesús fueron unidas en el vientre de María. Las dos naturalezas de Jesús eran "sin confusión, sin cambio,...la distinción de las naturalezas siendo de ningún modo abolida por su unión, pero la peculiaridad de cada naturaleza siendo mantenida". Esto significó que los atributos distintivamente humanos de Jesús no se confundieron o cambiados cuando ocurrió el contacto con Su divinidad. La humanidad mantuvo sus propias cualidades distintivas después de la unión, y la naturaleza divina mantuvo sus cualidades distintivas. Los atributos distintivamente divinos y los distintivamente humanos coexistieron juntos en la persona de Jesús. Aquello que fue tomado de María no cambió cuando se produjo la unión con la divinidad del Hijo en la concepción.

La Herejía Cristológica de una "Carne Cambiada"

En resumen, Eutiques estaba equivocado en presentar a Jesús con una "carne cambiada", i.e., una naturaleza humana diferente de la sustancia de María Su madre.[40] La fe ortodoxa de la iglesia Cristiana afirma que es apropiado el atribuir a Jesús dos naturalezas completas y distintas, inseparablemente unidas y coexistiendo juntas dentro de su personalidad única. Su naturaleza divina no debe ser considerada de tal manera que niegue o minimice Su humanidad. Su naturaleza humana no debe ser considerada de tal manera que niegue o minimice Su deidad. Jesús es una persona completa, con dos naturalezas completas que constituyen Su personalidad. De acuerdo a Calcedonia, es correcto el considerar a Jesús como una persona divina / humana, que posee ambas, una naturaleza divina y una humana. Es incorrecto el considerar que Él es una persona o ser divino. Es también incorrecto el considerar que Jesús es un ser o persona humana. El es ambas, es una persona única. Jesús es Dios / Hombre. Como la Escritura lo revela, Jesús es ambos, Hijo de Dios e Hijo de Hombre.

Las Herejías Clásicas Finalizaron en Calcedonia

El Concilio de Calcedonia representa una línea divisoria en el desarrollo histórico de la doctrina Cristiana. Fue el cuarto de los mayores concilios ecuménicos de la iglesia, cada uno de ellos lidiando con varios desafíos heréticos a la identidad bíblica de Jesucristo. Se convocarían cuatro concilios más dentro del Cristianismo temprano, pero Calcedonia fue el último cuyas deliberaciones se centraron sobre temas Cristológicos. La *Definición de Fe* producida en Calcedonia ha probado ser un documento confesional significativo, ya que

EL DESAFÍO EUTIQUIANO

coloca ciertos límites para la Cristología ortodoxa que no deben ser transgredidos. La *Definición* también rechazó explícitamente las herejías clásicas que amenazaban la Cristología temprana, de este modo estableciendo un estándar para futuras generaciones. La *Definición* específicamente apuntó hacia los sistemas heréticos del Arrianismo, Apolinarismo, Nestorianismo, y Eutiquianismo. Las herejías Cristológicas en cualquier era, usualmente pueden ser clasificadas por tener similitudes básicas con una de estas expresiones clásicas. A través de los siglos, todas las tres ramas de la Cristiandad (Catolicismo Romano, Griego Ortodoxo, y Protestantismo) han demostrado su respaldo por la verdad ortodoxa referente a la persona de Cristo incrustada en la *Definición de Fe* ideada en Calcedonia en el año 451.

MONOFISITAS

En el resultado de Calcedonia, los obispos Eutiquianos fueron expulsados de sus iglesias, incluyendo Dióscoro. Aunque ya no es una seria amenaza a la ortodoxia, una facción remanente de Eutiquianos ha sobrevivido a través de los siglos dentro de la Ortodoxia Oriental. Ellos son conocidos como la facción monofisita (mono = uno; fisita = naturaleza). Por lo tanto, persisten en la opinión herética que Jesús tiene solamente una naturaleza, y esa es la naturaleza divina.

UNA VERSIÓN DE EUTIQUIANISMO DEL SIGLO 19

A medida que la historia de la iglesia ha progresado, han resurgido opiniones Eutiquianas tardías en varios momentos para plagar la iglesia. Una flagrante expresión de la Cristología Eutiquiana penetró las iglesias establecidas de Gran Bretaña en los comienzos del siglo diecinueve. La predicación de Edward Irving, un renombrado pastor sirviendo en Londres, atrajo una repercusión negativa de oposición de los líderes de las iglesias principales desplegando sensibilidades clásicas Eutiquianas. La Cristología de Irving enfatizaba los temas Encarnacionales comunes a los Padres tempranos de la Iglesia y los Reformadores Protestantes.[41] Irving no había anticipado controversia. Pero mientras su predicación continuó enfatizando la victoria redentora de Jesús ganada por Su vida y muerte obediente, y alcanzada en nuestra común humanidad Adámica, se levantó una gran oposición. Henry Cole, quien inició la oposición contra Irving, abogó en condiciones descaradas la Cristología Eutiquiana. Cole argumentó que el cuerpo de Jesús "fue siempre puro y libre de toda mortalidad, por siempre adorablemente inmortal".[42] Otros clérigos se unieron a Cole para atacar a Irving, sin reconocer que estaban oponiéndose a la ortodoxia.

El Eutiquianismo se Cimienta Bien Contra Edward Irving

Irving sustentaba la posición de que cuando el Verbo se hizo carne (Juan 1:14), la sustancia de Su humanidad era de María, en el estado de mortalidad y corruptibilidad. Irving sostuvo que poseer carne humana no implicaba a Jesús en pecado. Por el contrario, la impecable obediencia humana de Jesús, al tener nuestra naturaleza y medio ambiente común, nos proporciona una causa para honrarlo con nuestra más excelente adoración. Irving produjo varios escritos Cristológicos en defensa de Su posición, pero la oposición abrumadora del mundo religioso llevó a su destitución del ministerio de la Iglesia de Escocia en 1833. Aunque su vida terminó repentinamente a la edad de 42 años, Irving continuó ministrando en círculos independientes hasta su muerte en el año 1834.

Nociones Modernas Eutiquianas

Mucha confusión es evidente en la iglesia de hoy con relación a la naturaleza de la humanidad de Jesús. Muchos creyentes bien intencionados creen que están trayendo gloria a Jesús al minimizar y hasta aun negar Sus atributos distintivos humanos. Una teoría está en circulación hoy de que la sangre que Jesús derramó en la cruz del Calvario no era sangre humana, sino la "Sangre de

Dios". Ciertamente, Jesús es completamente Dios así como es completamente hombre, pues en ese sentido, Su sangre es la sangre de Dios. Pero el significado detrás de este uso contemporáneo implica que Jesús no poseyó sangre humana en absoluto, lo cual es un error Eutiquiano. La Escritura expresamente afirma que la carne y la sangre de Jesús eran "igual" a la carne y la sangre de la humanidad común. (Hebreos 2:14) La sangre de Jesús era parte de Su constitución física, una parte de lo que lo hace humano. Y el derramamiento de Su sangre era una parte de Su muerte física, autenticando Su humanidad mortal. Si Jesús no hubiese derramado la sangre de la raza de Adán, entonces los hijos de Adán todavía estuvieran excluidos de la presencia del Padre por causa del pecado. Porque la sangre de Jesús era "sin mancha", siendo la sangre de humanidad sin pecado pero mortal, la puerta de la salvación se ha sido abierta para la raza de Adán entre aquellos que ponen su fe en Jesús. El Padre aceptó la sangre de Jesús, no porque era naturalmente, inherentemente divina, pero porque era sangre de pureza moral. Estaremos por siempre alabando a Jesús por haber tomado nuestra humanidad, incluyendo nuestra constitución física, y la convirtió en santa y aceptable al Padre por la calidad de Su vida y Su muerte.

Ninguna Disculpa Por Ser Humano

La iglesia Cristiana se moverá a un nuevo nivel de madurez y fe cuando nos permitamos ser libertados de un complejo poco saludable y negativo acerca de la humanidad. Es un serio error anti bíblico el igualar nuestra humanidad, la cual fue creada buena, con la maldad y el pecado. El problema con la raza humana no es que seamos humanos, sino que somos pecadores. Jesús vino para libertarnos del pecado y su poder, a fin de que seamos reconciliados con Dios, otros y nosotros mismos. El vino para que pudiéramos disfrutar una vida abundante, la cual incluye el potencial creativo completo de nuestra humanidad. Jesús personifica esa vida humana abundante. El asumió la misma naturaleza humana que nosotros poseemos, y vivió Su vida dentro del mismo medio ambiente y condiciones que nosotros encontramos. Y Su vida estaba llena de gozo. El nos enseñó que podemos vivir libres del pecado y su poder, a través de la habitación y la vida santificada del Espíritu Santo. El creyente que conoce su derecho y posición en Cristo no tiene que disculparse por ser un humano. Sabemos que somos el templo del Espíritu Santo.

Jesús no Necesitó Ninguna Ventaja Injusta

Las Cristologías docéticas nos roban la esperanza de ser libres de la dominación del pecado. Ellas hacen la humanidad de Jesús diferente de la nuestra. Le otorgan a Jesús una ventaja injusta contra el pecado al atribuirle Su impecabilidad a capacidades divinas que no están disponibles a nosotros. La regla o medida normativa es, "Claro que Jesús no cometió pecado. El era Dios. Nosotros pecamos porque solo somos humanos". Sin embargo, Jesús no necesitaba ninguna ventaja injusta. El escritor de Hebreos restaura nuestra esperanza. El revela al autentico Jesús, que "tenía que ser hecho semejante a sus hermanos en todo". (Hebreos 2:17) Jesús tuvo todo el poder de divinidad a Su disposición, aún así rechazó comprometer la integridad de Su humanidad. Necesitaba ganar la victoria como hombre, para que Su hermano el hombre pueda cosechar las recompensas de Su conquista. La única ventaja que Jesús tuvo son las ventajas disponibles a cada creyente: nuestra relación intima con Dios Padre, y la presencia habitable de Jesús a través del Espíritu Santo.

Capítulo 16
Jesús: Primero un Don, Luego Ejemplo

Cristología y la Gracia de Dios

La Perspectiva de Lutero

Jesús: ¡Don Indescriptible!

Impotencia Humana y el Amor de Dios

Alternativa de Gracia

Intercambio Gracioso

Fe: Aceptación del Don

La Fe No Es una Obra

Peregrinación Personal de Lutero

El avance de Lutero

Recobrando a Agustín

CAPÍTULO 16

JESÚS: PRIMERO UN DON, LUEGO EJEMPLO

CRISTOLOGÍA Y LA GRACIA DE DIOS

LA PERSPECTIVA DE LUTERO

Martín Lutero, Reformador Protestante el siglo dieciséis, identificó a Jesús como, "primero don, luego ejemplo".[43] Estaba llamando la atención a la futilidad de intentar seguir el ejemplo del estilo de vida de Jesús sin haberlo recibido primero como don. Jesús vivió Su vida como un modelo de virtud humana y realización, pero Su ejemplo es completamente inalcanzable donde el pecado domina la condición humana. Por consiguiente, el rol ejemplar de Jesús es secundario a Su propósito redentor. Solo porque Jesús fuera exitoso en el cumplimiento de Su misión redentora es posible para la raza de Adán el emular el estilo de vida de Jesús. La redención llegó a ser posible cuando Jesús se levantó triunfante de la tumba y sopló sobre Sus discípulos para recibir el Espíritu Santo (Juan 20:20). Desde ese momento, la salvación ha estado disponible para todas las personas que están dispuestas a recibir a Jesús como Salvador. Solamente esos recipientes, i.e., la compañía de humanidad redimida, están en una posición de vivir conforme al ejemplo de Jesús. El Espíritu Santo que Jesús imparte a cada creyente provee el poder habilitador para seguir el ejemplo de Jesús vivir abundantemente. La humanidad, desprovista del Espíritu Santo es impotente de emular el estilo de vida que Jesús modeló.

Jesús: ¡Don Indescriptible!

La perspectiva de Lutero, de que Jesús es "primero don, luego ejemplo", proveyó una crítica necesaria al pesado sistema de Catolicismo Medieval tardío de estándares condicionales de ejecución humana requeridos para salvación. Lutero buscó educar a las personas respecto a la prioridad de recibir a Jesús como don, así eliminado la ejecución como una condición para salvación. El descubrimiento de Lutero restauró al Evangelio su poder libertador, y restableció salvación como un don o regalo de la gracia de Dios. Sobre todo, exaltó a Jesús a Su justo lugar como "¡indescriptible don de Dios!" (II Corintios 9:15)

Impotencia Humana y el Amor de Dios

La doctrina bíblica de salvación es fundada lógicamente sobre la premisa que Jesús es don. El pasaje de salvación más básico en la Biblia afirma esto. "Porque de tal manera amó Dios al mundo, que dio a su Hijo unigénito, para que todo aquel que cree en El, no se pierda, mas tenga vida eterna". (Juan 3:16) Dios, en Su ser tripartita como Padre, Hijo y Espíritu, es puro amor. El plan de salvación nació en el corazón de Dios. Dios, motivado por compasión por la pecadora y alienada raza humana, diseñó e implementó un plan por el cual Sus criaturas pudieran ser redimidas y restauradas en su relación con Él. La salvación de la humanidad es solamente un logro de Dios, y es un resultado de Su amor, misericordia y gracia. La oportunidad para salvación vino a ser realidad cuando la humanidad estaba absolutamente impotente. Ningún prerrequisito o calificación de parte del lado humano se tuvo en cuenta en el origen del plan de Dios. Por su propia naturaleza, la salvación es un don de Dios a la raza humana.

Alternativa de Gracia

En lugar de separarse a sí mismo eternamente de Sus criaturas caídas, Dios ejerció Su misericordia. El escogió proveer una alternativa de gracia para el castigo y juicio merecido por cada criatura. No que El fuera simplemente a descuidar la realidad del pecado y sus consecuencias. Su justicia requirió que el pecado sea castigado y juzgado. Pero el amor lo motivó para soportar las consecuencias completas del pecado sobre Sí mismo, a fin de que El extendiera perdón y vida a aquellos que merecían Su juicio.

Intercambio Gracioso

Por definición, "gracia" significa **favor inmerecido**. La salvación tiene su fuente en la gracia de Dios, aparte de cualquier consideración de merito por parte de recipientes potenciales. Jesús, el Hijo de Dios, entró al lugar mismo donde abundaba el pecado, trayendo reconciliación y justicia en la arena que anteriormente estaba bajo el control del pecado. Jesús, en Su propia persona, abolió el muro del pecado que dividía al Dios Santo de la humanidad pecadora. El sustituyó obediencia por desobediencia, de este modo sanando la humanidad que el pecado había dominado al remover su condenación. También sustituyó Su propia libertad del sufrimiento y el juicio por Su impecabilidad, por el castigo que la humanidad pecadora merecía. Como el apóstol Pablo clarifica, "Al que no conoció pecado, le hizo pecado por nosotros, para que fuéramos hechos justicia de Dios en El". (II Corintios 5:21) Este intercambio gracioso, promulgado por Jesús, es la base de la salvación humana.

Fe: Aceptación del Don

Ningún pasaje bíblico describe mejor las dinámicas de salvación, con su énfasis característico sobre la gracia de Dios acoplada con la impotencia humana, que un segmento de la carta de Pablo a los Efesios. "Porque por gracia habéis sido salvados por medio de la fe, y esto no de vosotros, sino que es don de Dios; no por obras para que nadie se gloríe". (Efesios 2:8-9) Pablo le dice a los Cristianos de Efeso que su salvación es un resultado de la gracia de Dios. Para que la salvación sea actualizada para el individuo, debe apropiarse por fe. Fe es simplemente la aceptación por parte del individuo del don de salvación. Fe es el medio de transmisión, por el cual la salvación es conducida de Dios a la humanidad. La fe conduce específicamente al individuo a la salvación ganada por Jesús generalmente para toda la raza humana.

La Fe No Es una Obra

Pablo quiere estar seguro que el lector no confunda la fe que apropia la salvación con una obra humana considerada necesaria y realizada en intercambio por la salvación. Si cualquier obra, aun la fe, es considerada como un requisito humano para la salvación, entonces la salvación cesa de ser un don y ya no puede ser atribuida a la gracia de Dios. Anteriormente en su carta a los Efesios, Pablo exalta las bendiciones que vienen al creyente a través de la redención de Jesús, atribuyéndolo "para alabanza de la gloria de su gracia que gratuitamente ha impartido sobre nosotros en el Amado". (Efesios 1:6) La fe para recibir a Jesús y Su salvación nunca debe ser considerada una obra de nuestra parte, algo realizado para ganar nuestra salvación. Eso dejaría espacio de nuestra parte para alardear de que nosotros contribuimos a nuestra propia salvación. Pablo aprueba el alardear solamente en Dios, cuya gracia es la única responsable para nuestra salvación. "¿Qué tienes que no recibiste? Y si lo recibiste, ¿por qué te jactas como si no lo hubieras recibido?" (I Corintios 4:7)

Peregrinación Personal de Lutero

Los redescubrimientos de estas verdades bíblicas básicas en el siglo dieciséis por Martín Lutero, permitiéndole concluir que Jesús es "primero don" antes que pueda ser visto en cualquier sentido como un ejemplo de comportamiento humano, llegó a él después de años de luchas personales. La peregrinación teológica personal de Lutero le llevó a un entendimiento refrescante de la doctrina Paulina de "justificación". La justificación se relaciona con "el estado de ser hecho correcto por Dios". La justificación no es una determinación de la humanidad. Sólo Dios tiene la prerrogativa de justificar. Lutero se vio debidamente a sí mismo, como un pecador condenado por Dios y mereciendo pasar la eternidad en el infierno. Lutero, un producto del Catolicismo Medieval tardío, buscó justificación con Dios a través las avenidas prescritas de conducta establecidas ante el. Buscó vivir una vida santa penitente. Aun así su conciencia le atormentaba. Estaba consciente de los malos motivos incluso detrás de su conducta, y no encontró ningún escape del enojo e ira de Dios.

La avance de Lutero

Una crisis experimentada en sus años de universitario llevó a Lutero a unas conclusiones drásticas. Decidió entrar un monasterio y convertirse en monje y sacerdote. Razonó que el camino a la justificación no le sería negado si se dedicaba a una vida de devoción monástica. Sin embargo, los años de logros religiosos no lo movieron nada cerca para resolver su sufrida conciencia ante Dios. El avance de Lutero aconteció mientras emprendía sus deberes de enseñanza en la Universidad de Wittenberg. Como disertante de la Biblia, Lutero se sumergió en el estudio bíblico, llegando al clímax en el descubrimiento teológico personal de la gracia de Dios revelada en Jesús. El sentido de pecaminosidad fue eliminado al reconocer la justificación como un don de la gracia de Dios ganada por la justicia de Jesús, y no por obras o méritos por parte de la humanidad. En el momento en que Lutero centró su vida y ministerio sobre el tema de la "justificación por gracia a través de la fe", y las implicaciones prácticas de esta doctrina en la iglesia, nació una Reformación que alteró completamente el curso de la civilización Occidental.

Recobrando a Agustín

Lutero concluyó que todos los esfuerzos para vivir una vida virtuosa y religiosa siguiendo el patrón de Jesús son fútiles si no recibimos primero a Jesús como el don de la gracia de Dios. Las buenas obras no son la **raíz** de la justicia, sino el **fruto** de una vida habitada por Jesús a través del Espíritu Santo. Con todo, Lutero no reclamó originalidad en su "descubrimiento de reformación". Se vio a sí mismo meramente como un producto de una rica herencia bíblica, epitomada por la enseñanza definitiva del Apóstol Pablo concerniente a nuestra justificación por gracia. Lutero era también un producto de la enseñanza del tal vez, más influyente Padre de la Iglesia Occidental, San Agustín. Agustín, también conocido como el "Padre de la Iglesia de la Gracia de Dios", ayudo a reavivar la iglesia del siglo quinto con un entendimiento refrescante de la "justificación por gracia" cuando fue amenazada por la herejía Pelagiana. Lutero, como monje Agustino, estaba familiarizado con los escritos de Agustín y profundamente consciente de los asuntos en juego en la controversia Agustina-Pelagiana. Una mirada cuidadosa a esta controversia antigua no solo vierte luz adicional en el descubrimiento de la Reforma de Lutero, pero también acentúa nuestra exploración de la identidad de Jesús. Nuestro conocimiento profundizará en la verdad de que Jesús es el "indescriptible don" de Dios.

Capítulo 17
Jesús: Primero un Don, Luego Ejemplo

Jesús como un Don: El Desafío del Pelagianismo

El Levantamiento del Pelagianismo

Salvación por Obras

La "Gracia Primaria" es Libre Voluntad

Pelagianismo Condenado en el Concilio de Efeso (431)

La Refutación de Agustín

Gratia Christi

La Salvación es Obra de la Gracia de Dios

Gracia desde el Comienzo hasta el Final

Pelagianismo: Perfeccionismo Moral

Jesús Pelagiano: Asiste en Autoayuda

La Justificación esta Basada Sobre la Justicia Obtenida por Jesús

El Concilio de Efesios (431) Sostuvo el Evangelio

Protestantismo Liberal: El Visitar Nuevamente al Pelagianismo

Jesús Reducido a un Gurú de Autoayuda

Capítulo 17

Jesús: Primero un Don, Luego Ejemplo

Jesús como un Don: El Desafío del Pelagianismo

El evangelio de nuestro Señor Jesucristo es las "buenas nuevas" precisamente porque la redención que Jesús compró para la humanidad es un obsequio gratuito. La redención está disponible a todas las personas, y no puede ser ganada o merecida. Aunque todos son pecadores, todo el que recibe el don de la gracia de Dios en Cristo, automáticamente es considerado por el Padre como justo. Ninguna cantidad de obras personales por el pecador puede obtener justicia. El recibir a Jesús permite que la justicia sea transferida como un obsequio a la cuenta del creyente. Esta verdad gloriosa es la única manera para la salvación humana, y representa la esencia misma del Evangelio Cristiano. Históricamente, el desafío más directo a la verdad del Evangelio, i.e., que la redención es un don gratuito en Jesucristo, fue ideado por Pelagio en el siglo quinto. El sigue siendo el supremo enemigo de la gracia de Dios.

El Levantamiento del Pelagianismo

Pelagio (360-431) fue un monje británico que visitó Roma en los comienzos del siglo quinto. Pelagio fue sacudido por la expresión del Cristianismo que evidenció en Roma, siendo alarmado particularmente por lo que juzgó como la decadencia de los estándares morales de la iglesia. El determinó la raíz del problema de lo que creyó ser un estado de "pasividad teológica" entre los Cristianos producido por no otro que el influyente obispo de Hipona, África del Norte, San Agustín. Pelagio consideró el énfasis de Agustín sobre la soberanía de Dios como promocionando un fatalismo pasivo entre creyentes, llevando a la indiferencia moral. Pelagio vio esto como su lugar de proveer a la iglesia con una alternativa al Agustinianismo. Desarrollo una posición teológica en contraste con Agustín, y atrajo a un grupo de prosélitos que viajaban con el para extender su enseñanza novel.

Salvación por Obras

Pelagio asumió que la mejor forma de animar la iglesia a adoptar un estándar moral estricto, es el enfatizar la responsabilidad humana en el proceso de salvación. El enseñó que la Ley Mosaica era un estándar obtenible de conducta humana, aun sin la provisión de Dios de la redención alcanzada por Jesús. Creyó que numerosos caracteres bíblicos, ambos del Antiguo y Nuevo Testamento, vivieron sin pecado y por lo tanto ganaron la salvación como un resultado de su propia obediencia a la Ley. Tales enseñanzas, claro está, ignoran la doctrina del pecado original y contradice la aserción de Pablo de que "todos pecaron y no alcanzan la gloria de Dios". (Romanos 3:23)

Aun más peligrosa es la enseñanza de Pelagio de que la salvación puede ser obtenida sin Jesús y Su triunfo redentor. Pelagio no negó la obra de Jesús en la cruz y Su resurrección, pero consideró la redención ganada por Jesús como una "gracia secundaria" a ser utilizada solamente si el pecado fuera realizado. Jesús llega a la escena Pelagiana solo cuando el pecado es realizado. Su gracia está disponible para proveer perdón y restauración. Una vez el pecador es restaurado, Jesús se marcha de la escena. La justicia continúa siendo un asunto de nuestra propia adhesión a la Ley. En el análisis final, el veredicto de justicia de Dios es basado sobre los actos justos del creyente, no por la fe en la justicia de Jesús.

La "Gracia Primaria" es Libre Voluntad

Pelagio presupuso que todos los humanos son creados buenos, basado en la "gracia primaria" de la libre voluntad que cada persona recibe cuando es concebida. Tener evidencia de la gracia de Dios en la capacidad funcional para escoger libremente, Dios espera de cada persona que viva en perfección de acuerdo a Su santa Ley. Cada persona nace en un estado de neutralidad, así como Adán y Eva antes que pecaran. Pelagio negó que el pecado de Adán y Eva resultara en una "caída" de la raza humana. Ya que no ocurrió ninguna "caída" los descendientes de Adán y Eva no heredaron "pecado original" o una "naturaleza de pecado". El primer pecado en el Edén fue un acto aislado. Cada persona se acerca a cada nueva circunstancia limpio y sin mancha, así como Adán y Eva enfrentaron la opción de comer el fruto prohibido sin la proclividad para pecar. Dios espera obediencia total. Cuando se escoge el pecado, la "gracia secundaria" de Jesús se trae a la escena. Una vez se ha obtenido el perdón, restaurar la neutralidad, el ciclo comienza otra vez. Jesús se coloca a un lado, y el individuo regresa a la dependencia en la "gracia primaria" de su propia libre voluntad. Al final, la meta del Pelagianismo es una vida de acciones justas irrompibles que finalmente ganan la promoción al cielo.

Pelagianismo Condenado en el Concilio de Efeso (431)

Pelagio probó ser un némesis ilusivo para la iglesia del siglo quinto. El continuó la carrera. Permaneciendo lo suficiente en una localidad como para plantar un pequeño núcleo de adherentes, y, al aparecer oposición, escapar antes que pudiera ser aprehendido, solo para plantar otra semilla de herejía en otra parte, Pelagio infestó el ambiente con pequeñas ulceras de enfermedad doctrinal que perturbaron la Cristiandad por una estación.

Reconociendo el daño que acechaba debajo del disfraz de la aparente "revolución moral" de Pelagio, Agustín fue la autoridad principal en la refutación y represión de la iglesia de la herejía Pelagiana. Los escritos precisos y brillantemente perspicaces de Agustín contra el Pelagianismo hicieron subir a la superficie la naturaleza errónea de este movimiento, desacreditando su atractivo. Un año después de la muerte de Agustín, cuando los obispos de la iglesia fueron convocados al Concilio de Efeso en el año 431, el Pelagianismo fue oficialmente condenado. El Pelagianismo en su formulación doctrinal antigua cesó de ser una seria amenaza al Evangelio de Jesucristo.

La Refutación de Agustín

La refutación por parte de Agustín del Pelagianismo refrescó la iglesia del quinto siglo con la prioridad y absoluta necesidad de la gracia de Dios en Jesús para la salvación de la humanidad. Agustín enseñó que una actual "caída" ocurrió en el Jardín del Edén, separando a un Dios santo y amoroso de Sus criaturas pecadoras. La caída de Adán en el pecado alteró la naturaleza de la humanidad. La naturaleza original de Adán fue inclinada hacia lo bueno. Con el pecado de Adán llegó la caída de la raza humana. Adán y toda su posteridad vinieron a ser infectados con el "pecado original" y la culpa hereditaria. La naturaleza humana después de la caída está inclinada hacia el mal. Toda la humanidad, por lo tanto, está bajo el juicio de Dios, ya que la naturaleza pecaminosa heredada por todos inevitablemente resulta en la perpetración de pecados actuales contra Dios. Para Agustín, la humanidad pecaminosa se enfrenta a un dilema irresoluble que no tiene forma de escapar.

Gratia Christi

Ya que la humanidad fue alienada impotentemente del Dios Creador, el único remedio posible debe venir de parte de Dios mismo. Agustín enseñó que el pecado humano no detuvo el amor de Dios por Sus criaturas caídas. Dios respondió a la humanidad caída al ejercer Su gracia. Él estableció un plan de salvación, involucrando el costoso sacrificio de Su propio Hijo como una ofrenda por los pecados de las personas. Agustín enlazó la gracia de Dios con el don de Jesucristo (*gratia Christi*). Sin el don gracioso de Su Hijo, Jesús, no hay posibilidad para la salvación humana.

La Salvación es Obra de la Gracia de Dios

Agustín disputaba que ningún comportamiento ético o religioso de parte de la humanidad podía ganarse el favor de Dios. Aun la fe de creer en la redención de Jesús es un producto de la gracia de Dios, y no puede ser vista como una obra independiente de merito mereciendo el favor de Dios. En la salvación humana, la iniciativa siempre viene de Dios. La humanidad solamente puede responder. Toda la gloria y el crédito por consiguiente pertenecen a Dios.

Gracia desde el Comienzo hasta el Final

Desde la perspectiva de Agustín, la gracia de Dios trabaja progresivamente en la condición humana. Dentro de la familia de Dios, los hijos son presentados para bautismo. La semilla de Jesús es impartida al infante, comenzando una jornada de transformación progresiva a través de la iniciativa graciosa de Dios. Fuera de la iglesia, el proceso de conversión comienza con la **gracia previniente**, como el Espíritu Santo atrae al individuo al conocimiento de Jesús. Un anhelo por redención es impartido. Luego, la **gracia operacional** crea la fe en el individuo, resultando en la unión entre Jesús y el alma humana. La **gracia cooperante** hace su trabajo de transformar y emancipar la voluntad humana para que florezcan los frutos de la fe. La **gracia que perfecciona** produce perseverancia en el individuo, guiando a la vida eterna y al estado perfecto. El trabajo de la gracia que perfecciona no alcanza la realización hasta que el creyente es resucitado con Jesús. Agustín vio la salvación como un proceso, con la gracia de Dios involucrada en cada nivel desde el comienzo hasta el final.

Pelagianismo: Perfeccionismo Moral

La explicación de Agustín de salvación, comprende la iniciativa graciosa de Dios a través de Jesús en cada nivel sirviendo para desarraigar las fundaciones inseguras de la doctrina Pelagiana. El error más serio y peligroso del sistema Pelagiano es el negar la necesidad de salvación humana a través del don de Jesucristo.

Si la gracia de Dios fue impartida en la creación, dotando a la humanidad con la habilidad de vivir justamente y ganar la vida eterna, entonces el Evangelio mismo y el costoso sacrificio de Jesucristo se hace innecesario. Si la obra salvadora de Jesús es reducida a nada más que una recuperación a la orilla del camino para aquellos que temporalmente claudican en la jornada de la vida, y si la recompensa final a lo último de la carrera es un producto del logro moral humano, entonces el Evangelio mismo a sido arrojado y remplazado por un sistema humanístico de perfeccionismo moral.

Jesús Pelagiano: Asiste en Autoayuda

El Pelagianismo argumenta que la meta de la vida humana es perfeccionismo moral según la Ley Mosaica del Antiguo Testamento. Todas las personas serán juzgadas de acuerdo a su adherencia a la Ley. La vida eterna esta basada en una conducta justa. La aparición de Jesús en la historia primeramente es para proveer perdón a aquellos que caen en pecado. Su perdón no trae vida eterna, sino que remueve el pecado, de este modo restaurando al individuo a un previo estado de neutralidad. La completa adherencia a la Ley continua siendo la base de vida eterna. Debe ser dicho que Pelagio permitió que un rol adicional fuera aportado por Jesús. El perfeccionismo de la vida de Jesús tiene por objeto el inspirar emulación e instrucción para una conducta justa. Al final, no obstante, la vida eterna debe ser merecida por obras justas realizadas por el individuo. A lo más, la contribución de Jesús es el asistir al individuo para alcanzar la justicia. El no es un factor en el juicio final. Cada individuo debe permanecer de pie o caer de acuerdo a su propia justicia.

La Justificación esta Basada Sobre la Justicia Obtenida por Jesús

El Agustinianismo cambio la suerte del Pelagianismo al afirmar que ninguna persona puede alcanzar la vida eterna basándose en sus propios méritos de justicia. Cada persona se para condenada ante Dios por causa del pecado. La única solución para la humanidad pecadora es la opción graciosa de Dios de proveer salvación como un don gratuito a través de Su Hijo. Para aquellos dispuestos a recibir salvación a través de la fe, la salvación y la vida eterna son provistas gratuitamente sin ningún mérito. La justificación con Dios no está basada en el logro moral humano, sino en la justicia alcanzada por Jesús y transferida inmerecidamente y sin mérito como un don gracioso al recipiente. Fe en el Jesús viviente y Su obra redentora actualiza la transferencia.

El Concilio de Efesios (431) Sostuvo el Evangelio

El Concilio de Efeso (431) confirmó la refutación de Agustín del Pelagianismo. El Concilio oficialmente condenó las enseñanzas de Pelagio como heréticas. Los escritos de Agustín en contra de Pelagio representan un hito de defensa contra cualquier intento de basar la salvación del Evangelio sobre cualquier sistema de obras éticas y / o religiosas. El Evangelio Cristiano siempre debe ser fundado sobre la justificación a través de los méritos de la justicia de Jesús, graciosamente dados sin condición a todo aquél que recibe por fe. Todos somos pecadores, y no podemos ayudarnos a nosotros mismos. Dios mismo ha hecho posible nuestra relación con Él, y Jesús es la puerta a esa relación. Jesús es el don gracioso de Dios, y nuestra vida ahora y eternamente con Dios es a través de Él.

Protestantismo Liberal: El Visitar Nuevamente al Pelagianismo

La reaparición más seria en la historia Cristiana del tipo de herejía Pelagiana es el Liberalismo Protestante que se extendió a través de Europa en el siglo diecinueve. Este movimiento penetrante que buscó reinterpretar las doctrina bíblicas esenciales de acuerdo con las presuposiciones de la Ilustración desplegaron similitudes sorprendentes con la visión mundial del Pelagianismo. El liberalismo negó la realidad del "pecado original" en la condición humana, y arrojó a Jesús al rol primordial de ejemplo inspirador de la idea religiosa y ética del logro humano. Yendo más allá del Pelagianismo, el Liberalismo negó la deidad de Jesús y el valor expiatorio de la sangre vertida de Jesús. Pelagio, sin embargo, aplicó erróneamente estas facetas de la ortodoxia, guiándolo a conclusiones similares que luego fueron adoptadas por el Liberalismo. Ambos movimientos redujeron el rol primario de Jesús al de un ejemplo moral / religioso, y le robaron de Su triunfo redentor en el Calvario, ya que defendieron la perfectibilidad moral inherente de la humanidad aparte de la expiación de Jesús.

Jesús Reducido a un Gurú de Autoayuda

El Protestantismo Liberal realizó un gran deservicio a la sociedad occidental en general al intentar legitimar una versión ortodoxa del Cristianismo abasteciendo las sensibilidades "modernas". La "desmitologización" del Evangelio resultó en una cultura "modernizada" positiva acerca de la perfectibilidad moral y religiosa a través de la adquisición educacional. Conocimiento es poder, y los abundantes métodos de autoayuda desatan la inmensidad del potencial humano para cada persona que posee la fuerza de voluntad para tener éxito. En este modelo, Jesús viene a ser el "gurú" de autoayuda, cuyo estilo de vida amoroso y dador, y cuya buena voluntad de rendir Su vida por otros representa un modelo inmenso de darse a sí mismo. Tal adecuación le permite a la humanidad moderna ser moderadamente religiosa y altruista, mientras evade los esenciales del Evangelio como el pecado, la Cruz, expiación por sangre, nuevo nacimiento, resurrección, lo sobrenatural, y el juicio final.

Capítulo 18
Jesús: Primero un Don, Luego Ejemplo
Jesús como un Don: El Desafío del Semipelagianismo

Ataque al Don de Salvación

Una Variación de Pelagianismo

Los Últimos Escritos de Agustín

Condenación Oficial

La Visión Mundial a Persistido

Definición

La Iniciativa le Pertenece a Dios

Capítulo 18

Jesús: Primero un Don, Luego Ejemplo

Jesús como un Don: El Desafío del Semipelagianismo

Prologando este capítulo con un breve resumen histórico de una herejía no es sin propósito. El Semipelagianismo, como vino a ser conocido, le siguió cercanamente y es un descendiente directo del Pelagianismo. Ambos comparten la misma característica amenazante. Cada una representa un ataque a la revelación bíblica fundacional de que Jesucristo es el don supremo de la gracia de Dios a la humanidad, y el recibirle como tal es el único camino a la salvación.

Ataque al Don de Salvación

Como un movimiento histórico, el Semipelagianismo fue efímero y solo regionalmente influyente. Cuando la iglesia se dio cuenta de los errores sutiles contenidos en esta teología un consenso de obispos decididamente condenaron la doctrina. Aún así, como un sistema de pensamiento el Semipelagianismo a introducido sutilmente su modo de obrar dentro de las presuposiciones y las creencias de varias generaciones de Cristianos a través de la historia. Se ostenta a sí misma como una doctrina que le ofrece el justo honor y reconocimiento a la responsabilidad humana, pero su verdadero carácter es sacar con un sifón dentro del resume del mérito humano un poco de la gloria que se le debe a Dios solamente por el don de Jesucristo y Su salvación, de este modo comprometiendo la naturaleza misma de la salvación Cristianan en calidad de un obsequio puro proveniente de un Dios gracioso.

Una Variación de Pelagianismo

Los simpatizantes de la enseñanza de Pelagio estaban formulando una posición comprometedora aun antes de los pronunciamientos de la iglesia de herejía contra el Pelagianismo, antes que fuera oficial en el año 431. La desatención de Pelagio por la necesidad de la obra redentora de Jesús en la salvación humana no podía ser tolerada, pero los adherentes Pelagianos concluyeron que una variación sutil de este tema sostenía la promesa de ganar diseminación de simpatía.

Los Últimos Escritos de Agustín

Esta perspectiva comprometedora, inicialmente conocida como la herejía de los Marselleses y luego designada como Semipelagianismo,[44] hizo su avance temprano al sur de Francia. La doctrina había ganado la suficiente atención para los comienzos del siglo quinto que noticias de su existencia llegaron a Agustín durante los últimos años de su vida. Agustín, encontrando caso para su preocupación, manejó escribir los dos escritos finales de su ilustre carrera[45] en un esfuerzo para repeler el avance de esta peligroso doctrina.

Los esfuerzos correctivos de Agustín no fueron suficientes como para retardar el ímpetu creciente de la doctrina Semipelagiana, y su influencia continuó expandiéndose después de la muerte de Agustín en el año 430. A través del siglo quinto, el Semipelagianismo dominó la teología de la iglesia francesa, pero no sin una fuerte resistencia de los simpatizantes Agustinianos.[46]

Condenación Oficial

Tres décadas en el siglo sexto, la resistencia se solidificó notablemente y los obispos se unieron para tomar acción oficial contra esta teología aberrante. Convocados en el año 529, los obispos del Segundo Concilio de Orange concluyeron que la doctrina Semipelagiana falló en cumplir con los estándares de ortodoxia Cristianan. La refutación proveniente del Concilio, involucró la formulación de veinticinco artículos afirmando las verdades de la Escritura y aspectos más moderados de la teología Agustiniana, mientras repudiaban los puntos de la doctrina Semipelagiana. La condenación del Semipelagianismo ganó apoyo adicional en el año 530 cuando el obispo de Roma, Bonifacio II ratificó la decisión del Concilio de Orange. Después de los actos de Orange, el movimiento nunca realmente volvió a florecer.

La Visión Mundial a Persistido

Con todo, el Semipelagianismo como un sistema de pensamiento no desapareció. En varias circunstancias críticas dentro de la historia Cristiana, las presuposiciones Semipelagianas han resurgido para nublar la visión y distorsionar el camino para generaciones de Cristianos. Nuestra labor a través del resto de este capítulo será identificar las presuposiciones básicas del Semipelagianismo, exponer sus errores doctrinales (particularmente a la vez que afectan la doctrina ortodoxa de Jesucristo y Su obra redentora), y el explorar históricamente y prácticamente la influencia continua del Semipelagianismo en el desarrollo del Cristianismo.

El Semipelagianismo compartió la visión mundial básica de los Pelagianos, ya que se oponían a la teología Agustiniana, particularmente su teoría de predestinación. Creían que un énfasis sobre la predestinación reprimía la responsabilidad moral, produciendo en las personas un sentido de pasividad para la vida y fatalismo para el futuro. No obstante los Semipelagianos creían que Pelagio fue demasiado lejos en su intento de contrapesar el Agustinianismo. Pelagio sustentaba que las buenas obras eran la única calificación para la salvación humana. La sangre expiatoria de Jesús sirvió solamente para ofrecer un comienzo refrescante para aquellos que cayeron, pero la aceptación final de Dios vino puramente a través de la consecución humana de la justicia.

Los Semipelagianos discrepaban con su mentor en su rechazo a la noción de la perfectibilidad moral de la humanidad natural. Ellos concurrieron con la Escritura (y Agustín) que los humanos inevitablemente pecan y tienen necesidad de la gracia de Dios. Sin embargo, en su deseo de enfatizar la responsabilidad humana en el proceso de salvación, los Semipelagianos erróneamente introdujeron una dinámica sinergista a la formula del Evangelio que nulificó la naturaleza misma de la gracia que ellos estaban defendiendo.

Definición

El historiador Philip Schaff define con precisión el sistema de creencia Semipelagiano. "Su idea central es, que la gracia divina y la voluntad humana juntamente alcancen la obra de conversión y santificación, y que el hombre ordinario debe tomar el primer paso".[47] Al admitir el rol de la gracia de Dios en Cristo, ambos en la dimensión de conversión y santificación, los Semipelagianos en efecto contradicen la naturaleza de la gracia al requerir condiciones humanas iniciales para ser cumplidas antes que la gracia de Dios sea disponible.

La Escritura no falla en enfatizar la responsabilidad humana en el acto de recibir el don de salvación, pero se requiere más que la responsabilidad humana para traer al pecador a un lugar donde sea capaz de beneficiarse de la salvación que ha sido provista gratuitamente para todos. Dios a tomado la iniciativa a través de Su gracia y la intervención del Espíritu Santo para preparar al pecador para la conversión. Igualmente, la santificación no es el resultado de la iniciativa del creyente de tomar pasos independientes que ameriten la intervención de la presencia santificadora del Espíritu. La iniciativa es de Dios de atraer al creyente a niveles profundos de santificación.

La Iniciativa le Pertenece a Dios

Los Semipelagianos fallaron en ver que la esencia de la responsabilidad humana esta en responder a la iniciativa divina, no en ser el iniciador. La iniciativa, la cual significa 1) primer paso, el origen; y 2) poder o derecho de ser algo, es la prerrogativa del Dador, no del receptor. Aun Jesús no inició las palabras y los hechos que constituyeron Su vida terrenal. Como Hijo de Hombre, se sometió a sí mismo al rol humano de recipiente de la gracia del Padre, aunque Él era el Dador de toda la vida como Hijo de Dios. El dijo en Juan 5:30, "Yo no puedo hacer nada por iniciativa mía". En Juan 8:28, Jesús dijo, "No hago nada por mi cuenta, sino que hablo estas cosas como el Padre me enseñó". El pecado original fue incitado por el deseo adámico de salir del rol responsivo como criatura, en un intento de convertirse en el Iniciador, el Creador. Los Semipelagianos fallaron en ver que la responsabilidad humana auténtica es el responder a la iniciativa del Creador, y no el apoderarse de la iniciativa. La iniciativa le pertenece a Dios, ambas en conversión y en santificación.

Capítulo 19
Jesús: Primero un Don, Luego Ejemplo
Semipelagianismo y Conversión

No Gracia Preveniente

Los Pecadores Tienen Capacidades

La Decisión del Concilio

Gracia Previo a la Conversión

La Profecía de Joel

Derramamiento Dual del Espíritu

Conversión en el Nuevo Testamento

Los Pecadores son Atraídos a Dios

Los Semipelagianos Añaden Obras a la Gracia

Capítulo 19

Jesús: Primero un Don, Luego Ejemplo

Semipelagianismo y Conversión

No Gracia Preveniente

En este capítulo, la experiencia de conversión será específicamente aislada a fin de subrayar la condicionalidad inyectada por el Semipelagianismo en el evangelio de gracia. Desde el comienzo, debemos observar que los Semipelagianos no deseaban ninguna parte de la fase inicial de la operación de la gracia de Dios según identificada por Agustín, la fase conocida como gracia preveniente. La gracia preveniente es la teoría de que la gracia de Dios que resulta de la obra redentora de Cristo esta activamente atrayendo a la raza humana a un conocimiento salvador de Jesucristo antes de cualquier conocimiento consciente de parte del recipiente. Preveniente o preventiva se refiere a la iniciativa de gracia divina que previene el control humano del proceso hasta que la gracia a completado su obra preparatoria de traer al pecador a un posible encuentro salvador con Cristo. La gracia de Dios no fuerza la conversión, sino que supedita la resistencia de la humanidad natural hasta que una decisión es proporcionada a favor o en contra del amor salvador de Cristo.

—171—

Los Pecadores Tienen Capacidades

Haciendo caso omiso a la noción de gracia preveniente, los Semipelagianos veían optimistamente la capacidad de la humanidad natural de tomar pasos prerrequeridos y condicionales que pudieran mover a Dios a desatar Su gracia con el propósito de actualizar la experiencia de conversión. Los Semipelagianos admitían que solo la gracia actualiza la conversión, sin embargo creían que los humanos en el estado natural eran capaces de reunir las condiciones de arrepentimiento y fe que Dios requería a fin de desatar Su gracia salvadora. Por lo tanto, los pecadores eran vistos como capaces de alcanzar las condiciones de arrepentimiento y fe sin la ayuda de la gracia.

La Decisión del Concilio

El Concilio de Orange condenó tal enseñanza. Varios de los artículos oficiales del Concilio reconocieron que las acciones preliminares por parte del pecador que lo llevan a la experiencia de la conversión no son realizadas aparte del proceso de la gracia de Dios. Antes de la realización consciente, el pecador ha sido objeto del amor del Espíritu Santo, galanteando y acercándose con influencia, y atraído al precipicio mismo de la experiencia de conversión por la operación intencional de la gracia de Dios. El Canon 7 del Concilio de Orange resalta la posición que el pecador no puede tomar acción positiva en la dirección de la conversión sin la influencia del Espíritu Santo.

> Si cualquiera afirma que podemos formar cualquier opinión correcta o tomar cualquier opción correcta que se relaciona a la salvación de la vida eterna, como es conveniente para nosotros, o que podemos ser salvos, eso es, asentir a la predicación del evangelio a través de nuestros poderes naturales sin la iluminación e inspiración del Espíritu Santo, quien hace que todos los hombres alegremente asientan y crean en la verdad, el está siendo descarriado por un espíritu herético, y no

entiende la voz de Dios quien dice en el Evangelio, "Porque separados de mí nada podéis hacer" (Juan 15:5), y la palabra del apóstol, "No que seamos suficientes en nosotros mismos para pensar que cosa alguna procede de nosotros, sino que nuestra suficiencia es de Dios" (2 Corintios 3:5).

Gracia Previo a la Conversión

La doctrina bíblica de conversión hace concesión completa por la entrada de la gracia previa a la conversión. El Espíritu Santo, el agente de conversión de Dios, visita al pecador con la influencia graciosa del Evangelio previo a la experiencia actual de salvación. Reconociendo que la capacidad natural de la humanidad pecadora es incapaz de cualquier nivel de autoayuda, el Espíritu Santo viene al auxilio del pecador, permitiéndole al pecador responder apropiadamente a la iniciativa del Evangelio. Fe y arrepentimiento, los componentes de la conversión, son respuestas que pueden ser realizadas sólo a través de la influencia y la habilitación del Espíritu. La iniciativa graciosa del Espíritu debe invadir la vida del pecador, desatando la presencia y el poder del Espíritu, para que la conversión sea actualizada.

El Semipelagianismo falla en reconocer, en este punto crítico en el proceso de salvación, el rol del Espíritu Santo de influenciar positivamente al pecador en la dirección del Evangelio antes de la ocurrencia del nuevo nacimiento. Se espera que el pecador mejore su legitimación ante Dios por virtud de sus esfuerzos humanos naturales, por lo tanto mereciendo la gracia de Dios. Tal optimismo ingenuo glorifica impropiamente la humanidad pecadora y compromete la suficiencia de la gracia de Dios en la conversión humana.

La Profecía de Joel

Joel proféticamente visionó el advenimiento de los "últimos días" a ser iniciados por el evento trascendental del derramamiento del Espíritu sobre toda la humanidad. Pedro, predicando a la multitud de espectadores en el Día de Pentecostés, no titubeó en conectar las "lenguas de fuego" manifestadas por los discípulos ese día con cumplimiento de la antigua profecía de Joel. El declaró, "Porque éstos no están borrachos como vosotros suponéis, pues apenas es la hora tercera del día; sino que esto es lo que fue dicho por medio del profeta Joel: 'Y sucederá en los últimos días, dice Dios, que derramare de mi Espíritu sobre toda carne'". (Hechos 2:15-17) Pedro reconoció que el poder del espíritu siendo derramado sobre la iglesia era un fragmento de la medida universal del derramamiento del Espíritu descendiendo entonces sobre los habitantes de la tierra. La historia humana nunca a sido la misma desde ese día.

Derramamiento Dual del Espíritu

La importancia de los eventos del Día de Pentecostés no puede sobreestimada. Encontramos al Jesús resucitado y triunfante, ahora ascendido al cielo, cumpliendo Su promesa de bautizar Su iglesia con el espíritu Santo, mientras simultáneamente derrama el Espíritu sobre toda carne viviente. Un propósito común une estos derramamientos duales. Mientras Jesús estaba dando poder a Su iglesia a "Id por todo el mundo y predicad el evangelio a toda criatura", (Marcos 161:15) también estaba facilitando la misión evangelizadora al desatar al Espíritu Santo sobre toda carne humana.

Por lo tanto, desde el Día de Pentecostés en adelante, el Espíritu Santo ha sido desatado a ambos para dar poder a la iglesia y para encontrar a cada criatura humana. Las Escrituras no hacen claro como los habitantes de la tierra son impactados por la visitación del Espíritu. No obstante, el Nuevo Testamento es definitivo acerca de la conexión vital del Espíritu Santo con el Jesús resucitado y Su mensaje del Evangelio. Una misión primaria del Espíritu Santo es glorificar a Jesús (Juan 16:14) y llevar testimonio de Él (Juan 15:26). La gracia de Dios fue demostrada en el cumplimiento de redención a través del trabajo finalizado de Jesús, y la gracia de Dios continúa siendo manifiesta a través del derramamiento del

Espíritu Santo sobre las personas de la tierra, glorificando a Jesús y testificando de Él.

Conversión en el Nuevo Testamento

La interpretación de Pedro de la profecía de Joel, provee la base para la empresa evangelizadora de la iglesia. La doctrina de conversión no puede ser formulada correctamente sin factorizar en la perspectiva "Pentecostal". El sermón de Pedro nos lleva a concluir que nadie es convertido a Jesús independiente de la influencia de Dios y Su gracia. La muerte de Jesús por los pecados del mundo no fue un evento aislado, pero fue un punto fundamental en la historia del mundo. Así como Jesús declaró en el Evangelio de Juan, "'Y yo, si soy levantado de la tierra, atraeré a todos a mí mismo'. Pero Él decía esto para indicar de qué clase de muerte iba a morir". (Juan 12:32-33) El Espíritu Santo a sido derramado sobre toda la humanidad, y el mensaje de la cruz de Jesús comunicado por el Espíritu lleva consigo el poder de salvación. (Corintios 1:18)

Los Pecadores son Atraídos a Dios

Dios el Padre también obra a través de la influencia del Espíritu para atraer la humanidad perdida a Su Hijo y Su redención. El evangelio de Juan relata las palabras de Jesús, "Nadie puede venir a mí si no lo trae el Padre que me envió, y yo lo resucitare en el día final". (Juan 6:44) Todo el que es privilegiado de compartir en la resurrección de Jesús en el día final a sido atraído a Él por Dios Padre. Los Semipelagianos fallaron en entender los medios con los cuales las personas son convertidas a Jesús. Nadie se hace a sí mismo un candidato para conversión por sus propias acciones independiente de la gracia de Dios. Cada miembro del Dios Trino (Padre, Hijo y Espíritu Santo) participa en la obra de preparar a pecadores a recibir el Evangelio de gracia.

Tal escenario sugiere preguntas de suma seriedad concerniente a la naturaleza del "evangelio" Semipelagiano. ¿Dispensa Dios la gracia de Su salvación de acuerdo a la ejecución de ciertos méritos demostrados por la humanidad perdida? ¿Está la gracia de Dios condicionada en el cumplimiento satisfactorio de prerrequisitos que preparan a los potenciales convertidos a ser dignos de salvación? El Semipelagianismo contesta "Si" a estas preguntas. La iglesia, sin embargo, debe contraatacar con un "No" resonante a ambos, a menos que estemos preparados para sacrificar la gracia de Dios en el altar del desempeño humano.

Los Semipelagianos Añaden Obras a la Gracia

Los Semipelagianos reducen la salvación a un sistema de obras en adición a la gracia. No obstante la proclamación del Evangelio por parte de la iglesia mantiene su integridad precisamente porque es un Evangelio de gracia, irrespectivo de cualquier prerrequisito, mérito u obra humana. Jesús claramente declara que "separados de mí nada podéis hacer". (Juan 15:5) Jesús y Su gracia no han sido puestos bajo detención hasta que presentemos evidencia de que merecemos Su visitación. Pablo observa que éramos ambos, "impotentes" e "impíos" cuando Jesús tomó acción decisiva de morir por nosotros (Romanos 5:6). Cómo nos atrevemos a presumir que debemos ejecutar satisfactoriamente como pecadores antes que la gracia de Dios nos sea disponible. Los Semipelagianos se aferran a un estándar de ejecución humano que impide la entrada de la gracia, por lo tanto representa un rechazo a la esencia misma del Evangelio Cristiano.

Capítulo 20
Jesús: Primero un Don, Luego Ejemplo
Semipelagianismo y Santificación

Santificación Semipelagiana

Jesús No en Control

Fe una Ejecución

Minimiza el Valor de la Biblia

Agustín y la Fe

Fe Auténtica

Dios Controla el Proceso de Santificación

El Pecado de Presunción

Presunción Proveniente del Antiguo Testamento

Viviendo Presuntuosamente

La Presunción es Herejía

Capítulo 20

Jesús: Primero un Don, Luego Ejemplo
Semipelagianismo y Santificación

Santificación Semipelagiana

Recordando la astuta observación de Philp Schaff del Capítulo 17, el Semipelagianismo no solo niega la exclusividad de la gracia en la experiencia de conversión, sino que también introduce un sinergismo de gracia y la voluntad humana en la santificación. Y en cada dimensión de la experiencia Cristiana la humanidad debe tomar el primer paso. Nuestros propósitos en este capítulo son el explorar porqué tales errores con respecto a la santificación son fatales al Evangelio, y contraatacar con consideraciones de la santificación más fieles al testimonio bíblico.

Para propósitos de clarificación, la santificación será definida como la obra del Espíritu Santo en la vida del creyente, llevando a un incremento en conformidad con la humanidad santa de Jesucristo. Dios desea que todos los Cristianos progresen en santificación. Jesús, el Señor de los creyentes y de la iglesia, controla el proceso de santificación, y a dado al Espíritu Santo para cumplir esta tarea.

Jesús No en Control
Los Semipelagianos entienden erróneamente el proceso de

santificación. Asumen que los Cristianos controlan el proceso de santificación. Falsamente asumen que la presencia santificadora del Espíritu Santo solo opera cuando los creyentes inician acciones que invocan la intervención del Espíritu. En esencia, piensan que la gracia de Dios es adjudicada de acuerdo a una ejecución humana exitosa. Esta creencia errónea inyecta en la ecuación una carga pesada injustificable para el Cristiano no cimentado en la Escritura.

Aunque los Semipelagianos ven a Jesús como el Señor supremo de la historia, todavía le ven como si voluntariamente restringiera la actividad de Su Espíritu Santo hasta que la iglesia tome los pasos apropiados para "causar" Su intervención. Por lo tanto, ¿quien en verdad es Señor de la historia si Jesús y la actividad de Su Espíritu están bajo el control de la iniciativa humanan? El artificio Semipelagiano requiere que las obras humanas precedan y regulen la operación de la gracia de Dios en Cristo.

Fe una Ejecución

Por ejemplo, los Semipelagianos son culpables de abusar la doctrina bíblica de la fe. Ven la fe como una capacidad dentro del creyente capaz de ser expresada sin la capacitación de Cristo y Su Espíritu. El creyente primero debe expresar la medida apropiada de fe antes que Jesús le permita al Espíritu intervenir. La gracia de Dios y los beneficios correspondientes son condicionalmente recompensados solo cuando el creyente exhibe la fe apropiada. En cada manifestación de fe del creyente, Dios evalúa el nivel de ejecución o desempeño como una base para determinar la naturaleza de Su participación y la medida de beneficios a ser impartidos. Ya que cada ejecución debe ser medida, los creyentes están presionados a buscar varias técnicas que se espera eleven su fe.

No tan solo la fe, pero otros tipos de actividades Cristianas legítimas tales como la oración, ayuno, el dar a otros, y otras formas de servicio sufren un abuso similar cuando son transformadas en herramientas de interés propio. Cuando a estas actividades se les permite el deteriorarse en importancia para convertirse en técnicas espirituales diseñadas para solicitar beneficios y privilegios especiales de parte de Dios, entonces han perdido su conexión con el evangelio de Jesucristo.

Minimiza el Valor de la Biblia

La reducción del Evangelio a una agenda de ejecución muchas veces hace que los creyentes minimicen el verdadero valor de la Biblia, haciéndola un almacén de beneficios prometidos por Dios a Su gente si ciertas condiciones conductuales son satisfechas. La fe se convierte la norma conductual que, cuando ejecutada exitosamente, desata los beneficios de Dios. Esta perspectiva condiciona la actividad de Dios basada sobre los logros de Su gente, ambos, para adquirir conocimiento de Sus beneficios como especificados en la Biblia, y para demostrar la medida apropiada de fe garantizando Su intervención.

Agustín y la Fe

Históricamente, el asunto de la fe fue un factor fundamental en la resolución de ambas, las controversias Pelagiana y Semipelagiana. Lo que hizo la diferencia fue el cambio dramático de opinión de Agustín, llevándolo a rechazar la noción de que la fe bíblica es una obra humana. Llegó a una conclusión después de mucha deliberación que la fe no debe ser considerada una obra humana independiente, sino más bien un don de Dios. Esta conclusión mas tarde probó ser un vallado de defensa doctrinal contra la sutileza de errores Pelagianos y Semipelagianos. Un verso del libro Paulino de *I Corintios* sella la posición de Agustín en este asunto. "¿Qué tienes que no recibiste? Y si lo recibiste, ¿por qué te jactas como si no lo hubieras recibido?" (I Corintios 4:7) Según Agustín lo vio, aun la fe para creer en el Evangelio de Jesús y vivir dependientemente en El, no debe ser considerado una obra de mérito, sino un don de la gracia de Dios.

Fe Auténtica

Cuando la fe es vista correctamente como un producto de la gracia de Dios, entonces el Evangelio auténtico es preservado. Esta verdadera presuposición, necesariamente excluye el punto de vista de que la fe es un producto del creyente, independiente de la capacitación divina. La fe no debe ser vista como una obra calificadora de parte de los creyentes diseñada para controlar la intervención graciosa de Dios. Dios es gracioso en lo profundo de Su ser, y no depende de la ejecución o el desempeño de Sus hijos para ser gracioso en todos Sus actos. El don de Jesucristo y Su salvación a la humanidad demuestran totalmente que Dios es gracioso al nivel más alto. Dios es gracioso y desea que Sus hijos respondan positivamente a Sus iniciativas. Aun así, no esta vaciado de gracia cuando Sus hijos fallan en reciprocar. La gracia de Dios es mayor que los lapsos en pecado del creyente, y el Espíritu Santo utiliza fracasos y éxitos en un proceso delicado de entretejer todas las experiencias de cada Cristiano en un precioso tapiz de santificación (Romanos 8:28).

Dios Controla el Proceso de Santificación

La santificación Cristiana es un proceso de toda la vida bajo el control de Dios, y no debe ser reducido a una sucesión de iniciativas de ejecución ejercitadas por el creyente, como los Semipelagianos contienden. Los creyentes son "nuevas criaturas" en Cristo (II Corintios 5:17), y ya no están dominados por el comportamiento carnal, sino que viven por el Espíritu de Dios (Romanos 8:9). No obstante, el comportamiento carnal permanece una posibilidad cuando la cruz y el Señorío de Cristo no son aplicados continuamente en el vivir Cristiano.

El Pecado de Presunción

Un aspecto desastroso del Semipelagianismo es su tendencia de sancionar comportamiento carnal, en comparación con el comportamiento guiado por el Espíritu, al abogar que la iniciativa

SEMIPELAGIANISMO Y SANTIFICACIÓN

es la prerrogativa del creyente. La Biblia identifica este tipo de error como el pecado de presunción. El Rey David oró de ser guardado de los pecados de presunción (Salmo 19:13). Una de las cuatro tentaciones que Jesús resistió en el desierto fue el pecado de presunción. Satanás llevó a Jesús al pináculo del templo y le desafío a arrojarse, citando la promesa de Dios de protección angelical. Jesús detectó la falla en el uso de Satanás de las promesas bíblicas. Él contraatacó citando una escritura distinta. "No tentaras al Señor tu Dios". Las palabras de Jesús también pueden ser interpretadas, "No pondrás al Señor tu Dios a prueba". La esencia de esta tentación fue desafiar a Jesús a iniciar un curso de acción no dirigido por Dios, y utilizar una promesa bíblica en un intento de forzar a Dios a intervenir. Dios no es un peón de ajedrez a ser controlado por los antojos de Su gente. Dios honra la sumisión a Su iniciativa, pero no responde a los esfuerzos presuntuosos para manipular Su voluntad.

PRESUNCIÓN PROVENIENTE DEL ANTIGUO TESTAMENTO

Un ejemplo en el Antiguo Testamento del pecado de presunción es representado por los hijos de Israel bajo el liderato de Moisés cuando experimentaron la primera oportunidad de tomar la Tierra Prometida. Los doce espías, con la excepción de Josué y Caleb, regresaron con un reporte negativo concerniente a la dificultad de ocupar la tierra de Canaán. El reporte negativo tuvo el efecto de desalentar a los hijos de Israel de obedecer a Dios y responder a Su promesa de victoria y conquista. En cambio, rechazaron seguir el mandato de Dios de tomar la tierra. En vista de la desobediencia de los hijos de Dios, Dios retiró Su promesa de victoria y envió a Su pueblo de regreso al desierto a vagar por otros cuarenta años.

Cuando enfrentados con la sentencia de vagar más en el desierto, una facción de la gente cambió su mente y decidió marchar a la batalla para tomar la tierra. Esta movida presuntuosa fue su propio plan, ya que Dios había retirado Su promesa de una conquista exitosa. Dios rechazó respaldarlos, y fueron a la batalla con sus propias fuerzas. El resultado pronosticado fue desastroso. Moisés resumió el resultado. "Y os hablé, pero no quisisteis escuchar. Al contrario, os rebelasteis contra el mandamiento del Señor, y obrasteis con presunción, y subisteis a la región montañosa. Y los amorreos que moraban en aquella región montañosa salieron contra vosotros, y os persiguieron como lo hacen las abejas, y os derrotaron desde Seir hasta Horma". (Deuteronomio 1:43-44)

Viviendo Presuntuosamente

El Semipelagianismo condona la presunción como el curso apropiado de acción para los Cristianos. En vez de vivir como respondedores de la iniciativa del Espíritu, los creyentes son desafiados a actuar en su propia iniciativa, presumiendo que Dios se involucrará como resultado de su ejecución. Los Semipelagianos abogan que los Cristianos viven cada día con tal secuencia de comportamiento. Dios comienza como un espectador, esperando que el creyente inicie el curso de acción que se presume que sea una precondición que amerite Su intervención. Si la acción es ejecutada exitosamente, Dios viene graciosamente a la escena y manifiesta Sus beneficios. Al repetirse esta secuencia por el transcurso de la vida, el creyente crece en santificación como resultado del sistema de premiación de Dios por buen comportamiento.

La Presunción es Herejía

El Concilio de Orange en el año 529 rechazó esta posición Semipelagiana de santificación. El Canon 6 trata la suposición falsa de que la intervención de Dios y Su gracia es un premio de la ejecución Cristiana.

"Si cualquiera dice que Dios tiene misericordia por nosotros cuando aparte de Su gracia, creemos, actuamos voluntariamente, deseamos, nos esforzamos, laboramos, oramos, velamos, estudiamos, buscamos, preguntamos, o llamamos a la puerta, pero no confesamos que es por la infusión e inspiración del Espíritu Santo dentro de nosotros que tenemos la fe, la voluntad, o la fuerza para realizar todas estas cosas según las deseamos; o si cualquiera hace que la asistencia de la gracia dependa en la humildad o la obediencia del hombre y no está de acuerdo que es un don de gracia en sí mismo el que seamos obedientes y humildes, este contradice al Apóstol que dice, '¿Qué tienes que no recibiste?' (I Corintios 4:7), y, 'Pero por la gracia de Dios soy lo que soy'. (I Corintios 15:10)"

Los obispos en Orange también notaron que de las enseñanzas de Jesús la vida requerida para producir fruto no viene de la rama, pero de la Vid. El fruto no es el premio por la ejecución de la rama, sino el resultado de una relación permanente con la Vid. El Canon 23 rechaza el asunto Ejecución / Espectador del Semipelagianismo.

"Concernido las ramas de la vid. Las ramas en la vid no dan vida a la vid, sino que reciben vida de ella; así que la vid está relacionada con sus ramas de tal forma que les suple con lo que necesitan para vivir, y no toma esto de ellas. Por lo tanto, es para la ventaja de los discípulos, no para Cristo, el tener ambos, a Cristo morando en ellos y el morar en Cristo. Ya que si la vid es cortada, otra puede crecer de la raíz viva; pero aquel que es cortado de la vid no puede vivir sin la raíz (Juan 15:5ff)".

En la Escritura, no se indica separación o distancia entre el creyente y el Espíritu Santo, tampoco se espera que el creyente ejecute "para Dios." Jesús desea sumisión voluntaria y amorosa de Su gente. La relación intima es el medio que guía a Sus hijos a una consecución profunda de su propósito. Cuan preposterá y arrogante es la noción de que manipulamos a Jesús a conceder nuestros deseos usando Su Palabra como un contrato u obligación legal para forzar Su mano a actuar. Jesús tiene Su propio tiempo preciso y manera de orquestar la historia, y nuestra total sumisión a Su Señorío nos prepara mejor para conocer y rendirnos a la dirección de Su Espíritu.

Capítulo 21
Jesús: Primero un Don, Luego Ejemplo
Semipelagianismo al Día Presente

Semipelagianismo Permitido
Le es Permitido a la Carne Dominar al Espíritu
Tolerancia Católica
La Alternativa de Lutero
Oportunidad Perdida
Comienzos Protestantes
El Concilio de Trento: Bastión de Semipelagianismo
Protestantismo Después de Lutero
Error Evangélico
La Influencia del Espíritu
Fe y Arrepentimiento
La Trampa de la Ejecución
Legalismo en Galacia
Dirigido Por el Espíritu
La Tendencia de Resistir la Gracia de Dios
Tratando de Competir Con Dios
Gloria Total al Señor

Capítulo 21

Jesús: Primero un Don, Luego Ejemplo

Semipelagianismo al Día Presente

Semipelagianismo Permitido

Aunque condenada como una herejía por el Concilio de Orange en el año 529, la doctrina Semipelagiana manejó resurgir en varios momentos a través de la historia de la iglesia en disfraces variados para desafiar la verdad esencial de la naturaleza incondicional de la gracia de Dios en Jesucristo. El Semipelagianismo antiguo no fue capaz de generar apoyo universal, sin embargo los defensores de esa doctrina en algunos casos no sólo evitaron la censura de herejía, sino que manejaron mantener el respeto general dentro del Cristianismo. Esto representa un enigma que parece caracterizar el Semipelagianismo. A pesar de la indisputable sentencia de herejía dictaminada contra la expresión antigua, nuevas formas de esta doctrina han navegado por debajo de la pantalla del radar sin detectarse arrojando su destructora carga entre los fieles.

Cuando las presuposiciones Semipelagianas capturan el pensamiento de una generación de Cristianos, un estilo de Cristianismo "Farisaico" envuelve a la iglesia. Las tradiciones humanas comienzan a infiltrar las creencias y prácticas Cristianas, sumergiendo a los creyentes en un mar de actividades de ejecución no iniciadas por el Espíritu de Dios.

Numerosas expresiones de Semipelagianismo han emergido dentro del Cristianismo después del Concilio de Orange. Por no tomar una posición contra esta herejía, la tolerancia de la iglesia a tenido el efecto de sancionar su presencia. Todas las tres ramas mayores de la Cristiandad, sea Católica, Protestante o Ortodoxa Griega, han permitido que las creencias Semipelagianas coexistan pacíficamente con la ortodoxia establecida Como resultado, las verdades del Evangelio han sido debilitadas y en algunos casos corrompidas como resultado de avenirse.

LE ES PERMITIDO A LA CARNE DOMINAR AL ESPÍRITU

El peligro más grave del Semipelagianismo es su sutil ataque a la verdad de que la gracia de Dios a través el don de Jesucristo es la única base para conocer a Dios. En tiempos cuando la iglesia tolera la presencia de herejía, las acciones humanas son permitidas a rivalizar la obra de la gracia de Dios en conversión y en santificación con la iniciativa humana controlando el proceso. Cuando las tendencias Semipelagianas dominan, las actividades carnales se enmascaran en un disfrazan Cristiano mientras las operaciones legítimas del Espíritu Santo sufren un declive.

TOLERANCIA CATÓLICA

El Catolicismo medieval tardío es uno de primer orden de una iglesia fácilmente descarriada por las presuposiciones Semipelagianas. Conforme el dominio del Escolasticismo menguaba después de Tomás de Aquino, las tendencias hacia el Semipelagianismo incrementaban. Aun Tomás, en momentos desprotegidos, pareció invitar la interpretación incorrecta. Un ejemplo a la mano es la siguiente discusión: "... el hombre de sí mismo, y sin la ayuda externa de la gracia, se puede preparar a sí mismo para la gracia. En adición, el hombre se prepara a sí mismo para la gracia haciendo lo que está en él hacer, puesto que, si el hombre hace lo que está en él hacer, Dios no le negará la gracia".[48] En otros casos, Tomás legitimó la necesidad de los méritos humanos en ambos, antes de la conversión y en el proceso de santificación. Después de Tomás, las teologías de William de Ockman y Gabriel Biel fortificaron aun más la presencia del Semipelagianismo en la teología Medieval tardía.

La Alternativa de Lutero

La sufrida conciencia de Martín Lutero reaccionó adversamente al dogma establecido del Catolicismo del siglo dieciséis precisamente porque la iglesia bajo la influencia del Semipelagianismo aplaudió el mérito humano sin la ayuda de la gracia divina. Lutero instintivamente supo que aun sus mejores esfuerzos estaban corrompidos por el pecado. A medida que vertía las Escrituras en la preparación de sus asignaciones de enseñanza universitaria, su exploración le guió al descubrimiento del contenido esencial de la doctrina de justificación. Expresado simplemente, nuestra relación con Dios es puramente el producto de la gracia divina a través del don de Jesucristo.

Como sacerdote, monje y profesor Católico, las ideas teológicas que desarrolló Lutero tenían el potencial de traer renovación a una iglesia que había perdido contacto con el Evangelio. No obstante, una serie de circunstancias imprevistas empujaron a Lutero dentro un conflicto inevitable con el establecimiento Católico, cerrando la puerta a cualquier posibilidad real de comunicación mutua.

Oportunidad Perdida

La crítica académica de Lutero del año 1517, las Noventa y Cinco Tesis, dirigidas a los abusos que detectó en la Indulgencia Jubileo del Papa León X, capturó inesperadamente la atención de la totalidad del Santo Imperio Romano. La intrépida crítica de Lutero capturó la imaginación del pueblo ya intensamente desencantado con la iglesia romana y sus corrupciones internas y la falta de poder espiritual. Lutero probablemente no tenía conocimiento cuando anunció sus tesis que el Papa y un Arzobispo principal de la iglesia tenían grandes inversiones financieras que dependían del éxito de la Indulgencia Jubileo. A medida que la atención pública giró hacia la crítica de Lutero, el éxito de la campaña repentinamente fue puesto en riesgo. La iglesia ideó a Lutero como un artículo consumible a ser silenciado antes que un daño irreparable fuera hecho. Lutero solo quería que se le otorgara una audiencia para defender sus planteamientos. En cambio, después de negarse a retractar su posición se encontró excomulgado de la única iglesia Cristiana en el Imperio.

Previo a su excomunión, Lutero había consagrado su tiempo a redescubrir la doctrina de la justificación, rechazando los enfoques basados en ejecución, en favor de la gracia solamente a través del don de Jesús. Al ser expulsado de la iglesia, Lutero fue forzado a redirigir su enfoque sobre la formidable tarea de formular una nueva estructura eclesiológica para sí y para otros que habían sido alienados del Catolicismo.

COMIENZOS PROTESTANTES

Conforme Lutero era empujado al rol de comenzar un nuevo movimiento Cristiano, mantuvo una noble consistencia en cimentar todas las doctrinas y las prácticas en la verdad fundamental de que la justificación es un producto solamente de la gracia de Dios, y ninguna obra humana aparte de aquellas realizadas por Jesucristo contribuye en ninguna manera a la reconciliación extendida libremente a la raza humana. En el modelo Luterano, aun las buenas obras de los Cristianos no han de ser vistas como iniciativas del lado humano con la intención de merecer la gracia y el favor de Dios, pero más bien deben ser vistas como respuestas influenciadas a la gracia y el favor de Dios ya dado a través de Jesucristo. Ahora teniendo el lujo de mirar atrás sobre el desarrollo del Protestantismo, estaremos perplejos en encontrar que cualquier período de historia teológica esta más libre de la influencia Semipelagiana que en los primeros días del liderato de Lutero del movimiento Protestante.

El Concilio de Trento: Bastión de Semipelagianismo

La Iglesia Católica no había estado predispuesta a prestar cuidado a las opiniones de Lutero mientras servía como sacerdote católico, por lo que difícilmente puede ser dicho que estaban dispuestos a darle una audiencia ahora que se había convertido en la voz dominante de un cuerpo eclesiástico rival fuera de sus limites oficiales. En el momento en que la Contra Reforma de la Iglesia Católica tomó forma en el Concilio de Trento (1545-1563), la aquiescencia a los retos doctrinales Protestantes no era una consideración. Los obispos Católicos se inclinaron a ratificar un estatus quo doctrinal y una agenda práctica fuertemente cargada con presuposiciones Semipelagianas.

La explicación de la doctrina de justificación de Trento fue reveladora. La teología Católica codificó su orientación sinergista afirmando que las obras de amor deben acompañar el don de la gracia de Dios para que la justificación sea valida. La fe sola en el triunfo redentor de Jesucristo no es suficiente. Además, la operación cooperativa entre las obras de caridad humana en adición a la gracia de Dios debe resultar en una justicia inherentemente adquirida en el creyente, necesitando que la justificación sea vista como un proceso de toda la vida. La eternidad con Dios no está asegurada hasta el juicio final, cuando las obras justas del creyente deben enfrentarse a la prueba final de la santidad de Dios.

Trento representa un caso de estudio modelo del error Semipelagiano. Cualquier fórmula para la justificación que intente añadir méritos orientados a ejecución a la gracia de Dios como una base para la aceptación máxima de Dios, lógicamente contradice la esencia misma de la gracia de Dios. El apóstol Pablo clarifica la única doctrina de justificación válida. La gracia debe permanecer sola. "Pero si es por gracia, ya no es a base de obras, de otra manera la gracia ya no es gracia". (Romanos 11:6) Y la seguridad debe ser de la esencia misma de la fe, ya que la justificación es un don basado en los logros pasados de Jesucristo, completada en la cruz del Calvario. Las obras humanas ni pueden añadir ni pueden tomar de la obra terminada de Jesucristo en la cruz. La justificación está basada solamente en la victoria que fue terminada en la cruz, y es actualizada en el individuo simplemente creyendo en los logros de Jesús.

Protestantismo Después de Lutero

La teología Católica permaneció absorta a su compañero de cama el Semipelagianismo mucho después de las sanciones permisivas de Trento de una doctrina de justificación basada en obras. Lutero detectó el problema Católico, pero no encontró aceptación de parte de la iglesia madre para realizar una diferencia positiva. Un proscrito, trazó un nuevo curso en los seguros cimientos de la teología Paulina, acrecentado por el Agustinianismo. Sin embargo, después de los prometedores comienzos de Lutero, generaciones posteriores de Protestantes se alejaron de su visión fundadora. Las ideas Semipelagianas infiltraron varios grupos Protestantes, comprometiendo los sanos comienzos doctrinales del movimiento.

El Protestantismo ha progresado dentro de la era moderna albergando ingenuamente la sutileza de la influencia Semipelagiana. Pocos períodos han escapado la corrupción de esta herejía pestilente. La presencia del Semipelagianismo puede ser detectada en el Calvinismo después de Calvino, Pietismo Luterano, en el movimiento Wesleyano y el Metodismo, en los Avivamiento (Despertamientos) Americanos, en el Liberalismo Europeo, y en el Evangelicalismo Americano. El movimiento Pentecostal y el Carismático del siglo veinte tampoco son la excepción.

Error Evangélico

El Evangelicalismo Americano, usando las prácticas de avivamiento características del movimiento colonial y el Avivamiento Americano temprano, contempla la conversión en una forma Semipelagiana. Los evangélicos generalmente reconocen la conversión como una obra de gracia divina disponible a la humanidad exclusivamente a través de la obra redentora de Jesucristo. Sin embargo la gracia que actualiza la conversión es ilustrada como que está cerrada e inaccesible hasta que son ejecutadas ciertas acciones prerrequeridas de parte del pecador. El pecador debe ejecutar actos de arrepentimiento y fe, sin asistencia divina, con el fin de cualificar para la activación de la gracia y la obra de conversión por parte del Espíritu Santo.

La atracción evangelistica apuntó a convertir pecadores, retar individuos al arrepentimiento, eso es, alejarse de sus prácticas pecadoras y realizar un compromiso personal con Jesucristo. Algunos predicadores intentan mover las emociones, algunos apelan al intelecto, mientras que otros intentan mover la voluntad del oidor. En todo caso, el supuesto común es que los pecadores deben realizar el primer paso, satisfaciendo las condiciones de arrepentimiento y fe de Dios, antes que Él tome acciones reciprocas al impartir Su gracia para actualizar la experiencia de la conversión. Además, tal mentalidad asume que los pecadores son capaces de arrepentirse y tener fe en su estado natural pecador aparte de la presencia y la influencia de la gracia de Dios.

La Influencia del Espíritu

Los evangélicos que adoptan estas creencias probablemente no se percatan que están operando en un modelo Semipelagiano en vez de uno bíblico. Las Escrituras revelan que Dios está trabajando graciosamente en las vidas de los pecadores previo a cualquier reconocimiento consciente de tales acciones. Pedro indicó que el Espíritu Santo ha sido derramado sobre "toda carne" en el Día de Pentecostés, poco después de la ascensión de Jesús al cielo. (Hechos 2:16-17) Hablando de Su crucifixión por los pecados de todo el mundo, Jesús dijo, "Y yo, si soy levantado de la tierra, atraeré a todos a mí mismo". (Juan 12:32) Dios el Padre graciosamente orquestó esta influencia atrayente administrada a través de Cristo y por el Espíritu Santo. Jesús declaró, "Nadie puede venir a mí si no lo trae el Padre que me envió, y yo lo resucitaré en el día final". (Juan 6:44) Aquellos que vienen a Cristo en el nuevo nacimiento, en realidad, están revelando que sus acciones no son totalmente suyas, sino que han sido "forjadas en Dios" desde el principio. (Juan 3:21)

FE Y ARREPENTIMIENTO

Otro error Evangélico común relacionado a la conversión merece que se trate aquí, porque sus raíces son Semipelagianas. Este pensamiento sostiene que el arrepentimiento precede a la conversión. La lógica establece que los pecadores deben rechazar sus prácticas pecaminosas para que estén presentables ante Cristo. Una vez el pecado es abandonado, la fe en Jesús viene a ser el paso final desde el lado humano. El recompensa a aquellos que satisfactoriamente ejecutan las acciones preparatorias que Él juzga digna de redención, y desata Su gracia para finalizar el proceso.

El Reformador Juan Calvino perspicazmente descartó tal pensamiento no bíblico en su *Institución de la Religión Cristiana*. Calvino expresa que, "Hay algunos que, sin embargo, suponen que el arrepentimiento precede a la fe, en vez de fluir de ella, o es producida por ella como el fruto de un árbol". "Ahora debe ser un hecho incontrovertible que el arrepentimiento no solo constantemente sigue la fe, sino que también nace de la fe".[49] (III.3.1) El instante que el pecador recibe a Jesús como Redentor, se produce el don de fe, actualizando el nuevo nacimiento del pecador. El Espíritu Santo ahora habita en el nuevo creyente, dándole poder para que realice pasos de arrepentimiento genuino. A la luz de la presencia de Cristo, el creyente es capaz de distinguir la oscuridad del pecado y alejarse del mismo. Sin la fe que ya está presente a través de un encuentro viviente con Cristo, el verdadero arrepentimiento es imposible. El pecador sin ayuda de la gracia divina no tiene la habilidad de discernir o el poder para alejarse de las prácticas pecadoras.

LA TRAMPA DE LA EJECUCIÓN

Los errores Semipelagianos relacionados con el proceso de santificación son evidentes en varios grupos. Estos Cristianos caen en la trampa de vivir orientados a la ejecución. Piensan que porque vivieron para el diablo previo a nacer de nuevo, ahora tienen que compensar viviendo para Jesucristo, como si el fuera ahora un espectador en el cielo evaluando el comportamiento Cristiano. La ejecución que a Él le agrada, Él la premia con Su sanción y bendición divina. El disciplina la ejecución que está por debajo de sus expectativas. Los creyentes que desean bendiciones y manifestaciones superiores piensan que deben demostrar niveles altos de fe. Toman sobre sí mismos el reto de iniciar prácticas espirituales, seguros de cualificarlas por imparticiones sobrenaturales poco comunes.

Esta orientación se convierte en una trampa, porque la oración, el ayuno, la lectura y la meditación de la Biblia, el hablar en lenguas, la alabanza y la adoración, etc., son actividades legitimas nunca establecidas con el objeto de ser usadas como méritos ofrecidos a Dios para solicitar Su presencia manifiesta y privilegios sobrenaturales. Tales favores no deben ser comprados por obras, sino que deben ser apropiados como dones de la presencia de Cristo que está habitando ya en cada creyente.

LEGALISMO EN GALACIA

El Cristianismo orientado a la ejecución, en su raíz, es una versión refrescante del Evangelio, similar a la perspectiva problemática que estaba plagando la iglesia de Galacia en los días del apóstol Pablo. Al reprender a los Gálatas por su mentalidad legalista, Pablo afirma, "¿Tan insensatos sois? Habiendo comenzado por el Espíritu, ¿vais a terminar ahora por la carne?" (Gálatas 3:3) Los Gálatas habían comenzado bien al ganar su libertad por la fe simple en la respuesta a la proclamación de Pablo del Evangelio de gracia. Pero ciertos Judaizantes amenazaron en robarles de su libertad al intentar forzarlos a obedecer la Ley Mosaica como una condición para mantener la presencia y las bendiciones de Dios. Pablo le declara a la iglesia de los Gálatas que, "Para libertad fue que Cristo nos hizo libres; por tanto, permaneced firmes, y no os sometáis otra vez al yugo de esclavitud". (Gálatas 5:1) Pablo explicó que los Cristianos están llamados a permanecer en Cristo y caminar en fe por el Espíritu Santo. Depender en estándares de ejecución externos, sea que la Ley de Moisés o cualquier fórmula de buenas obras sea empleada como un paso condicional para adquirir la presencia y los beneficios de Dios, es alejarse de la gracia de Dios a un ardid de la carne para trabajar con Dios.

Dirigido Por el Espíritu

El Evangelio combate la orientación a la ejecución Semipelagiana afirmando dos verdades críticas. 1) La fe no es una ejecución, sino una continua sumisión a la iniciativa del Espíritu Santo, dirigiendo nuestras vidas de acuerdo al Señorío de Jesucristo. 2) Los Cristianos no viven **para** Jesús, sino que, han muerto a su vida propia y se han convertido en **vasos habitados por Cristo** a través de la presencia del Espíritu. Temprana en esta carta, Pablo juntó todos los elementos de vivir en la libertad del Evangelio de gracia. "Con Cristo he sido crucificado, y ya no soy yo el que vive, sino que Cristo vive en mí; y la vida que ahora vivo en la carne, la vivo por fe en el Hijo de Dios, el cual amó y se entregó a sí mismo por mí". (Gálatas 2:20) La presencia, bendiciones y poder de Jesús no son metas externas a ser adquiridas por una ejecución espiritual superior, sino que son dones libremente conferidos que acompañan la presencia de Cristo. El Espíritu no responde a la obra del creyente, sino que dirige al creyente a responder a la obra de Cristo en Su continua misión en la tierra.

La Tendencia de Resistir la Gracia de Dios

Los Cristianos modernos continúan cayendo victimas de la

trampa que ha entrampado a multitudes de creyentes desde los días de Pablo. Tenemos dificultad creyendo verdaderamente que nuestro Evangelio es un Evangelio de gracia. En vez de recibir agradecidamente a Jesucristo y la dotación plena de los dones y beneficios asociados con Su bautismo en el Espíritu, somos tentados a regresar a la carnalidad al intentar realizar algo para Dios para reciprocar por nuestra buena fortuna. Queremos demostrarle a Dios, a otros, y a nosotros mismos, que El tomó la decisión correcta cuando nos seleccionó. Nos repele el pensamiento de ser objetos de caridad, escogidos puramente fuera de Su deseo de mostrar misericordia en lugar de algo dentro de nosotros que amerite Su favor.

Tratando de Competir Con Dios

Aun así cuando fallamos en aceptar nuestro estatus de libertad en Cristo, solamente en base a Su voluntad graciosa, rápidamente nulificamos nuestra libertad al convertirnos otra vez en esclavos del egocentrismo carnal. Intentando de añadir nuestros logros a la incomparable historia del triunfo redentor de Cristo, solo tenemos éxito en detractar Su éxito y rever que verdaderamente no comprendemos que nuestra posición en Cristo fue sellada para nosotros, mientras estábamos absolutamente impotentes. Cuando los Cristianos se encuentran tratando de impresionar a Dios, de ser igual a, de realizar algo para Dios, o para obtener la bendición de su vida abundante por medio de ejecuciones espirituales, están exhibiendo síntomas de un comportamiento inmaduro y carnal. Pablo demuele la orientación de ejecución del Semipelagianismo: "Porque no me atreveré a hablar de nada sino de lo que Cristo ha hecho por medio de mí...". (Romanos 15:18)

Gloria Total al Señor

Aquellos libertados por el Evangelio no dan lugar a gloria propia. Reconocen el obrar de Dios en todas las cosas buenas, y se deleitan en ofrecerle total y exclusiva gloria. El salmista entendió la verdad básica. "Porque yo no confiaré en mi arco, ni me salvará mi espada; ... En Dios nos hemos gloriado todo el día, y por siempre alabaremos tu nombre". (Salmo 44:6, 8) Una vez más regresamos a Pablo para una revelación definitiva de la necesidad del creyente de dar el reconocimiento debido por cada parte de la vida abundante y eterna impartida a través de la gracia de Dios en Cristo Jesús. "Mas por obra suya estáis vosotros en Cristo Jesús, el cual se hizo para nosotros sabiduría de Dios, y justificación, y santificación, y redención, para que, tal como está escrito: El que se gloría, que se gloríe en el Señor". (I Corintios 1:30-31)

Capítulo 22
Jesús: Primero un Don, Luego Ejemplo
Jesús como Ejemplo: Dependencia del Espíritu

Ejercicio en Futilidad

La Ley: Dentro de una Estructura de Fracaso

Muerte al Modo Natural

Fracaso del Ideal Liberal

Jesús: Amnesia Temporera

Jesús: Desarrollo Humano Natural

La Fuente de la Vida Divina de Jesús

Humanidad Real, Obediencia Real

Humanidad Sin Pecado es Humanidad Sometida

El Espíritu Santo: La Fuente de Jesús y la Nuestra

El Vivir Humano Auténtico Requiere lo Sobrenatural

El Control del Espíritu Abre la Dimensión Sobrenatural

Jesús Único como Dios y Salvador Encarnado

Nosotros Emulamos a Jesús en Su Sumisión Total al Padre

CAPÍTULO 22

JESÚS: PRIMERO UN DON, LUEGO EJEMPLO

JESÚS COMO EJEMPLO: DEPENDENCIA DEL ESPÍRITU

Procediendo a la segunda mitad de la declaración de Lutero, "Cristo es primero un don, luego un ejemplo", dirigimos nuestra atención a la verdad que Jesús es nuestro ejemplo. Algunos lectores pueden dudar que existe una base bíblica para tal afirmación. Encontramos evidencia sólida del apóstol Pedro. "Porque para este propósito habéis sido llamados, pues también Cristo sufrió por nosotros, dejándoos ejemplo para que sigáis sus pisadas, . . ." (I Pedro 2:21) El apóstol Juan ofrece refuerzo adicional. "El que dice que permanece en El, debe andar como El anduvo". (I Juan 2:6) Juan continúa, ". . . pues como El es, así somos también nosotros en este mundo". (I Juan 4:17) Más Jesús no es un héroe muerto, cuyas enseñanzas y estilo de vida deben seguirse como un modelo de inspiración contemporánea y emulación. Por causa de Su resurrección y la impartición del Espíritu Santo, Jesús es el único héroe muerto que ha regresado a la vida para habitar y dirigir la vida de Su gente.

EJERCICIO EN FUTILIDAD

Después de haber expuesto la falacia del Semipelagianismo en capítulos previos, debe ser incuestionable que las personas que dependen solamente de sus propias facultades naturales, sin la presencia y la habilitación del Espíritu Santo, no tienen posibilidad de seguir el ejemplo de Jesús. Aun el intentar semejante esfuerzo es un ejercicio en futilidad. Si Jesús mismo hubiese intentado vivir la vida puesta ante Él sin la habitación del Espíritu proporcionada por Su Padre, hubiese fracasado miserablemente. En Su humanidad, Jesús nunca estuvo sin la llenura del Espíritu Santo (Juan 3:34-35). El Espíritu Santo fue la fuente de Su habilidad para hablar las palabras y para realizar las obras de Su Padre celestial. Su rendición absoluta y dependencia total en el Espíritu Santo habilitó a Jesús el cumplir completamente Su misión y destino personal.

LA LEY: DENTRO DE UNA ESTRUCTURA DE FRACASO

Una ilustración paralela puede ser encontrada en el dilema enfrentado por los Judíos cuando les fue presentada la obligación de vivir por el estándar de conducta especificado por la Ley Mosaica. Los mandamientos de Dios regularon cada área de la vida humana, y nadie era capaz de cumplir completamente con sus estatutos. La Ley despertó reacciones mixtas en los Judíos. Aunque la gloria de Dios fue revelada a través de la Ley, aún así la Ley también magnificó el pecado humano (Romanos 3:20). La Ley fue dada para un propósito dual. Fue dada para revelar algo del carácter de Dios y de Sus obligaciones conductuales a ser seguidas en una relación de pacto entre Su pueblo. No obstante, más allá de su propósito como código de conducta, la Ley fue dada para revelar la finitud, futilidad y fracaso de la humanidad caída de agradar a Dios fuera de Su provisión de Mesías. El fracaso fue instituido dentro del sistema de adoración Judío, donde los sacrificios de animales fueron necesarios como una expiación de sacrificio por los pecados humanos. Tales sacrificios expiatorios prefiguraron la venida del Mesías, cuya propia sangre fue derramada como sacrificio permanente y expiación por los pecados de la gente. La Ley Mosaica trajo a la luz el pecado humano y confrontó a los

Judíos con la realización de que su única esperanza de obtener la justicia de Dios sería a través de su dependencia en el don del Mesías, el propio Hijo de Dios.

Muerte al Modo Natural

Cuando Jesús el Mesías murió en la cruz del Calvario, todos los intentos por la humanidad natural de obtener justicia personal y ganar el favor de Dios, encontraron su muerte. Después del Calvario, la única manera aceptable de experimentar una relación con Dios es abandonar todos los esfuerzos de iniciativa personal y rendirse a la iniciativa graciosa de Dios. Dios no a provisto otro modo de entrar a una relación consigo mismo que el aceptar libremente el don de Su único Hijo Jesús. El momento que Jesús es recibido, el Espíritu Santo viene a morar en la vida del creyente. De todo el que le recibe, Jesús reclama Su derecho como Señor de esa vida y comienza el proceso de ejercitar Su iniciativa de ganar y mantener el control total. La misión y destino personal de la vida del creyente individual puede ser alcanzada solamente cuando al Espíritu Santo le es dada la libertad de imponer el Señorío de Jesús en cada faceta del pensamiento y la acción.

Fracaso del Ideal Liberal

Particularmente en el contexto del Protestantismo Liberal en la Europa del siglo 19, la revelación bíblica de Jesús fue reemplazada por una imagen de Jesús como de un idealista romántico que modeló amor por Dios y preocupación por Sus compañeros humanos. Jesús fue representado como la personificación de la integración cultural del amor universal por todas las personas y el modelo general de cómo todos debemos amar a Dios y a otros. El pecado era simplemente la ausencia de un interés amoroso el cual podía ser remediado modelando el amor que Jesús ejemplificó. Este elevado idealismo ciertamente inspiró un sentido temporal de buena voluntad y altruismo, pero finalmente dejó en su rastro el indudable sabor amargo de desaliento y derrota. Los ideales que no están apoyados por la fundación sólida de la Verdad, se caen estrepitosamente y se hacen añicos ante los ataques frontales del pecado. El estilo de vida de Jesús de amor consistente, permanece como una acusación constante contra las prescripciones humanistas extravagantes que se encuentran rezumando con intenciones positivas y resoluciones piadosas. El pecado debe ser crucificado en la cruz de Jesús, y la vida regenerada por la invasión del Espíritu Santo.

Jesús: Amnesia Temporera

Parte de la humillación de la Encarnación para el Hijo de Dios fue Su voluntario, aunque temporero rendimiento de los privilegios y prerrogativas de Su posición en la Trinidad. Por nuestro beneficio y por nuestra salvación, Él voluntariamente se limitó a sí mismo a las condiciones de la humanidad encarnada. El apóstol Pablo captura lo profundo de la condescendencia voluntariamente soportada por el Hijo de Dios. "... el cual, aunque existía en forma de Dios, no consideró el ser igual a Dios como algo a que aferrarse, sino que se despojó a sí mismo tomando forma de siervo, haciéndose semejante a los hombres". (Filipenses 2:6-7) La memoria de Su vida previa dentro de la Trinidad le fue indisponible temporalmente. Esto legítimamente puede ser llamado un estado de amnesia temporal. Cuando asumió Su nueva identidad como Hijo de Hombre, no continuó participando de la conciencia y experiencia de Su naturaleza divina. Ciertamente Él mantuvo Su identidad divina. Una buena parte de Su misión redentora fue el comunicar a un mundo escéptico que Él era el Hijo de Dios. Pero Su naturaleza y experiencia divina no le estaban disponibles cuando asumió su identidad humana como Jesús de Nazaret.

Jesús: Desarrollo Humano Natural

Como Jesús de Nazaret, Él completamente entró a vivir como humano desarrollándose naturalmente dentro de condiciones de finitud. Como Lucas revela, "Y el niño crecía y se fortalecía, llenándose de sabiduría; y la gracia de Dios estaba con El. ...Y Jesús crecía en sabiduría, en estatura, y en gracia para con Dios y los hombres". (Lucas 2:40, 52) Aunque Su naturaleza inherente era divina, El voluntariamente restringió Su acceso a los recursos de Su divinidad a fin de ser real a la esfera de Su humanidad. Conscientemente, El sabía que Él era el Hijo de Dios, pero no tenía memoria de Su vida y experiencia como miembro de la Trinidad. Su única memoria consiente era Su vida como hijo de María. Sabía que tenía una identidad mas allá de Su vida y experiencia humana, pero rindió Su acceso natural a Su identidad natural desde la concepción a la tumba.

Mientras se desarrollaba dentro de Su identidad humana, Jesús estaba "muerto" a Su naturaleza divina. Jesús habló frecuentemente de la "cruz" antes que literalmente experimentara la muerte en la cruz del Calvario. Su cruz, antes del Calvario, en parte, fue la crucifixión que estaba viviendo en conexión con Su posición divina. Jesús era completamente Dios, y sabía eso, pero los privilegios y prerrogativas asociados con Su vida divina no le estaban disponibles como Hijo de Dios. En momentos, Jesús debió haber anhelado haber salido de Su humanidad y despertar a Su experiencia como Hijo eterno de Dios. No obstante, la misión que debía alcanzar, como Mesías y Salvador, hizo necesario que se sometiera completamente a la posición y naturaleza de Adán. Como el Segundo Adán, Su obediencia a la voluntad del Padre necesitaba ser auténticamente humana. La confianza en Su naturaleza divina habría contradicho la autenticidad de Su naturaleza y experiencia humana.

La Fuente de la Vida Divina de Jesús

No obstante, la vida humana de Jesús, desde la concepción en adelante nunca fue gobernada únicamente por las capacidades naturales humanas. La presencia de divinidad estaba siempre en El. Sin embargo, la presencia de divinidad en la cual dependía no fue Su naturaleza como Hijo de Dios. Habiéndose rendido a la voluntad del Padre para someterse a la Encarnación, renunció a cualquier derecho a utilizar los recursos de Su naturaleza divina. Pero otra dimensión de Su presencia divina fue hecha disponible por el Padre para el Hijo de Hombre. Como el apóstol Pablo asevera, "... pues Dios mismo le da su Espíritu sin restricción. El Padre ama al Hijo, y ha puesto todo en sus manos". (Juan 3:34-35, NIV) El Espíritu Santo habitó y llenó la vida humana de Jesús, para que la divina presencia y capacidad sobrenatural estuviera siempre con El. Que la presencia de divinidad dentro de la humanidad de Jesús era le Espíritu Santo, y no Su propia naturaleza divina como Hijo de Dios, es un asunto de inmenso significado doctrinal.

HUMANIDAD REAL, OBEDIENCIA REAL

En este momento es crítico notar que Jesús en Su vida encarnada no tenía acceso a la extensión completa de las capacidades divinas que inherentemente poseía en la Trinidad como la Palabra eterna e Hijo de Dios. Voluntariamente se sometió a las condiciones y limitaciones de la Encarnación porque nuestra salvación requería que viniera a la tierra como el Segundo Adán. Su obediencia tenía que ser real, ya que tenía que ser la obediencia de uno que fuera totalmente humano. El apóstol Pablo muestra que el Segundo Adán debe revertir el pecado original de Adán para que la redención sea posible. "Porque así como por la desobediencia de un hombre los muchos fueron constituidos pecadores, así también por la obediencia de uno los muchos serán constituidos justos". (Romanos 5:19) Jesús era completamente humano como nosotros somos humanos, excepto que El no conoció pecado. (Hebreos 4:15) Solamente porque Jesús se sometió a la humillación de la Encarnación, aceptando las consecuencias de convertirse en verdadero humano, puede por consiguiente ser considerado legítimamente un ejemplo para aquellos que toman ventaja de Sus capacidades inherentemente divinas que han estado a Su disposición por siempre en la Trinidad. El no violó los limites auténticos de la naturaleza humana que vinieron a ser suyos cuando emergió del vientre de Su madre.

HUMANIDAD SIN PECADO ES HUMANIDAD SOMETIDA

Jesús era un humano auténtico, pero no un humano independiente. No estaba dispuesto a depender en los recursos de Su propia humanidad independiente, sino que solo pensó e hizo lo que Su Padre inició a través de Él. Eso significa que las palabras y obras de Jesús no eran suyas propias, en el sentido de tener su origen en la mente natural humana aparte de la intervención del Padre. El sólo dijo y realizó las palabras y obras del Padre, por lo tanto todo lo que fluyó de la vida de Jesús era de origen divino. Así como Jesús dijo, "¿No crees que yo estoy en el Padre, y el Padre en mí? Las palabras que yo os digo, no las hablo por mi propia cuenta, sino que el Padre que mora en mí es el que hace las obras". (Juan 14:10) La divinidad que Él expresó no era Su divinidad inherente según la Palabra y el Hijo, pero su fuente era de otro miembro de la Trinidad. El rol de Jesús como modelo de comportamiento humano deseado tiene validez porque la fuente de agencia divina en Él, impulsándolo y dándole poder para realizar las obras del Padre, es el Espíritu Santo.

EL ESPÍRITU SANTO: LA FUENTE DE JESÚS Y LA NUESTRA

Dos asuntos se destacan. Primero, toda la humanidad necesita la presencia de la divinidad para poder realizar el potencial completo de la vida, sin embargo la divinidad no esta inherentemente presente en la naturaleza humana. Por consiguiente, la presencia divina necesitada por la humanidad debe venir de una fuente externa. Segundo, Jesús modeló la vida humana vivida en la plenitud del Espíritu Santo. Que Él cualificó como un modelo de dependencia humana sobre la presencia divina significó que Su fuente no era Su propia divinidad, sino que vino de la provisión de Su Padre del Espíritu Santo, la misma provisión el Padre hizo disponible a cualquier recipiente humano dispuesto.

Jesús era divino, pero la realidad sobrenatural que experimentó durante Su peregrinación terrenal no fluyo de Su naturaleza divina. La dimensión de lo sobrenatural que Jesús experimentó era derivada de la provisión del Padre del Espíritu Santo. Cuando Jesús ejemplificó una abundancia de sabiduría y poder divino, lo hizo sin violar la naturaleza y condiciones de humanidad auténtica. Su experiencia, por consiguiente, nos modela la posibilidad bien real de ser dirigidos, equipados y habilitados con poder por una fuente no encontrada en nuestra humanidad natural. Como se nos ha dado el don del Espíritu Santo, tenemos el privilegio de penetrar dentro de la misma fuente de lo sobrenatural experimentada por Jesús mismo.

El Vivir Humano Auténtico Requiere lo Sobrenatural

Este significa que la capacidad humana natural sola está inhabilitada para la tarea de emular el estilo de vida de Jesús. Jesús reveló que el vivir humano auténtico trasciende las capacidades naturales. La humanidad no solo fue creada con la capacidad de relacionarse con Dios, sino de ser un receptáculo viviente de vida divina. La humanidad está regulada por condiciones naturales que corresponden a la finitud, sin embargo también está dotada con la capacidad de recibir y experimentar la infinitud. Puede ser dicho que no es antinatural para los humanos el participar en lo sobrenatural. La humanidad está hecha con el potencial de cruzar de un lado a otro en ambas dimensiones: la natural y la sobrenatural. No obstante la sobrenatural debe regular o gobernar la natural. Pablo lo llama, el caminar de acuerdo al Espíritu (Romanos 8:4). Cuando la natural intenta gobernar la sobrenatural, entonces una condición carnal aparece la cual contrista el Espíritu Santo (Romanos 8:6-8).

Jesús estableció el ejemplo para los Cristianos recién nacidos en que El nunca permitió que Su naturaleza Adámica dominara Su humanidad. El tomó la determinación de que Su voluntad humana solo respondería a la voluntad de Su Padre celestial, como le fue revelado por el Espíritu Santo. Cuando Jesús completó Su misión redentora al darse a sí mismo a morir en la cruz del Calvario, estableció para todos los creyentes nacidos de nuevo que vienen hacia Él, la posibilidad de obedecer las directivas del Espíritu antes que rendirse a las tendencias de la existencia carnal. Cuando uno es un creyente, la esfera natural ya no define los límites de la capacidad humana. Los creyentes tienen la presencia del Espíritu para abrir la esfera completa de lo sobrenatural indisponible a la humanidad natural.

El Control del Espíritu Abre la Dimensión Sobrenatural

Siendo más especifico, el creyente ha muerto al comportamiento de la esfera natural, habiéndose identificado con la cruz de Jesús en el bautismo, y se ha regresado al Espíritu Santo para que le provea los recursos apropiados de la naturaleza sobrenatural para la nueva vida desplegándose ahora bajo el Señorío de Jesús. Sea que las tareas sean claramente extraordinarias o aparentemente pequeñas y mundanas, asumen un carácter radicalmente diferente para el creyente ya que ahora son alcanzadas a través de una fuente diferente. Los pensamientos y las acciones no se llevan a cabo a través de la confianza en sí mismo, sino que la sumisión inicial al control del Espíritu Santo ahora energiza el comportamiento del creyente. La respuesta voluntaria del creyente es ceder ahora a la presencia y habilitación del Espíritu en el ejercicio de un pensamiento o acción dado.

Jesús Único como Dios y Salvador Encarnado

Solamente en este contexto es posible considerar la vida extraordinaria de Jesús como un modelo para la emulación. Por supuesto, hay aspectos de la vida de Jesús que no tienen como objeto el ser emulados. El más notable es que Jesús es Dios Encarnado. El es la Palabra e Hijo de Dios eterno, hecho carne por motivo nuestro y nuestra salvación. El es la única Encarnación de Dios. Ninguna otra persona es ambos, Dios y hombre. No es posible, ni es deseable el emular a Jesús como el absolutamente único Dios / hombre. En adición, Jesús es el Mesías judío y Salvador del mundo. Esta misión única, tuvo como objeto el ser realizada por Él, y no por nadie más. El satisfizo cada requerimiento en la realización de esta misión única, y Su estatus como Mesías / Salvador jamás será alterado. Jesús es el Mesías judío, y los judíos jamás necesitarán otro. Jesús es el Salvador del mundo, y el mundo jamás necesitará otro. El rol de Jesús como Dios encarnado, como Mesías judío, y como el Salvador del mundo no están abiertos a imitación o emulación. Aquel que se coloque a sí mismo en tal posición o es demente o simplemente un impostor engañado.

Nosotros Emulamos a Jesús en Su Sumisión Total al Padre

No obstante otros aspectos de la vida de Jesús son para nuestra emulación. Como judío, Jesús no solo acató los estándares de la Ley Mosaica, sino que fue más allá del mero cumplimiento legal. El puso en marcha el mandamiento de amar a Dios, al prójimo y a uno mismo como la suma de todo lo que la Ley del Antiguo Testamento y los profetas requirieron de todo el que desea realizar la voluntad de Dios. El modeló para todo el que viniera después de Él lo que significa vivir en completa adherencia al mandamiento supremo de amor. Jesús llama a todos a hacer como Él hizo, en emular Su compromiso de vivir Su vida en una relación personal con Su Dios Padre, nunca romper la comunión intima y nunca descarriarse en desobediencia de palabra o hecho. Él es nuestro modelo en su negativa de tomar iniciativa propia en cualquier cosa, más estuvo dispuesto a responder a la iniciativa de Su Padre en llevar a cabo las palabras y las obras que Su Padre propuso para Él. Y en la implementación de las palabras y las obras de Su Padre, nunca falló en cederle Su puesto a la presencia y la habilitación del Espíritu que estaba operando a través de Él, como el agente divino de implementación proveniente del Padre.

Si Jesús hubiese realizado las obras del Padre a través de la dependencia en Su divinidad inherente, entonces no hubiese cualificado como nuestro ejemplo. Nosotros no tenemos, ni tendremos jamás una naturaleza divina que sea la fuente de nuestras palabras y obras. Pero si el mismo Espíritu Santo provisto por el Padre para que Jesús dependiera de El, es también provisto para nosotros, entonces ahora existe la posibilidad de que Jesús sea nuestro ejemplo.

Capítulo 23
Jesús: Primero un Don, Luego Ejemplo
Jesús como Ejemplo: Bautismo del Espíritu

El Bautismo del Espíritu es Dado para Ministrar con Poder

El Bautismo del Espíritu No Puede Ser Cronológicamente Distinto a la Conversión

Clara Distinción Lógica

Aparición Pos Resurrección

La Recepción Inicial de los Discípulos del Espíritu

Hay Más Que Alcanzar después de la Redención

Jesús: Bautista del Espíritu Santo

El Bautismo del Espíritu No Fue Dado Hasta el Día de Pentecostés

La Comisión Requiere Poder Sobrenatural

Proclamación Sin Poder, Después de Pentecostés

Jesús Todavía es el Bautista

Capítulo 23

Jesús: Primero un Don, Luego Ejemplo

Jesús como Ejemplo: Bautismo del Espíritu

El Bautismo del Espíritu es Dado para Ministrar con Poder

El poder simpatiza con la llenura de la vida de Jesús, el cual es la norma deseada para realizar la comisión de Jesús para Su iglesia, viene con el bautismo del Espíritu Santo. El bautismo del Espíritu, el cual representa la llenura inicial del Espíritu Santo con el propósito de ministrar con poder, es distinguido de la recepción del Espíritu Santo en la conversión, cuando el Espíritu Santo entra originalmente y habita en el individuo. Estas dos fases de la obra del Espíritu, pueden representar experiencias distintas en tiempo, o pueden recibirse simultáneamente, en tal manera que el recipiente las percibe virtualmente como una misma experiencia.

El Bautismo del Espíritu No Puede Ser Cronológicamente Distinto a la Conversión

Cornelio y su casa parecían haber experimentado ambas fases a la vez, porque a la vez que respondieron con franqueza a la predicación de Pedro del Evangelio, el Espíritu Santo realizó ambos, los convirtió y les dio poder casi simultáneamente. (Hechos 10:44-48) Sin embargo, en otro pasaje, las dos fases se diferencian más marcadamente. Pablo encontró en Efeso un grupo de doce hombres que habían recibido el bautismo de Juan el Bautista. Después de que Pablo le explicara el evangelio, creyeron en Jesús y fueron bautizados en Su nombre. Inmediatamente luego de su conversión, Pablo impuso sus manos sobre ellos para que recibieran el bautismo del Espíritu Santo. La Escritura señala, "vino sobre ellos el Espíritu Santo, y hablaban en lenguas y profetizaban". (Hechos 19:6) En este caso, el tiempo de diferencia fue breve. En otros casos, un período más largo de tiempo puede separar la recepción inicial del Espíritu Santo de un individuo en la conversión, de la experiencia de recibir poder que viene con el bautismo del Espíritu.

CLARA DISTINCIÓN LÓGICA

Dos fases pueden o no ser separadas en tiempo, lo cual es una distinción cronológica. Pero la consideración primaria no es cronológica sino lógica. De acuerdo al Nuevo Testamento, existe una distinción lógica entre la impartición del Espíritu en la conversión y la impartición del Espíritu que desata el poder. Los eventos bíblicos que establecen la distinción lógica de estas dos imparticiones son dignos de consideración en este contexto.

APARICIÓN POS RESURRECCIÓN

La conversión de la humanidad esperó la realización exitosa de la obra redentora de Jesús. Al Jesús rendir Su espíritu humano a la muerte de la cruz, con la cual completó Su parte en el cumplimiento profético de la redención, el Padre confirmó el mérito expiatorio de la muerte de Su Hijo al levantarlo de la tumba para ser el primogénito de una nueva humanidad redimida que eventualmente compartiría la humanidad resucitada e inmortal de Jesús. Por un período designado de cuarenta días, el Jesús resucitado permaneció en la tierra revelándose a sí mismo a Sus discípulos. Un momento fundamental llegó cuando Jesús se encontró por primera vez con Sus discípulos como grupo. Después de saludarlos, Jesús estableció Su identidad al enseñarles las heridas de Su crucifixión.

La Recepción Inicial de los Discípulos del Espíritu

Después de retarlos y confortarlos con Sus palabras, Jesús llevó el evento a su punto culminante cuando inició un momento de impartición que alteraría por siempre la naturaleza de la relación entre Dios y la humanidad. Jesús "sopló sobre ellos y les dijo: 'Recibid el Espíritu Santo'". (Juan 20:22) A medida que el Señor Dios creara primero la humanidad al respirar "en su nariz (de Adán) el aliento de vida," (Génesis 2:7) así también el Jesús resucitado recreó a la humanidad pecadora con Su aliento. El nuevo nacimiento, esencial para la vida eterna, estará disponible ahora a todo el que crea. Cuando los discípulos aquel día creyeron en Él, como el Señor de vida resucitado, el Espíritu Santo vino a morar en ellos por siempre.

Por el período de tres años que los discípulos pasaron con Jesús durante Su ministerio público, disfrutaron frecuentemente el acompañamiento del Espíritu Santo. Pero ahora, el Espíritu Santo vino a morar permanentemente en ellos, como infantes recién nacidos de una nueva creación. (II Corintios 5:17) Previo a la crucifixión, Jesús había predicho este momento. "Y yo rogaré al Padre, y Él os dará otro consolador para que esté con vosotros para siempre; es decir el Espíritu de verdad, a quien el mundo no puede recibir, porque ni le ve ni le conoce, pero vosotros sí le conocéis porque mora con vosotros y **estará en vosotros**". (Juan 14:16-17)

Hay Más Que Alcanzar Después de la Redención

La introducción del nuevo nacimiento indudablemente fue el evento más fundamental en la historia humana, sin el cual ningún ser humano verá jamás el reino de Dios. (Juan 3:3) Al completar la fase redentora de Su misión, el Jesús resucitado ahora ofrece libremente Su vida abundante y eterna a todo el que le recibe (Juan 1:12). Por otra parte, el triunfo redentor de Jesús le impulsó a otras fases de Su propósito que no eran posibles hasta que el nuevo nacimiento estuviera disponible.

Jesús: Bautista del Espíritu Santo

La función más crítica asumida por Jesús después de conceder el nuevo nacimiento fue cumplir Su rol como bautista en el Espíritu Santo. Cada escritor del Evangelio repitió el anuncio realizado por Juan el Bautista de que el Mesías vendría bautizando en el Espíritu Santo. (Mateo 3:11, Marcos 1:8, Lucas 3:16, Juan 1:33) El Nuevo Testamento es claro en que el bautismo del Espíritu Santo de los discípulos fue una experiencia decididamente diferente a la recepción del Espíritu Santo para el nuevo nacimiento. (Juan 20:22) El bautismo del Espíritu es identificado como una concesión de poder, que equipa a los creyentes para su misión la cual requiere una habilitación sobrenatural. Después de recibir su comisión, los discípulos fueron instruidos por Jesús a no lanzarse inmediatamente, sino que fueran a Jerusalén a esperar hasta que fueran "investidos con poder de lo alto. (Lucas 24:49)

El Bautismo del Espíritu No Fue Dado Hasta el Día de Pentecostés

Jesús reiteró Sus instrucciones en el día que ascendió al cielo. "Y reuniéndolos, les mandó que no salieran de Jerusalén, sino que esperaran la promesa del Padre: 'La cual', les dijo, 'oísteis de mí; pues Juan bautizó con agua, pero vosotros seréis bautizados con el Espíritu Santo dentro de pocos días'". Continuó diciendo, "...pero recibiréis poder cuando el Espíritu Santo venga sobre vosotros; y me seréis testigos en Jerusalén, en toda Judea y Samaria, y hasta los confines de la tierra". (Hechos 1:4-5, 8) Fue en el día de Pentecostés, mientras los discípulos estaban en una habitación en Jerusalén juntos en oración que recibieron su bautismo de poder. Un ruido del cielo como de una ráfaga de viento violenta llenó la casa donde los discípulos estaban esperando. Aparecieron lenguas de fuego descansando sobre cada uno de los 120 miembros de la iglesia de Jesús. Todos fueron llenos del Espíritu Santo, y "comenzaron a hablar en otras lenguas, según el Espíritu les daba habilidad para expresarse". (Hechos 2:2-4) Abarrotaron las calles de Jerusalén continuando articulando sus expresiones ininteligibles. Para su asombro, personas de varias naciones fueron capaces de entender lo que estaban diciendo. ". . . les oímos hablar en nuestros idiomas de las maravillas de Dios". (Hechos 2:11)

La Comisión Requiere Poder Sobrenatural

Un grupo se aglomeró y Pedro se levantó a predicar. El identificó la experiencia sobrenatural que era observada por las personas como el bautismo del Espíritu Santo proveniente del Jesús que ascendió al cielo. "Así que, exaltado a la diestra de Dios, y habiendo recibido del Padre la promesa del Espíritu Santo, ha derramado esto que vosotros veis y oís". (Hechos 2:33) Indudablemente, nada menos que el poder proveniente de arriba sería suficiente para armar a los discípulos para cumplir la labor específica establecida por Jesús previo a Su ascensión. "Y les dijo: 'Id por todo el mundo y predicad el evangelio a toda criatura. El que crea y sea bautizado será salvo; pero el que no crea será condenado. Y estas señales acompañarán a los que han creído: en mi nombre echarán fuera demonios, hablarán en nuevas lenguas; tomarán serpientes en las manos, y aunque beban algo mortífero, no les hará daño; sobre los enfermos pondrán las manos, y se pondrán bien'". (Marcos 16:15-18) Solamente el bautismo del Espíritu Santo, expresando la promesa del Padre de poder de lo alto, puede abrir para los discípulos la dimensión de lo sobrenatural requerida por la comisión de Jesús.

Proclamación Sin Poder, Después de Pentecostés

Más de veinte siglos después, esa misma comisión se mantiene firme como un mandato para la iglesia. Sin embargo, la mayoría de los siglos han venido y se han ido con generaciones de Cristianos tratando de realizar su comisión sin los recursos sobrenaturales del bautismo del Espíritu. Esto significa que la mayor parte de la historia de la iglesia ha encontrado a la iglesia participando en la empresa evangelística sin las señales sobrenaturales que atestan del Espíritu Santo. Jesús le prohibió a Sus primeros discípulos el lanzarse a la evangelización sin la recepción del bautismo del Espíritu. No obstante, generación tras generación Cristianos se han venturado en evangelismo sin la vestimenta necesaria del "poder de lo alto". Han confiado en la proclamación sin el poder, una práctica que absolutamente no tiene fundamento bíblico. Cuando el Jesús que ascendió derramó el bautismo en el Espíritu sobre Sus discípulos originales, estableció un patrón de ministerio con la intención de ser seguido por cada generación subsiguiente de creyentes. "Y ellos salieron y predicaron por todas partes, colaborando el Señor con ellos, y confirmando la palabra por medio de las señales que la seguían". (Marcos 16:20)

Jesús Todavía es el Bautista

Jesús estableció un precedente para la vida normativa de la iglesia al asumir Su rol en el cielo como el bautista en el Espíritu Santo. Nunca a abandonado ese rol. El está tan deseoso hoy como lo estaba el Día de Pentecostés a derramar "la promesa del Padre" del "poder de lo alto" sobre cualquier creyente rendido y sometido. Porque Jesús mismo es el bautista en el Espíritu Santo, ningún creyente debe rehusarse a ser bautizado en el poder del Espíritu. Simplemente es un asunto de obedecer el plan de Jesús para la implementación de la Gran Comisión en la tierra.

Capítulo 24
Jesús: Primero un Don, Luego Ejemplo
Jesús como Ejemplo: Receptor del Espíritu

Fuente de Milagros
Patrón para la Iglesia
Jesús, es ambos, Dador y Receptor del Espíritu Santo
Modeló Completa Sumisión al Espíritu
Santificación Por el Espíritu
Unción de Poder Por el Espíritu
El Rol del Espíritu en la Concepción de Jesús
Descartando al Espíritu
La Perspectiva de Juan
Desarrollando Conciencia del Rol del Espíritu
De Habitación a Bautismo del Espíritu
Unción Sobrenatural
La Humanidad Frágil y el Espíritu
Su Unción es para la Iglesia
Demostración del Espíritu y del Poder

CAPÍTULO 24

Jesús: Primero un Don, Luego Ejemplo

Jesús como Ejemplo: Receptor del Espíritu

Fuente de Milagros

La oposición Cristiana por demasiado tiempo a alzado falsamente a Jesús en un pedestal al atribuirle los milagros que realizó a Su majestad divina. Aunque Jesús merece toda nuestra alabanza por Su legado de obras milagrosas, no nos estamos detractando de la alabanza que El se merece porque reconocemos que Sus milagros fueron realizados a través de la unción del Espíritu que estaba sobre El. Que ministrara tan poderosamente sin depender de los recursos de Su propia naturaleza divina es un logro de una magnitud mayor que si hubiese insistido en utilizar Su divinidad.

Patrón para la Iglesia

Además, al realizar obras milagrosas en la debilidad de Su humanidad, mientras dependía en el poder del Espíritu, Jesús estaba demostrando a Sus discípulos como Su ministerio sobrenatural debería continuar cuando El ya no estuviera físicamente presente. Si Jesús dependió del Espíritu para realizar obras milagrosas, también nosotros podemos. Si los Cristianos perciben las obras milagrosas de Jesús como estableciendo un patrón para lo que la iglesia debe lograr, entonces la fe es acrecentada dentro de la iglesia para continuar con el reto de la Gran Comisión. El animo es disminuido cuando los creyentes enfrentan una tarea intimidante sin ninguna confianza de que la ayuda sobrenatural está disponible. El aplaudir a Jesús por Su ministerio sobrenatural, mientras se cree que estamos impotentes para realizar obras similares, no le proporciona ninguna gloria.

Jesús, es ambos, Dador y Receptor del Espíritu Santo

El mismo Jesús que entró a Su rol como Bautista del Espíritu Santo en el Día de Pentecostés es Aquel que recibió y dependió en el Espíritu Santo en Su humanidad encarnada. Jesús, Dador del Espíritu Santo como Dios, también recibió el Espíritu Santo cuando vino a ser un humano por beneficio de la redención humana. Ya que la humanidad de Jesús era real, y no aumentó por los atributos de Su divinidad, Su dependencia en la presencia y en los recursos del Espíritu Santo era real. Vemos en el Jesús humano, el cual vivía en la llenura y unción del Espíritu Santo, un patrón de vida como debía ser vivido en la condición de la habitación y la unción del Espíritu.

Modeló Completa Sumisión al Espíritu

Jesús vivió Su vida encarnada con este propósito en mente. Deseó que Su existencia fuera un patrón para la iglesia de lo que significa vivir una vida en completa sumisión y conformidad con las operaciones del Espíritu Santo. El apóstol Juan entendió la relevancia de la vida humana de Jesús para la iglesia. "... como El es, así somos también nosotros en este mundo". (I Juan 4:17) Esto es verdad, en la santificación y en la habilitación de poder.

Santificación Por el Espíritu

Jesús se mantuvo a sí mismo separado del pecado, no por medios inherentes de santidad, sino rindiéndose completamente al control del Espíritu. La presencia santificadora del Espíritu está siempre disponible para ministrar a la humanidad los estándares de justicia. La santidad personal de Jesús fue mantenida sobre esa base. Jesús declaró en el Evangelio de Juan, "Y en ellos yo me santifico, para que ellos también sean santificados en la verdad". (Juan 17:19)

Unción de Poder Por el Espíritu

Además, la unción de poder de Jesús ejemplificada en Su ministerio público no era derivada de Su divinidad inherente sino de rendición total a la unción del Espíritu. En varias ocasiones, Jesús le dio autoridad y poder a Sus discípulos para realizar milagros, aun antes de que el Espíritu fuera desatado a habitar en ellos permanentemente. (e.g., Lucas 9:1-2) Los estaba preparando para lo que vendría luego, después de su bautismo en el Espíritu Santo, cuando sus vidas y ministerios serían caracterizados por los dones, señales y milagros sobrenaturales del Espíritu. Jesús enseñó a Sus discípulos a esperar un estilo de vida de la unción del Espíritu. "En verdad, en verdad os digo: el que cree en mí, las obras que yo hago, él las hará también; y aun mayores que éstas hará, porque yo voy al Padre". (Juan 14:12) Jesús deseó completamente que Su vida de santificación y poder fuera reproducida por aquellos que vienen después de Él, porque el Espíritu que llenó Su humanidad los llenará a ellos.

La fundación sólida por afirmar que el poder de Jesús fue derivado del Espíritu Santo y no de su divinidad inherente merece consideración adicional. Tradicionalmente, los eruditos han sesgado la perspectiva bíblica del rol mayor del Espíritu en la vida y el ministerio de Jesús por causa de su énfasis exagerado en la divinidad de Jesús. Los eruditos han fallado en aceptar las implicaciones completas de la doctrina de la Encarnación ya que han sido excesivamente defensivos al responder a las tendencias liberales que intentan robar a Jesús de Su divinidad.

El Rol del Espíritu en la Concepción de Jesús

Interesantemente, estos eruditos no ven ninguna amenaza en reconocer la posición significante del Espíritu en los orígenes de Jesús. Perciben el origen único de Jesús como el resultado de Su concepción milagrosa en el vientre de María por la semilla del Espíritu Santo. Según registrado por Lucas, el ángel Gabriel le reveló a María como Jesús sería concebido. "Y he aquí, concebirás en tu seno y darás a luz un hijo, y le pondrás por nombre Jesús'. . . .Entonces María dijo al ángel: '¿Cómo será esto, puesto que soy virgen?' Respondiendo el ángel, le dijo: 'El Espíritu Santo vendrá sobre ti, y el poder del Altísimo te cubrirá con su sombra; por eso lo santo que nacerá será llamado Hijo de Dios'". (Lucas 1:31, 34-35) Al darle peso al rol del Espíritu en la concepción milagrosa de Jesús, estos eruditos están reforzando la identidad divina de Jesús. Si fue concebido por el Espíritu Santo, en lugar de a través de orígenes naturales, la preexistencia de Jesús como Hijo eterno de Dios puede ser defendida.

Descartando al Espíritu

Una ves la concepción sobrenatural de Jesús es establecida, estos eruditos están listos a descartar el rol del Espíritu en la santificación y la concesión de poder de Jesús, atribuyéndole únicamente responsabilidad a Su divinidad inherente. El registro bíblico no corrobora esta interpretación. Al acreditar falsamente las obras alcanzadas a través de la capacitación del Espíritu al poder inherente de la divinidad de Jesús, lleva a conclusiones Cristológicas y teológicas erradas que tienen consecuencias de vasto alcance para el vivir Cristiano.

La Perspectiva de Juan

Se hubiese evitado mucho error si la erudición Cristiana hubiese interpretado fielmente el texto fundamental del apóstol Juan que revela la provisión abundante del Padre del Espíritu conferido sobre Jesús. No tan solo había nacido Jesús único por la concepción del Espíritu en Su madre María, pero, como Juan apropiadamente indicara, Jesús fue dotado con la llenura del Espíritu de Su concepción en adelante.[50] (Juan 3:34-35) Jesús fue provisto con la cantidad exacta del Espíritu Santo en Su concepción en el vientre de Su madre, no como un lujo, pero de absoluta de necesidad. La realidad de Su Encarnación requirió que la humanidad mortal y frágil de Jesús fuera sostenida por la presencia santificadora y dadora de poder del Espíritu.

Desarrollando Conciencia del Rol del Espíritu

Puesto que el Jesús encarnado no tenía el beneficio de Su divinidad omnisciente, requirió que desarrollara una conciencia de Su identidad y propósito Mesiánico. Su crecimiento y aprendizaje fue de acuerdo a los patrones de desarrollo humano. "Y el niño crecía y se fortalecía, llenándose de sabiduría; y la gracia de Dios estaba con El. . . Y Jesús crecía en sabiduría, en estatura y en gracia para con Dios y los hombres". (Lucas 2:40, 52) Jesús se habría dado cuanta de la posición prominente del Espíritu en Su vida al reconocer esos textos claves en el Antiguo Testamento que estaban establecidos ha ser cumplidos por El. Isaías proféticamente predijo que Jehová Dios pondría Su Espíritu sobre el Mesías. "He aquí mi Siervo, a quien yo sostengo, mi escogido, en quien mi alma se complace. He puesto mi Espíritu sobre El; El traerá justicia a las naciones". (Isaías 42:1) En el Evangelio de Mateo, esta profecía específica es apropiada personalmente por Jesús, indicando que El conocía que El Espíritu estaba sobre El. "Más Jesús, . . . los sanó a todos. Y les advirtió que no revelaran quién era El; para que se cumpliera lo que fue dicho por medio del profeta Isaías, cuando dijo: 'MIRAD, MI SIERVO, A QUIEN HE ESCOGIDO; MI AMADO EN QUIEN SE AGRADA MI ALMA; SOBRE EL PONDRÉ MI ESPÍRITU, Y A LAS NACIONES PROCLAMARÁ JUSTICIA'". (Mateo 12:15-18)

Otro prominente texto profético de Isaías figuró directamente en la formación del entendimiento propio de Jesús. "El Espíritu del Señor Dios está sobre mí, porque me ha ungido el Señor para traer buenas nuevas a los afligidos; me ha enviado para vendar a los quebrantados de corazón, para proclamar libertad a los cautivos y liberación a los prisioneros". (Isaías 61:1) Jesús escogió el momento correcto para leer este texto en la sinagoga en Su pueblo natal de Nazaret para descubrir públicamente que Él era El Ungido de quien Isaías estaba refiriéndose. "Llegó a Nazaret, donde se había criado, y según su costumbre, entró en la sinagoga el día de reposo, y se levantó a leer. Le dieron el libro del profeta Isaías, y abriendo el libro, halló el lugar donde estaba escrito: 'EL ESPÍRITU DEL SEÑOR ESTÁ SOBRE MÍ, PORQUE ME HA UNGIDO PARA ANUNCIAR EL EVANGELIO A LOS POBRES. ME HA ENVIADO PARA PROCLAMAR LIBERTAD A LOS CAUTIVOS',... Cerrando el libro, lo devolvió al asistente y se sentó; y los ojos de todos en la sinagoga estaban fijos en El. Y comenzó a decirles: Hoy se ha cumplido esta escritura que habéis oído'". (Lucas 4:16-21) Jesús aprovechó esta oportunidad para declarar públicamente, no solo que El estaba conciente que la unción del Espíritu descansaría en el Mesías, pero que Él era ese mismo Mesías.

DE HABITACIÓN A BAUTISMO DEL ESPÍRITU

El momento preciso era extremadamente importante en el despliegue de la fase del propósito mesiánico. Por ejemplo, Jesús había sido lleno con el Espíritu previo a Su nacimiento físico. Aun así esperó hasta tener los treinta años de edad, en la ocasión de su bautismo en agua por Juan el Bautista, para apropiarse del poder sobrenatural que acompañaría Su ministerio público. Previo a este punto, no sabemos de ningún milagro realizado por Jesús. La unción de poder del Espíritu que caracterizó los años de Su ministerio público no fue manifestada hasta Su bautismo en agua. Esta división de las operaciones del Espíritu en Jesús tendría implicaciones para la compañía redimida que vendría después de El. 1) La entrada y llenura del Espíritu establecida en la vida de Jesús desde Su concepción en el vientre, es igualada con la experiencia del nuevo nacimiento en la vida del Cristiano. La presencia e influencia santificadora del Espíritu en la humanidad de Jesús fue iniciada en Su concepción. Igualmente, el Espíritu toma un rol dominante en la vida del creyente en el momento de la conversión. 2) Jesús necesitó la unción sobrenatural del Espíritu para confirmar Su proclamación de la venida del reino de Dios cuando comenzó Su ministerio público. La unción de Jesús corresponde con la ocasión del bautismo del Espíritu en la vida del creyente, desatando señales y milagros sobrenaturales para confirmar la predicación del Evangelio a cada nación bajo el cielo. Cada Cristiano tiene algún rol en el cumplimiento de la Gran Comisión. El habitar del Espíritu que ocurre al momento de la conversión no es suficiente para satisfacer las demandas del mandato de Jesús. El bautismo del Espíritu Santo es el paso subsiguiente después de la conversión para equipar a cada creyente con los recursos sobrenaturales que se necesitan para cumplir con su tarea.

Unción Sobrenatural

En ningún lugar en el Nuevo Testamento vemos a Jesús afirmando Su divinidad en el desempeño de Su misión. En cambio, a través de los años de Su ministerio público, Jesús se rindió totalmente a la provisión de Su Padre del Espíritu Santo. La influencia de la divinidad nunca le dejó, no obstante la fuente de poder sobrenatural en la cual siempre confió fue el Espíritu Santo. Una declaración en el sermón de Pedro a los gentiles, registrado por Lucas, no deja interrogantes acerca de la fuente del poder de Jesús. "Vosotros sabéis como Dios ungió a Jesús de Nazaret con el Espíritu Santo y con poder, el cual anduvo haciendo bien y sanando a todos los oprimidos por el diablo; porque Dios estaba con El". (Hechos 10:38)

La Humanidad Frágil y el Espíritu

Jesús requirió continuamente el poder sobrenatural para vencer las estrategias de Satanás, y para desatar la gente del cautiverio de Satán. Aun así, la liberación máxima, la redención eterna para la raza de Adán, no podía ser ganada por un ser divino exclusivo. Sólo la divinidad encarnada, el Segundo Adán, pudo invertir la maldición con una obediencia sin pecado y un sacrificio expiatorio. Con su divinidad desactivada, Jesús ganó por Su confianza humana en el Espíritu Santo. El poder del Padre fue manifiesto en Su victoria, pero no a través de Sus recursos inherentes como Hijo de Dios. Jesús ganó estando en la humanidad frágil y mortal, siempre rindiéndose al control del Espíritu que estaba a Su disposición. Lucas registra la influencia penetrante que ejercitada por el Espíritu Santo sobre el Jesús encarnado. "Jesús, lleno del Espíritu Santo, volvió del Jordán y fue llevado por el Espíritu en el desierto . . .Jesús regresó a Galilea en el poder del Espíritu, y las nuevas acerca de El se divulgaron por toda aquella comarca". (Lucas 4:1, 14) En otra referencia, Mateo revela la fuente de Su ataque exitoso contra el reino de Satanás. Pero si yo expulso los demonios por el Espíritu de Dios, entonces el reino de Dios ha llegado a vosotros". (Mateo 12:28)

Su Unción es para la Iglesia

El testimonio del Nuevo Testamento es suficientemente claro para indicar que la fuente de poder activa en Jesús es la misma fuente de poder distribuida por Jesús sobre Su iglesia en el Día de Pentecostés. La fuente de poder recibida por Jesús en Su humanidad encarnada es la misma fuente de poder en la cual El bautizó a Su iglesia cuando equipó a Sus creyentes con el poder de realizar la Gran Comisión. La fuente de unción ejemplificada en Su ministerio público fue establecida con la intención de estar activa en las vidas de todos los que se identifiquen con Su nombre. Conforme Jesús recorría la región proclamando el reino de Dios, necesitaba el acompañamiento y la confirmación de los dones, y las señales y milagros del Espíritu. Esos mismos dones, y señales y milagros se necesitan también a medida que la iglesia continúa proclamando el Evangelio a un mundo necesitado.

En resumen, Jesús experimentó fases de la presencia y el poder del Espíritu en Su propia humanidad, a fin de preparar el camino a las operaciones venideras del Espíritu en la vida de los creyentes. Si Jesús hubiera encontrado la fuente de poder para el ministerio en Su propia naturaleza divina, Su propio pueblo habría sido impotente en la vida y el ministerio, porque solo Jesús puede reclamar divinidad natural como Hijo único de Dios. Por lo tanto, Jesús libremente abandonó los privilegios de Su divinidad y humildemente se sometió a las condiciones humildes del patrimonio de Adán para el bienestar de Su iglesia. Jesús dependió de la única fuente de poder a Su disposición, la impartición proveniente del Padre del Espíritu Santo. Al permitirle a Su humanidad que se convirtiera en un canal para el poder del Espíritu, Jesús obedientemente cumplió Su propósito al traer salvación a la raza de Adán.

Demostración del Espíritu y del Poder

El ministerio de sanidad, liberación y reconciliación de Jesús entre la gente, estableció un precedente para la iglesia que vendría detrás de El. Así como ha sido enviado por el Padre, El envió a Su iglesia a transmitir Su Evangelio a todas las naciones. Como el Señor que ascendió, la fuente de Su poder ahora puede ser impartido a ellas. En el Día de Pentecostés, Jesús bautizó a Su iglesia con la misma unción de la presencia del Espíritu que El había conocido por tres años de ministerio público. Aunque débil en Su carne, Jesús sanó a los enfermos, abrió los ojos de los ciegos, soltó las lenguas de los mudos, echó fuera demonios fuera de los oprimidos, e incluso levantó a muertos a la vida. Jesús no tuvo la intención de que esta incomparable expresión de lo sobrenatural fuera un simple legado histórico, sino un modelo de ministerio duplicado por Su iglesia donde quiera Su nombre y Espíritu están presentes. El bautismo del Espíritu impartido por Jesús sobre la iglesia temprana nunca fue rescindido, sino que representa un depósito continuo de vida y poder espiritual disponible a cada generación de creyentes que tomen parte del mismo. Jesús nunca intencionó que Su Evangelio fuera transmitido solamente en palabras, sino que fue comunicado a un mundo necesitado en demostración del Espíritu y poder. Nuestro rol no es el imitar Sus acciones de la forma como recordamos Sus hechos, sino participar con Él mientras Él continúa ministrando a personas en el imponente poder del Espíritu. Vasijas rendidas libres a ser usadas son aquellos sometidos al bautismo del Espíritu Santo. Ninguna ocupación más gloriosa ha agraciado alguna vez a los hijos de Dios que el ser la habitación del Espíritu Santo.

Capítulo 25
Jesús: Primero un Don, Luego Ejemplo
Jesús como Ejemplo: Habilitación de Poder

Énfasis del Nuevo Testamento

Falta de Habilitación de Poder

Estrategia Precisa

Operación Dual del Espíritu

El Bautismo del Espíritu es una Experiencia Lógicamente Distintiva

La Obra Distintiva del Espíritu en la Vida Encarnada de Jesús

La Concepción de Jesús es Nuestro Nuevo Nacimiento; Su Unción es Nuestro Bautismo del Espíritu

Una Venida, pero Dos Operaciones del Espíritu

El Bautismo del Espíritu Beneficia a la Iglesia así como al Mundo

La Estrategia de Jesús: El Don de lenguas para Todo Creyente

El Modelo del Ministerio de Pablo

Las Lenguas Dadas para la Edificación Propia

Las Lenguas no son un Ataque o Convulsión Espiritual

Pablo Percibía las Lenguas como una Forma de Oración

Restricción en la Asamblea

Volición Humana en la Recepción Inicial

Adoración que Trasciende y Hace que el Intelecto sea Humilde

Domando la Lengua

El Mandato de Hoy

CAPÍTULO 25

JESÚS: PRIMERO UN DON, LUEGO EJEMPLO

JESÚS COMO EJEMPLO: HABILITACIÓN DE PODER

ÉNFASIS DEL NUEVO TESTAMENTO

El rol de Jesús como Bautista en el Espíritu Santo sostiene un lugar de énfasis en el Nuevo Testamento que no es mantenido consistentemente en la historia Cristiana. Juan el Bautista anunció a Jesús como Aquel que había venido a bautizar a la gente en el Espíritu Santo y fuego, una función implementada sólo después que Jesús hubo resucitado y ascendido al Señor. El primer acto oficial cumplido por Jesús después de Su ascensión fue ejecutar Su rol como Bautista en el Espíritu Santo. El propósito del bautismo en el Espíritu no era para impartir el Espíritu al inconverso. El bautismo del Espíritu era una fase adicional de impartición. Su iglesia necesitaba una dotación sobrenatural de poder para llevar el Evangelio a las partes más distantes de la tierra. Mera habilidad e ingenuidad humana no sería suficiente. No era la intención de Jesús que el ministerio se intentara sin la provisión sobrenatural del bautismo Espíritu.

FALTA DE HABILITACIÓN DE PODER

Los discípulos de Jesús parecían haber estado preparados para el ministerio previo a Su ascensión. Después de todo, habían pasado a través de algunas experiencias importantes desde la muerte de Jesús en la cruz. Primero, los discípulos se reunieron después de las noticias de la resurrección de Jesús. Entonces ocurrió su encuentro personal con el Cristo resucitado. En ese evento, recibieron el Espíritu Santo, convirtiéndose en miembros recién nacidos de Su iglesia.[51] Subsiguiente a su conversión y a establecerse como Su iglesia, recibieron Su comisión para llevar el Evangelio a las naciones del mundo. No obstante, a pesar del pasaje de estos eventos no estaban preparados para emprender su ministerio. La estrategia de Jesús había sido revelada por completo.

Mientras estaba en compañía de Su iglesia en el día de Su ascensión, Jesús les dio instrucciones claras de regresar a Jerusalén a orar y esperar por la promesa del Padre del bautismo del Espíritu que vendría sobre ellos. Su iglesia obedeció. A los pocos días, mientras la iglesia estaba reunida en oración en el Día de Pentecostés, el evento climático ocurrió. Cada miembro de la iglesia recibió el bautismo del Espíritu Santo. Ese mismo día, la iglesia se lanzó a las calles a predicar el Evangelio a los varios grupos de personas que reunidos en Jerusalén. El poder de lo alto había sido enviado por Jesús, equipando a los creyentes con dones, señales y milagros sobrenaturales los cuales acompañaran su ministerio a otras personas.

ESTRATEGIA PRECISA

Los eventos críticos en la vida de Jesús revelan una estrategia precisa para Su ministerio continuo por medio de Su iglesia. Ciertas conclusiones lógicas pueden ofrecerse a la vez que examinamos Su estrategia. Parece claro que Jesús lógicamente separara la obra regeneradora del Espíritu de la obra habilitadora de poder del Espíritu. En la primera obra distintiva del Espíritu en el individuo, el Espíritu convierte al recipiente en una nueva creación habitada por el Espíritu Santo. En la segunda obra distintiva, el Espíritu sobrellena al creyente con poder, equipando al recipiente con dones sobrenaturales para el ministerio. Jesús es inequívoco en Su estrategia de separar lógicamente estas operaciones distintivas del Espíritu Santo.

OPERACIÓN DUAL DEL ESPÍRITU

Ya que la operación dual del Espíritu apuntó a diferentes funciones, es más común para estas experiencias que sean separadas cronológicamente. Ambas experiencias usualmente resultan en cambios radicales para el individuo, pero diferente en clase. La obra de conversión del Espíritu transforma al individuo de una vida centrada en sí mismo y separada de Dios, en una relación intima con Dios que radicalmente altera motivos y percepciones. Con una nueva visión mundial enfocándose, a menudo el nuevo creyente no esta consiente todavía de la necesidad de recibir el poder del Espíritu para el ministerio.

EL BAUTISMO DEL ESPÍRITU ES UNA EXPERIENCIA LÓGICAMENTE DISTINTIVA

Siguiendo el modelo Nuevo Testamento, a medida que la identidad del nuevo creyente se solidifica, la responsabilidad de ministrar el Evangelio a otros debe entrar en enfoque. La estrategia de Jesús reconoce la necesidad absoluta de equipar al creyente en el poder sobrenatural del Espíritu antes de lanzarse al ministerio. Esa impartición adicional del poder del Espíritu más allá de la conversión es el bautismo del Espíritu Santo. Esta impartición hace que estén disponibles para los creyentes una variedad de fuentes sobrenaturales, para la edificación personal, para ministrar a los compañeros creyentes, y para ministrar a personas que todavía tienen que recibir a Cristo. Por lo tanto, ya que las labores del Espíritu en la conversión son bastante distintivas de la dotación de poder del Espíritu, es común para los creyentes el experimentar el bautismo del Espíritu como un evento cronológicamente separado de la conversión, aunque una separación de tiempo no es obligatoria.[52] Crítico para esta discusión, sin embargo, es el requisito de adherirse a la estrategia completa de Jesús de permitir dos operaciones lógicamente distintivas del Espíritu. El detenerse en la conversión, sin extender el mandato de Cristo de recibir el bautismo del Espíritu Santo, resulta en una experiencia Cristiana y una vida de iglesia deficiente. Jesús quiere que el ministerio de Su iglesia en la tierra sea un producto del milagroso poder de Dios. El no quiere que Su iglesia represente simplemente lo mejor de la ingenuidad y el esfuerzo humano, sino que revele la gloria y el poder de Dios.

La Obra Distintiva del Espíritu en la Vida Encarnada de Jesús

Cuando el modelo de Jesús de las operaciones del Espíritu es entendido, otros aspectos de la labor del Espíritu según revelada en el Nuevo Testamento siguen este desarrollo lógico. La vida personal de Jesús conforma este patrón o modelo. Sabemos que en la concepción de Jesús en el vientre de Su madre, el Espíritu vino a habitar en El y a asistirle a realizar la voluntad de Su Padre celestial. Por treinta años, la presencia santificadora del Espíritu habilitó a Jesús a vivir sin pecado, aunque Su humanidad era la frágil y finita naturaleza humana común a la raza de Adán. No obstante, cuando llegó el momento fijado para que Jesús se lanzara a Su ministerio público, fue visitado con una unción especial del Espíritu en la ocasión de Su bautismo a manos de Juan el Bautista. No tenemos ningún registro de Jesús predicando o realizando milagros hasta después de esta unción especial del poder del Espíritu.

La Concepción de Jesús es Nuestro Nuevo Nacimiento; Su Unción es Nuestro Bautismo del Espíritu

Dos operaciones distintivas del Espíritu en la vida de Jesús nos proveen un entendimiento claro del patrón de la labor del Espíritu en el creyente. La concepción de Jesús es análoga a la conversión del creyente cuando el Espíritu es recibido para regenerar y santificar el individuo. Aun así, Jesús le dio a Su iglesia una comisión a cumplir, el hacer discípulos en las naciones del mundo. El poder sobrenatural del Espíritu se necesita para tal labor. El bautismo del Espíritu viste al creyente con poder de lo alto, equipando a cada miembro con dones del Espíritu que son milagrosos en naturaleza. Para el creyente el bautismo del Espíritu es igualado con el descenso del Espíritu sobre Jesús en Su bautismo, ungiéndole con el poder milagros del Espíritu para prepararle a lanzarse a Su ministerio público.

Una Venida, pero Dos Operaciones del Espíritu

Estas dos obras distintivas del Espíritu no debe entenderse como recibir el Espíritu Santo dos veces. A Jesús se le dio el Espíritu solamente una vez, en el momento de concepción. Desde ese momento en adelante Jesús siempre tuvo la presencia del Espíritu Santo dentro de Él. No obstante, en Su bautismo, fue visitado por una unción del mismo Espíritu Santo permitiéndole utilizar dones espirituales en el ejercicio de Su ministerio a la gente. Los creyentes también sólo reciben el Espíritu Santo una vez, cuando el Espíritu viene a traer la conversión. Sin embargo en el bautismo del Espíritu, los creyentes son activados por la unción del Espíritu. De este modo son equipados para seguir adelante en el ministerio a la gente con dones sobrenaturales del Espíritu.

El Bautismo del Espíritu Beneficia a la Iglesia así como al Mundo

No tan solo un mundo no convertido se beneficia del bautismo de la iglesia en el Espíritu, pero también los miembros individuales reciben ministerio de la carismata impartida a la congregación. Cuando la iglesia local se junta en asamblea, se les da a los individuos una variedad de dones para beneficiarse unos a otros. A cada miembro no se le dan todos los dones para que los individuos puedan aprender a depender el uno del otro según el Espíritu distribuye diversos dones en toda la membresía. Una mención especial no obstante debe hacerse en referencia al don de lenguas. Como otras manifestaciones espirituales, las lenguas son para ser expresadas solo a través de algunos individuos cuando la asamblea local se reúne. Los mensajes de lenguas deben ser hablados cautamente, y solo cuando están presentes aquellos miembros que ejercitan el don de interpretación de lenguas es que se debe acompañar el don de lenguas en una reunión pública.

LA ESTRATEGIA DE JESÚS: EL DON DE LENGUAS PARA TODO CREYENTE

El don de hablar en lenguas es excepcional, ya que es un don dado a cada Cristiano que recibe el bautismo en el Espíritu Santo. Por eso es que el hablar en lenguas funciona primero en la experiencia del creyente como una señal inicial de la recepción del bautismo del Espíritu. Los Hechos de los Apóstoles registran que todos los 120 creyentes reunidos en el Aposento Alto en el Día De Pentecostés hablaron en lenguas como una señal de que el bautismo en el Espíritu Santo había sido desatado desde el cielo a través de la impartición de Jesús. En otra ocasión significativa, mientras Pedro fue asignado a predicarle a la casa de Cornelio, la primera expansión del Evangelio a personas no judías, el bautismo del Espíritu cayó sobre cada miembro de la familia simultáneamente mientras Pedro transmitía su sermón. Pedro luego reportó a la iglesia de Jerusalén que tenía certeza de que los Gentiles en la casa de Cornelio verdaderamente habían sido bautizados en el Espíritu Santo, porque les fue dado el mismo don de lenguas que había visitado a los discípulos originales en el Día de Pentecostés. (Hechos 11:15-18) Otro evento es registrado en los Hechos de los Apóstoles que revela el bautismo del Espíritu siendo recibido, con el hablar en lenguas siendo expresado por cada receptor. Pablo encontró a doce efesios, les ministró el Evangelio, los bautizó en aguas, e impuso manos sobre ellos para recibir el bautismo del Espíritu. ". . . vino sobre ellos el Espíritu Santo, y hablaban en lenguas y profetizaban". (Hechos 19:6) En conclusión, ya que la

Gran Comisión para comunicar el Evangelio al mundo perdido es un mandato para cada creyente, y el ministerio necesita la dotación de poder de lo alto a través del bautismo del Espíritu, por consiguiente cada creyente necesita el bautismo en el Espíritu Santo. Ya que el don de lenguas funciona inicialmente en la experiencia del creyente como una señal que el bautismo del Espíritu ha sido recibido, es lógico el inferir que Jesús estratégicamente planeó para cada creyente el recibir el don de lenguas.

El Modelo del Ministerio de Pablo

Evidencia adicional del Nuevo Testamento puede ser recopilada de la primera carta de Pablo a los Corintios. Su preocupación principal en el capítulo catorce es el restaurar el orden a una congregación desobediente que ha caído en la práctica de permitir que el hablar en lenguas sea expresado con demasiada frecuencia, sin que sigan a esas expresiones interpretativas acompañantes de los mensajes de lenguas. Mientras provee la corrección necesaria, Pablo también rebela aspectos importantes con respecto a las lenguas como un don del Espíritu. Pablo realiza dos declaraciones que indican el gran valor que el personalmente le fija a este don, mientras expresa su deseo de que todos los creyentes posean el don. "Doy gracias a Dios porque hablo en lenguas más que todos vosotros"; (Verso 18) y, "Yo quisiera que todos hablarais en lenguas, . . ." (Verso 5) Si no hubiese sido la voluntad de Dios el que todos hablaran con otras lenguas, no hubiese sido probable que Pablo declarara en la Escritura su deseo para esa ocurrencia.

Las Lenguas Dadas para la Edificación Propia

Otra declaración presta mayor crédito a esta conclusión. Previo a expresar su deseo de que todos los creyentes hablen en lenguas, Pablo registra que, "El que habla en lenguas, a sí mismo se edifica". (Verso 4) Un verso previo argumenta la importancia de esta declaración. "Porque el que habla en lenguas no habla a los hombres, sino a Dios, pues nadie lo entiende, sino que en su espíritu habla misterios". (Verso 2) Puede inferirse de esta declaración que hablar en lenguas es una forma de oración personal que provee beneficio espiritual para el hablante. ¿Podrá ser concebible que Dios tenga favoritos al proveer un lenguaje de oración especial como un medio de edificación propia sólo para algunos miembros selectos de Su iglesia, en vez de ofrecerle a cada miembro de Su iglesia el privilegio de utilizar este lenguaje de oración especial? Después de identificar las lenguas como una forma de oración que edifica al creyente, Pablo continua al aseverar que el desea que cada creyente experimente este don.

Las Lenguas no son un Ataque o Convulsión Espiritual

Es relevante notar en este contexto que Pablo enfatiza la responsabilidad del creyente individual a ejercitar autocontrol en la expresión de su don de lenguas. A lo largo de la historia Cristiana, personas equivocadamente han creído que las lenguas eran una experiencia incitada emocionalmente y extática, apoderándose de las cuerdas vocales del receptor y gritar con entusiasmo efusivo expresiones extrañas mientras el que habla se mantiene en un estado similar a un trance. Mientras algunos relatos históricos parecen conformarse a tal escenario, esta descripción falla en alinearse con la explicación definitiva del Nuevo Testamento la cual provee aspectos detallados de cómo se espera que este don opere de manera bíblica.

Pablo Percibía las Lenguas como una Forma de Oración

Pablo hace incuestionablemente claro que las lenguas son una forma simple de oración que deben ser expresadas esencialmente de la misma manera como uno oraría con el entendimiento. El dice, "Porque si yo oro en lenguas, mi espíritu ora, pero mi entendimiento queda sin fruto". (Verso 14) El hablar en lenguas es orar, pero sin la comprensión intelectual del contenido de la oración. El continua diciendo, "Entonces ¿qué? Oraré con el Espíritu, pero también oraré con el entendimiento; cantaré con el espíritu, pero también cantaré con el entendimiento". (Verso 15) Pablo está diciendo que la misma clase de opción está comprendida en cada creyente, sea que el o ella ore con el espíritu (hablando en lenguas) o orar con la mente (con entendimiento). Sea orando o cantando en lenguas, Pablo espera del creyente que ejercite la misma clase de control que es practicado cuando uno ora o canta con el entendimiento.

Restricción en la Asamblea

Además, Pablo se dirige al caso cuando el creyente está en la asamblea pública de la iglesia local, con nadie para interpretar sus lenguas habladas. El instruye al creyente a permanecer callado públicamente, "y que hable para sí y para Dios". (Verso 28) Es obvio que si el hablar en lenguas es una expresión incontrolable, un "ataque o convulsión espiritual" de alguna clase, entonces el que habla en lenguas no tendría el poder para abstenerse de ejercitar el don cuando el impulso este presente, sea en público o en privado. No obstante Pablo instruye que cuando el que habla en lenguas conoce que aquel con el don de interpretación no está presente en la asamblea, el que habla debe mantener autocontrol y orar en lenguas solamente en un ambiente privado.

Volición Humana en la Recepción Inicial

Aun cuando el creyente esta hablando en lenguas por primera vez en la experiencia del bautismo del Espíritu, la expresión requiere el consentimiento del que habla para vocalizar silabas que emergen de adentro de lo profundo de su espíritu. Cuando la iglesia temprana experimento primero el bautismo del Espíritu en el Día de Pentecostés, ellos "comenzaron a hablar en otras lenguas, según el Espíritu les daba habilidad para expresarse". (Hechos 2:4) Debe notarse que el Espíritu Santo dentro de ellos estaba dándoles sílabas ininteligibles para que las pronunciaran, pero el acto de hablar era la responsabilidad de ellos y estaba bajo su control. El Espíritu les daba la expresión, pero ellos hablaron.

ADORACIÓN QUE TRASCIENDE Y HACE QUE EL INTELECTO SEA HUMILDE

Hemos visto que las lenguas son una forma de oración. Más específicamente, las lenguas son una expresión de adoración tan absolutamente pura y primordial que su significado trasciende la comprensión conceptual. Según el que habla rinde el consentimiento para expresar esta forma profunda de alabanza a Dios, el Espíritu Santo que está morando infunde el ser completo del que habla con poder sobrenatural. Las expresiones son habladas como un acto de fe, una rendición total de la voz y la lengua de sílabas desconocidas al intelecto humano. El orgullo de la inteligencia humana debe inclinarse en sumisión a balbuceos incomprensibles los cuales se creen que son las articulaciones humildes de una vasija completamente rendida.

DOMANDO LA LENGUA

Santiago revela que la persona que agrada perfectamente a Dios es capaz de controlar la lengua. El que puede controlar la lengua puede controlar todas sus acciones. (Santiago 3:2) Sin embargo el lamenta que "ningún hombre puede domar la lengua; es un mal turbulento y lleno de veneno mortal". (Verso 8) Cuando el orgullo de la humanidad sin Dios al comienzo de la civilización traspaso los limites permitidos, y la gente diseñó una ciudad con una torre con la que deseaban llegar al cielo (Torre de Babel), Dios tomó acción para paralizar su ambición orgullosa. Habían sido un pueblo con el mismo lenguaje. Dios dijo, "Vamos, bajemos y allí confundamos su lengua, para que nadie entienda el lenguaje del otro". (Génesis 11:7) Después que su lenguaje fue confundido, fueron dispersados sobre la faz de la tierra y dejaron de edificar la ciudad. (Versos 8-9) ¡Cuan conveniente que cuando Dios terminó Su obra redentora en Jesucristo le dio a Su comunidad redimida una "nueva lengua", (Marcos 16:17) un lenguaje universal en el Espíritu Santo para unir a Su pueblo en la presencia y el poder de Jesucristo!

El Mandato de Hoy

Jesús y Pablo han revelado un modelo comprensivo para la experiencia individual y corporativa que debe considerarse si la vida Cristiana normativa es de ocurrir. El rol de Jesús como bautista del Espíritu debe considerarse, encomendando seriamente a cada creyente con el mandato de recibir la impartición sobrenatural del Espíritu como preparación necesaria para una vida y un ministerio Cristiano efectivo. Cada Cristiano es responsable de recibir los recursos que Jesús imparte en el bautismo del Espíritu para la edificación propia, la participación corporativa y la penetración del ministerio. Hablar en lenguas no es un don opcional acompañando al bautismo del Espíritu, sino que es ambos, una señal inicial de la recepción del bautismo, así como un nuevo lenguaje de oración trayendo edificación personal que enciende la participación en la dimensión sobrenatural continuamente. Como cuando se ora en el lenguaje de nuestro entendimiento, orar en el lenguaje del Espíritu es una acción controlada que ocurre libremente siempre que el hablante esté dispuesto. Cuando el Cristianismo contemporáneo redescubra e implemente el modelo bíblico respecto a Jesús como Bautista en el Espíritu Santo y a la revelación Paulina sobre el hablar en lenguas, un gran avivamiento aparecerá en el horizonte que encenderá a la iglesia con una reforma duradera.

Capítulo 26
Jesús: Primero un Don, Luego Ejemplo
Jesús como Ejemplo: Hablar en Lenguas

El Plan Maestro de Jesús
Modelo del Nuevo Testamento
Después de la Era Apostólica
Perdida la Importancia de las Lenguas
Preservación Monástica
Los Padres de la Iglesia y Más Allá
Protestantismo y Cesacionismo
Jorge Fox y los Cuáqueros
Los Camisards
Jesuitas y Jansenistas
Wesley y Subsiguientes
Madre Ana Lee y los Shakers ("Tembladores")
Eduardo Irving y el Avivamiento Británico
La Iglesia Católica Apostólica
La Nueva Iglesia Apostólica
La Contribución de Irving No Perpetuada
Los Fundamentos Cristológicos de Irving
Phoebe Palmer y el Metodismo Americano

El Movimiento de Santidad
Benjamín Irwin y la Iglesia de Santidad Bautizada en Fuego
Carlos Parham y el Bautismo del Espíritu
El Surgimiento de William Seymour
Levantamientos en Los Ángeles
El Avivamiento de la Calle Azusa
Factores Olvidados de la Calle Azusa
Factores Llevados al Movimiento Pentecostal
Denominaciones Pentecostales
"Lenguas Volitivas" Todavía No Han Sido Redescubiertas
El Movimiento Carismático
Carismáticos Receptivos a las "Lenguas Volitivas"
Valor de las "Lenguas Volitivas"
Una Verdad Para Todos los Cristianos
El Contexto Paulino
I Corintios 14
Neocarismáticos de la "Tercera Ola"
Independientes Contemporáneos
Examen Final

Capítulo 26

Jesús: Primero un Don, Luego Ejemplo

Jesús como Ejemplo: Hablar en Lenguas

El Plan Maestro de Jesús

Jesús no era un desconocido para la experiencia de hablar en lenguas. Él anunció a Sus seguidores mientras los preparaba para su futura misión que una de las señales a ser esperadas entre los nuevos convertidos será que ellos "hablarán en nuevas lenguas". (Marcos 16:17) Después de completar Su obra redentora y la ascensión al cielo, Jesús como Bautista en el Espíritu Santo derramó sobre Su iglesia la unción del Espíritu para habilitarlos de poder para su misión. Según este bautismo descendió sobre los fieles, la primera señal notable de su recepción fue la experiencia de hablar en lenguas.[53] Es muy improbable que el Señor que está reinando, el cual es responsable por esta llenura, hubiese sido sorprendido por la manifestación de lenguas que visitó a los discípulos del aposento alto en aquel importantísimo día. Especialmente, en vista del hecho que la visitación de las lenguas en el Día de Pentecostés no era solamente un evento de una sola vez, sino que vino a ser una ocurrencia usual siempre que los creyentes eran bautizados en el Espíritu,[54] adiciona a la probabilidad de que el hablar en lenguas desde el comienzo ha sido una parte del plan maestro de Jesús para equipar Su pueblo con poder para la vida y el ministerio.

Modelo del Nuevo Testamento

El hablar en lenguas funcionó en la era del Nuevo Testamento como ambos, una señal inicial de la habilitación de poder del Espíritu y como un don de expresión de adoración tanto de edificación personal como corporativa. Creemos que Jesús estableció este patrón o modelo para Su pueblo después de Su resurrección, y Su intención era que esta función múltiple de lenguas constituyera el comportamiento normativo para Su iglesia después de Su ascensión al cielo. La primera carta de Pablo a la iglesia de Corintios revela que los primeros Cristianos se adhirieron al modelo de Jesús. Pablo revela conocimiento adicional en la naturaleza del don de lenguas como expresión de oración que trascienden el intelecto y se sujeta al control del hablante.[55] Después de la era bíblica, no obstante, existe poca evidencia que el modelo establecido por Jesús y registrado en los escritos de Pablo continuó en la doctrina y la práctica de la iglesia. No tan solo fueron las lenguas, como la evidencia inicial del bautismo del Espíritu, perdidas para el cuerpo de Cristo en el desarrollo temprano, sino que las lenguas como don del Espíritu sufrió mal entendimiento y desintegración.

Después de la Era Apostólica

Poco después de la era apostólica, la iglesia ya no vio el bautismo del Espíritu como una fase necesaria de habilitación de poder para preparar al creyente para el ministerio, sino que meramente adoptó la terminología como otra manera de hablar acerca de la llegada del Espíritu en la conversión. El bautismo del Espíritu fue relegado a la experiencia del creyente al recibir el Espíritu Santo después del rito del bautismo en aguas.[56] La mayoría de los iniciados que llegaron a la iglesia en este período temprano eran conversos adultos, aunque infantes de los miembros de la iglesia también eran bautizados.

El bautismo en aguas era el evento central de la iniciación cristiana. Después de este rito, imponían las manos sobre el receptor, fuera adulto o infante, con la expectativa de la llegada del Espíritu. A veces los adultos recibían manifestaciones del Espíritu durante estas ocasiones. Con los infantes, la iglesia reconoció la posibilidad de que las manifestaciones espirituales podían ocurrir durante una fase futura en la vida. El retraso entre el bautismo en aguas y las manifestaciones posteriores, no implica que la fase de la manifestación sería vista como una fase separada de la obra del Espíritu. El tiempo de manifestación era visto como una extensión de la llegada inicial del Espíritu. Las manifestaciones que venían después eran entendidas teológicamente como dos partes de un evento, i.e., el evento de la iniciación Cristiana. La noción de una experiencia separada y subsiguiente del bautismo del Espíritu con el propósito de la habilitación de poder para el ministerio no fue reconocida más.

Perdida la Importancia de las Lenguas

Con el bautismo del Espíritu no visto más como una experiencia separada y subsiguiente de la conversión, las lenguas perdieron su función significante como una señal de recepción inicial. Las lenguas se convirtieron en sólo una de varias manifestaciones espirituales que podían ocurrir en el rito del bautismo en agua. Por tres siglos, las manifestaciones espirituales continuaron ocurriendo esporádicamente en congregaciones locales, pero las lenguas no se esperaba que fueran integrales a la experiencia de cada Cristiano. Además, según los obispos de las iglesias asumieron responsabilidades agregadas y roles compartidos anteriormente por el laicado, el ministerio de los dones del Espíritu fácilmente vino a ser la función exclusiva del liderato de la iglesia. Para el siglo cuarto, en la mayoría de los sectores, aun el rito de iniciación de la imposición de las manos sobre el nuevo bautizado para la impartición Espiritual se convirtió puramente ritualista. La vasta mayoría de los creyentes ya no experimentaron o aun esperaban ser dotados con poder sobrenatural o con manifestaciones sobrenaturales.

Preservación Monástica

Las manifestaciones del Espíritu nunca desaparecieron de la Cristiandad, pero cambiaron mayormente al contexto monástico. A través de la Edad Media y en la Era Escolástica, las señales y dones del Espíritu vinieron a ser vistas como recompensas por una disciplina ascética extraordinaria, reservada para los maestros de la realización mística. Las manifestaciones aparecían sólo en conexión con individuos excepcionales como "evidencia de piedad extrema".[57]

Los Padres de la Iglesia y Más Allá

La doctrina y experiencia del hablar en lenguas sólo ganó una limitada mención a lo largo de la era de los Padres de la Iglesia. Tertuliano (160-220) loó la vitalidad de las iglesias bajo su influencia al notar una abundancia de manifestaciones espirituales, incluyendo el don de lenguas e interpretación de lenguas. Novaciano (m. 250) habló de la presencia de lenguas y otra cariasmata entre iglesias contemporáneas en su tiempo. Hilario de Poitiers (315-367) defendió la ortodoxia de los dones de lenguas e interpretación de lenguas en el siglo cuarto. Pacomio (290-346), instrumental en la fundación del monaquismo comunal, en una ocasión particular después de haber orado por tres horas, se dice que pudo ser capaz de conversar en Latín con un visitante, aunque nunca aprendió el lenguaje.

Después de una larga ausencia en la cual la práctica de hablar en lenguas virtualmente desapareció de la literatura de la iglesia, reapareció evidencia del don entre ciertas figuras monásticas notables tras el amanecer del nuevo milenio. Hildegarda de Bingen (1098-1179), Domingo (1170-1221), Antonio de Padua (1195-1231) y Clara de Montefalco (1268-1308) están entre aquellos que evidenciaron este don, aunque otras manifestaciones del Espíritu tales como sanidad a menudo atrajeron más atención.

Protestantismo y Cesacionismo

Con el advenimiento del Protestantismo en el siglo dieciséis, las manifestaciones milagrosas no fueron enfatizadas. Los Reformadores principales, Lutero, Zuinglio y Calvino rechazaron el legado de los milagros Católicos, ya particularmente estaban acostumbrados a substanciar el dogma romano. Consecuentemente, el Protestantismo vino a ser identificado con la teoría cesacionista de milagros. En reacción a los milagros Católicos los cuales parecían estar fuera del perímetro bíblico, la mayoría de los Protestantes razonaron que los milagros estaban confinados a la era del Nuevo Testamento, cuando el Evangelio era novel y necesitaba confirmación sobrenatural con el fin de ganar aceptación inicial. Los Protestantes colocaron a los milagros en la periferia del Cristianismo, por lo que eran percibidos como prescindible según el Evangelio ganaba una medida de permanencia en el mundo. Cuan irónico es que la experiencia personal del fundador del Protestantismo, Martín Lutero, representó una contradicción obvia a la teoría del cesacionismo. Él buscó y recibió un sinnúmero de milagros de sanidad notables en el curso de su vida y ministerio. El movimiento Protestante, sin embargo, fracasó en seguir la dirección de Lutero.

Jorge Fox y los Cuáqueros

Una excepción significativa al cesacionismo Protestante fue Jorge Fox (1624-1691), fundador británico de la Sociedad de Amigos. Un movimiento reaccionario a la rígida uniformidad religiosa del Anglicanismo del siglo diecisiete, los "Cuáqueros" como se les llamaba, percibían los milagros como que eran integrales a la versión intensamente personal del Cristianismo que ellos exponían. Fox percibió el manantial de manifestaciones sobrenaturales que visitó su ministerio como un recobró del Pentecostés original. "...a menudo recibimos el derramamiento del espíritu sobre nosotros, y el don del eterno espíritu del Dios santo como en los días antiguos, y nuestros corazones se alegraron, y nuestras lenguas se desataron, y nuestras bocas se abrieron, y hablamos en nuevas lenguas, como el Señor nos dio a hablar, y como su espíritu nos guío, el cual fue derramado sobre nosotros, sobre hijos e hijas".[58] Fox reconoció la necesidad de la habilitación de poder del Espíritu sobre Su iglesia, y percibió las lenguas como una señal de Su unción. Sin embargo, otros aspectos de la doctrina y la práctica de la Sociedad de Amigos carecieron de fundamentos bíblicos, y no sostuvieron una influencia extensa. También, el énfasis temprano de Fox sobre las manifestaciones sobrenaturales no se mantuvo dentro de la tradición Cuáquera.

Los Camisards

Otro grupo marginal mantuvo vivo los milagros dentro del Protestantismo en el siglo dieciocho. Según la persecución de los protestantes en la Francia Católica afloró a principios del 1700, los Hugonotes se dividieron en dos facciones. Uno de esos grupos, los Camisards (también conocidos como los Profetas de las Montañas Cevenas) afirmaron ser inspirados directamente por el Espíritu Santo. Expresiones habladas caracterizaron el movimiento, y tanto niños como adultos se encontraban entre los que tenían "dones". Las expresiones habladas incluían lenguas e interpretación de lenguas, aunque expresiones proféticas también predominaban. Los Camisards que huyeron a Inglaterra fueron conocidos como los Profetas Franceses. Surgieron prácticas extremistas entre los Profetas Franceses, a la medida que niños fueron organizados en programas estrictos de entrenamiento y los instruían en las maneras de la profecía. En algunas instancias, niños de tres años de edad y aun más jóvenes se decía que fueron utilizados para tales propósitos.

Jesuitas y Jansenistas

Dentro del Catolicismo después de la Reforma, se continuó encontrando evidencia de lo milagroso, mayormente en el entorno monástico y el misionero. El fundador Jesuita Ignacio de Loyola

(1491-1556) reportó haber recibido visiones que alteraron el curso de su vida. A Francisco Javier (1506-1552) se le conocido que experimentó milagros significantes según laboraba en el distante Japón y en las Indias Orientales propagando el mensaje Jesuita. Francisco dependió en el don de lenguas en varias ocasiones para predicar el Evangelio a grupos de personas cuyo lenguaje nunca había aprendido. Los Jansenistas, un movimiento Agustino radical, se levantó a mediados del Catolicismo del siglo diecisiete. El papado lidió severamente con este grupo, cuyas simpatías doctrinales fueron juzgadas por Roma como que eran también Calvinistas. Los Jansenistas fueron conocidos por sus señales y milagros, danzas espirituales, sanidades, y expresiones proféticas. Algunos, según informes recibidos, hablaron en lenguas.

WESLEY Y SUBSIGUIENTES

Un desarrollo doctrinal en el Protestantismo del siglo dieciocho contribuido por Juan Wesley (1703-1791) estableció un precedente para los Pentecostales que vendrían luego a abogar que el bautismo del Espíritu es una experiencia distintiva y subsiguiente a la conversión. Wesley estableció el movimiento Metodista dentro del Anglicanismo, una organización que vino a ser una denominación Protestante independiente después de su muerte. Enseñó que cada Cristiano debe experimentar una segunda obra de la gracia más allá de la conversión, la cual identificó como la santificación. Aunque Wesley enfatizó la santificación como un proceso, extendiéndose a través de la vida del creyente, se arriesgó a decir que esta segunda fase de la obra del Espíritu a veces se inauguraba instantáneamente.

Los sucesores de la tradición Wesleyana construyeron sobre esta fundación para introducir una doctrina de subsecuencia, llevando finalmente al desarrollo del Pentecostalismo en el contexto americano. Wesley también rechazó la teoría del cesacionismo típica del Protestantismo. El no vio base bíblica para cesación de los dones espirituales del Espíritu, y personalmente reportó una experiencia de sanidad milagrosa cuando fue asediado por una enfermedad seria. No obstante sin lugar a dudas el énfasis de la doctrina y la práctica de Wesley descansó en la parte de los frutos del Espíritu y las virtudes de la santidad en vez de los dones del Espíritu y el poder sobrenatural.

MADRE ANA LEE Y LOS SHAKERS ("TEMBLADORES")

La Madre Ana Lee (1736-1784) y un grupo de seguidores se reubicaron de su nativa Inglaterra a Nueva York en las colonias americanas en el 1774. La organización que ella fundó, los Shakers ("los Tembladores") basó su credibilidad sobre la revelación directa del Espíritu. Visiones proféticas eran frecuentes. El hablar en lenguas era integral a la experiencia temprana del movimiento. La Madre Ana no tan solo hablaba en lenguas, sino también escribió largos mensajes "en el Espíritu". Un ministro Presbiteriano que visitó los servicios del avivamiento en Nueva York en 1779 se convenció de que las manifestaciones que experimentó eran señales del "bautismo del Espíritu". Sin embargo, las doctrinas y prácticas cuestionables de este movimiento marginal limitaron severamente la extensión de su influencia en el Cristianismo americano.

EDUARDO IRVING Y EL AVIVAMIENTO BRITÁNICO

El escocés Eduardo Irving (1792-1834), un prominente pastor de la Iglesia de Escocia, se convenció de que los dones milagrosos, y señales y milagros del Espíritu Santo habían sido restaurados a la iglesia después de que le llegaran reportes de fuentes confiables de brotes de carismata provenientes del oeste de Escocia en el verano de 1830. Una visitación de manifestaciones similares dentro de su propia congregación le llevó a su despido, creando el camino para la creación de una iglesia independiente pastoreada por Irving donde los dones del Espíritu eran bienvenidos y fomentados. Esta nueva congregación fundada en 1832, la iglesia de la Calle Newman, se convirtió en el centro de la actividad carismática en el área de

Londres. Eventualmente, se formó un Concilio de Londres de siete iglesias con Irving como Presidente.

La Iglesia Católica Apostólica

La muerte intempestiva de Irving debido a una enfermedad en 1834 llevó a cambios significativos. Un grupo apostólico de lideres que se levantó en la Calle Newman asumió el control relocalizando la base principal del movimiento al rural Albury, al sur de Londres. Se formó una organización internacional bajo autoridad apostólica, la Iglesia Católica Apostólica (ICA). Pronto, la nueva organización evolucionó a una entidad formalista, ritualista bastamente diferente de la hermandad espontánea y carismática que una vez creció bajo el liderato de Irving en la Calle Newman.

La Nueva Iglesia Apostólica

Otra organización, la Nueva Iglesia Apostólica (NIA), fue formada en Alemania en la década de 1860, según miembros alemanes de la ICA fueron excomulgados por establecer sus propios apóstoles. La ICA se encerraron a sí mismos en un colegio apostólico de sólo doce, así que después que murió el ultimo apóstol en 1901, la organización no fue capaz de perpetuarse a sí misma. La NIA, que contaba con un número considerable de apóstoles, se expandió internacionalmente durante el siglo veinte, y continua siendo una organización prospera. Aunque la NIA es menos ritualista que lo fue la ICA, los dones del Espíritu han sido relegados a los apóstoles solamente. Relevante a nuestro estudio es la presencia de una organización contemporánea (la NIA), afirmando la autenticidad de la continuación de la carismata del Espíritu, estableciendo sus raíces atrás hasta Eduardo Irving y la iglesia de la Calle Newman.

La Contribución de Irving No Perpetuada

Más importante que los grupos que fueron producidos por el movimiento original son las formulaciones teológicas contribuidas por Irving en respuesta a los brotes tempranos de la carismata. Los escritos de Irving vinieron a ser eclipsados después de su muerte por la preponderancia de minucia literaria generada por los adherentes de la ICA. Los apóstoles alteraron dramáticamente el carácter de la ICA de sus comienzos en la Calle Newman, y resintieron ser llamados "Irvingitas" por los observadores externos.

El rompimiento a conciencia propia de la ICA con el legado fundacional de Irving llevó a una perdida rápida de la memoria histórica de los escritos de Irving relacionados a la carismata. Hay un sentimiento de que el Cristianismo a sido robado de una visión profética y una sabiduría teológica invaluable contribuida por un pionero Pentecostal que adelantó su caminar a más de setenta años antes de la aparición del movimiento Pentecostal sin ninguna guía sino con la iluminación del Espíritu y las verdades de la Escritura. Las perspectivas de Irving ofrecen una estructura bíblica, Cristológica y eclesiológica para el entendimiento apropiado y la expresión de la carismata.[59]

Los Fundamentos Cristológicos de Irving

Irving formuló fundamentos teológicos Cristológicos bíblicos para las manifestaciones del Espíritu. Articuló una doctrina de subsecuencia, reconociendo el habitar del Espíritu en el nuevo creyente como siendo distintiva del evento del bautismo, realizando los primeros frutos del poder del Espíritu sobre el creyente para equipar para el ministerio. Los primeros frutos son menos que la cosecha completa del poder a ser manifestado en el momento de la Segunda Venida de Jesús, pero sin embargo mínimamente equivalente a la unción que estaba sobre el Cristo encarnado mientras ministraba las obras del Padre en Su ministerio terrenal.

El don de lenguas figuró significativamente en el modelo de Irving, sirviendo como una "señal de legitimación"[60] del bautismo del Espíritu, así como un "gran instrumento para edificación personal".[61] La deficiencia en la perspectiva de Irving viene en su explicación de la apropiación del creyente del don de lenguas. Para Irving, el rol del creyente es subsidiario a la opción soberana del

Espíritu para conferir el don. El creyente es amonestado a desear el don encarecidamente, para peticionar al Padre con confianza, y a esperar hasta que el don es recibido. Aun con los rompimientos monumentales contribuidos por Eduardo Irving, su fracaso en incorporar dentro de su sistema esta revelación Paulina de "lenguas volitivas" resultó en la restricción de la experiencia de lenguas y el bautismo del Espíritu a un círculo limitado de beneficiarios "dotas" que fueron privilegiados a ganar el precio deseado.[62] A pesar de esta limitación mayor, la iglesia de la Calle Newman de Irving se acercó a recuperar para la Cristiandad la perspectiva Paulina, con la influencia de lideres experimentados tales como Emilia Cardale y María Caird. Si Irving hubiese podido reconocer que la recepción del bautismo del Espíritu es esencialmente nada más que las expresiones habladas en lenguas como un lenguaje de oración devocional, a ser ejercitadas tan simple y libremente como la práctica de orar regularmente en nuestro entendimiento propio, su movimiento posiblemente hubiese podido catapultarse a sí mismo fuera de la oscuridad en un lugar en el cual hubiese precipitado un avivamiento Pentecostal mayor antes del fenómeno de la Calle Azusa.

Phoebe Palmer y el Metodismo Americano

Regresando al contexto americano en el siglo diecinueve, una mujer Metodista llamada Phoebe Palmer consagró más de cuarenta años de su vida a un influyente ministerio de enseñanza dirigido a alentar a Metodistas a recibir santificación a través de una experiencia espontánea la cual ella identificó como el bautismo del Espíritu Santo. Utilizó lenguaje Pentecostal para caracterizar esta experiencia de crisis de posible santidad perfecta para el creyente. El don de lenguas y otra carismata, sin embargo, no fue integrado dentro de su agenda.

El Movimiento de Santidad

Para la década de 1860, se materializó un movimiento dentro del

Metodismo, defendiendo la santificación como una experiencia distintiva para los creyentes, y promoviendo avivamientos dentro de las iglesias. Las conferencias de "Vida Superior" en Kenswick, Inglaterra en las postrimerías del siglo diecinueve fue paralela al énfasis americano sobre la santidad como distinción de la gracia en la experiencia Cristiana. A la vez que los defensores de la Santidad dentro del Metodismo se desilusionaron con la resistencia denominacional por su énfasis en la santificación como una experiencia prioritaria, un movimiento "proveniente del exterior"durante la década del 1890, arrasó a través del Metodismo según cientos de devotos de Santidad abandonaron su afiliación institucional para formar varias organizaciones de Santidad independientes alrededor de la nación. De este entorno, que simpatizaba con obras múltiples de gracia, y experiencias de crisis y avivamiento, fue que nació el Pentecostalismo.

BENJAMÍN IRWIN Y LA IGLESIA DE SANTIDAD BAUTIZADA EN FUEGO

B.H. Irwin quien fue un ministro bautista, organizó exitosamente grupos de Santidad dentro de una denominación que arrasó a través del Medio Oeste, llegando a conocerse como la Iglesia de Santidad Bautizada en Fuego (1895). Irwin concluyó que una tercera experiencia más allá de la santificación, era posible para los creyentes. Desafiando la teoría de Palmer, Irwin contendía que la tercera y no la segunda experiencia era "el bautismo con el Espíritu Santo y fuego" o sólo "el fuego". Ninguna señal especifica le indicaba al receptor que "el fuego" se había obtenido. A la vez que el bautismo del Espíritu era recibido, cualquier tipo de manifestaciones podía ocurrir: dar alaridos, gritar, caer en un trance, hablar en lenguas, o experimentar "movimientos abruptos". Para el 1900, Irwin no estaba satisfecho con las tres obras de gracia. Concluyó que eran necesarios bautismos adicionales para la perfección del Cristiano. Empleó jerga de la química al nombrar estos bautismos sucesivos: dinamita, lidita, y oxidito. Un séptimo bautismo fue añadido (selenio). La mayoría de los miembros del grupo, sin embargo, nunca aceptaron estas fases progresivas de perfección. Un fracaso moral traído a la luz en 1900 llevó a la salida de Irwin como sobreveedor de la denominación, y la organización nunca recobró su influencia original.

Carlos Parham y el Bautismo del Espíritu

Carlos Parham fue un ministro Metodista que vino a ser independiente después de 1895 según el movimiento "proveniente del exterior" impactó el Metodismo. De su trasfondo Metodista, Parham aceptó la enseñanza de que la santificación era una segunda obra de gracia más allá de la conversión, y adicionalmente fue influenciado por Irwin, en que una tercera obra de gracia era deseable. Localizado en Topeka, Kansas, Parham comenzó el Hogar de Sanidad Betel (1898) y el Colegio Bíblico Betel (1900). Al final del 1900, Parham y sus estudiantes llegaron a la conclusión de que la evidencia bíblica para determinar que uno ha recibido el bautismo en el Espíritu es el hablar en lenguas. Mientras la colegio conducía un servicio de vigilia nocturna en Diciembre 31, 1900, el servicio se extendió hasta el año nuevo, la estudiante Agnes Ozman solicitó oración de Parham para recibir el bautismo del Espíritu. Su experiencia de hablar en lenguas le fue tan cautivadora que continuó orando por un largo período, incapaz de comunicarse en su propio lenguaje por tres días. Parham y otros estudiantes también recibieron la evidencia de hablar en lenguas. Convencido de que su enseñanza representaba el recobro de la experiencia del aposento alto del Día de Pentecostés, Parham cerró el colegio y comenzó un ministerio itinerante.

El Surgimiento de William Seymour

Los Pentecostales del siglo veinte reconocen a Parham como el Padre de la "doctrina Pentecostal clásica" ayudando a inflamar el movimiento Pentecostal moderno. Sin embargo su mensaje fracasó en ganar aceptación inicialmente. Por cuatro años, él y su grupo laboraron en oscuridad. En 1905, encontró suficiente apoyo en Houston, Texas para ubicar la sede de su ministerio en ese lugar. Fundó otro colegio en Houston, "El Colegio de Entrenamiento Bíblico". La decisión de Parham de enseñar fue significativa, ya que uno de los matriculados en su colegio lo fue William J. Seymour. Seymour era un evangelista negro de Louisiana, deseoso en recibir entrenamiento bíblico de parte de Parham. Seymour ávidamente adoptó la enseñanza Pentecostal de Parham. Ya convencido de que la santificación era una segunda obra de gracia, Seymour entonces abrazó el bautismo del Espíritu como una tercera bendición para el recibimiento de poder del creyente, evidenciado por la experiencia del hablar en lenguas.

Levantamientos en Los Ángeles

En el invierno de 1906, Seymour fue contactado por miembros de una congregación de Santidad ubicada en un local comercial de una comunidad de escasos recursos en Los Ángeles, California, reclutándole para que fuera su pastor. Seymour aceptó, y viajó por tren para asumir su nueva posición. Seymour predicó solamente varios sermones, pero se encontró a sí mismo arrojado fuera del edificio de su nuevo pastorado. Los miembros no estaban preparados a aceptar la doctrina de Seymour del bautismo del Espíritu. Aunque Seymour no había recibido todavía la experiencia, su énfasis de predicar sobre el hablar en leguas alienó a sus oidores.

El Avivamiento de la Calle Azusa

Sin un empleo o un hogar propio, a Seymour le fue dado resguardo temporero y se dedicó a sí mismo a un período de intensa oración. Eventualmente, una familia le tomó y le persuadió a ofrecer servicios en su hogar. La marea cambió a favor de Seymour y su mensaje, y multitudes se reunieron a las reuniones del hogar. Fue tanto el interés que un edificio que había sido anteriormente una iglesia fue asegurado en el 312 de la Calle Azusa. Se llamaron a sí mismos la Misión de Fe

Apostólica, el grupo comenzó servicios en Abril bajo el liderato pastoral de Seymour. La apertura de la misión coincidió con el levantamiento de un avivamiento entre los miembros principales de la nueva iglesia. Seymour y otros recibieron el bautismo en el Espíritu Santo. Los medios noticiosos de Los Ángeles publicaron los eventos de la Calle Azusa. La asistencia creció rápidamente, y comenzó el avivamiento en los servicios. Seymour imprimió una carta informativa resaltando el derramamiento Pentecostal, y las noticias se propagaron a las denominaciones de Santidad a lo largo de América. El avivamiento floreció a tal magnitud que los servicios en la Calle Azusa se realizaban a veces consecutivamente, continuando sin interrupción, noche y día. Misioneros Pentecostales provenientes de la Calle Azusa propagaron el mensaje del bautismo del Espíritu alrededor del mundo. El avivamiento fue incesante por tres años (1906-1909). El avivamiento de la Calle Azusa produjo un movimiento Pentecostal mundial cuya influencia ha continuado dentro del siglo veintiuno.

FACTORES OLVIDADOS DE LA CALLE AZUSA

Varios factores que contribuyeron al avivamiento en la Calle Azusa no fueron perpetuados dentro del movimiento Pentecostal que siguió al avivamiento inicial. Las circunstancias humildes de la misión alentaban a personas de todas las razas, clases y trasfondo cultural a sentirse en igualdad de condiciones en la Calle Azusa. Seymour reconoció que el verdadero fundamento para el avivamiento fue la presencia de la unidad interracial e intercultural, que proveía una atmósfera de humildad y quebrantamiento entre las personas que invitaron la presencia del Espíritu y el poder Pentecostal. En adición, Seymour era un líder excepcionalmente humilde, dispuesto a ser una figura de trasfondo lo suficientemente valerosa como para permitirle al Espíritu Santo que se moviera libremente sin obstáculo. Los asuntos de carácter, que daban lugar al mover soberano del Espíritu, fueron fácilmente puestos a un lado por el sensacionalismo del recobro de las manifestaciones Pentecostales.

FACTORES LLEVADOS AL MOVIMIENTO PENTECOSTAL

Por otro lado, la manifestación y magnificación de la doctrina del bautismo del Espíritu, con la reiteración que acompañaba la práctica del Nuevo Testamento de hablar en lenguas como la señal inicial de esta bendición subsiguiente de habilitación de poder Cristiana, fue un factor positivo proveniente de la Calle Azusa que se diseminó e institucionalizó dentro del movimiento Pentecostal. El hecho que algunas denominaciones Pentecostales aceptaran la santificación como una segunda obra de gracia, como en el caso de Parham y Seymour, mientras otros percibían la santificación como una parte de la experiencia de conversión, de este modo rindiendo al bautismo del Espíritu como una segunda experiencia Cristiana distintiva en vez de una tercera, probó ser solo una diferencia menor entre la multitud de Pentecostales que estaban estableciendo su lugar permanente dentro de la comunidad mundial de Cristianos.

DENOMINACIONES PENTECOSTALES

Según las denominaciones Pentecostales pasaban la batuta a la próxima generación, los rasgos distintivos dinámicos del Pentecostalismo experimentaron una medida de osificación. Las denominaciones mantuvieron el concepto de la subsecuencia del bautismo del Espíritu, e insistieron sobre las lenguas como la señal inicial, pero la espontaneidad de experiencia le abrió el camino a la adoración y la formalidad estructurada. Los Pentecostales se rindieron a las presiones de conformarse a las prácticas Cristianas dominantes, las cuales trajeron un aumento de aceptabilidad dentro de la sociedad, pero resultó en la perdida de énfasis de los distintivos Pentecostales. Debemos señalar sin embargo, que la consecuencia de la aceptabilidad Pentecostal significó que este nuevo movimiento se ganó un lugar dentro del panorama de la Cristiandad que no podría ignorase.

"LENGUAS VOLITIVAS" TODAVÍA NO HAN SIDO REDESCUBIERTAS

Ambos, el avivamiento de la Calle Azusa y las denominaciones Pentecostales trajeron prominencia al bautismo del Espíritu y a las lenguas como la señal inicial de recepción, a la vez que fallaron en recobrar el énfasis Paulino sobre las "lenguas volitivas".[63] Recordamos que la Iglesia de la Calle Newman de Irving había establecido el valor de las lenguas como lenguaje de oración disponible a cada creyente, pero no proveyó una manera viable para implementar las lenguas a todos. Consecuentemente, solo un grupo selecto recibió realmente las lenguas, formando un grupo elite de "dotados" que obtuvieron un estatus preferencial dentro de la iglesia por sus resultados positivos. Aun Irving, cuya enseñanza en las lenguas como un don todavía no puede ser rebasada, no se encontró entre los pocos "dotados".

Seymour y la Calle Azusa probaron ser más exitosos en el ministerio de implementación, en su enfoque sobre la verificación empírica del bautismo del Espíritu por medio de la experiencia de las lenguas. Este enfoque fue transmitido dentro del movimiento Pentecostal. No obstante, con las ganancias del Pentecostalismo, el resultado no fue lo suficiente como para restaurar las "lenguas volitivas" de Pablo. El Pentecostalismo mantuvo la faceta de "expectación"de recibir las lenguas,[64] significando que el deseo por las lenguas debe ser emparejado por el tiempo preciso y el sentimiento subjetivo apropiado para que la apropiación satisfactoria tome lugar. Mientras que muchos concluirán el proceso habiendo alcanzado un resultado exitoso, otros mixtificadamente fracasarán en ganar el precio anhelado.

EL MOVIMIENTO CARISMÁTICO

Nuevas dinámicas dominaron la escena según el movimiento Carismático llegó a prominencia en la década del 1960. El movimiento Carismático abarrotó a ambos, el Protestantismo y el Catolicismo, y a un grado menor, la Ortodoxia Oriental, con una ola fresca de conciencia y experiencia Pentecostal. Grupos de renovación brotaron dentro de las denominaciones Cristianas principales, proveyendo validación y estímulo para la experiencia del bautismo del Espíritu como una obra distintiva del Espíritu Santo. La innovación marcó el movimiento Carismático, en que las lenguas ya no eran vistas por algunos como que fueran una señal necesaria del bautismo del Espíritu, pero solo una entre otras posibles manifestaciones que podrían caracterizar la recepción de esta bendición distintiva. La mayoría de los grupos prefirieron las lenguas como la señal inicial, pero la puerta se abrió para que los creyentes reclamen posesión de la experiencia sin haber hablado en lenguas.

CARISMÁTICOS RECEPTIVOS A LAS "LENGUAS VOLITIVAS"

A pesar de esta innovación, el movimiento Carismático contribuyó una brecha a una escala mayor que otros grupos previos receptivos al Pentecostalismo fallaron en proveer. Las "lenguas volitivas" vinieron a ser una enseñanza prominente dentro de varios círculos Carismáticos, recobrando una práctica básica común al Cristianismo del Nuevo Testamento en los días del apóstol Pablo pero rápidamente abandonada por las iglesias. La investigación todavía no ha descubierto la fuente o fuentes dentro del entorno pre-Carismático responsable por reintroducir las "lenguas volitivas" como una verdad Pentecostal. La enseñanza salió a la superficie probablemente en la década de 1940, posiblemente a través el ministerio de Smith Wigglesworth y posiblemente en el avivamiento de la Lluvia Posterior que comenzó en Canadá en 1948. Los lideres Pentecostales que exitosamente se cambiaron al movimiento Carismático, y que eran prominentes defensores de la perspectiva de las "lenguas volitivas", eran Oral Roberts (**ver Apéndice 2 para comentarios personales de Oral Roberts concernientes a las "lenguas volitivas", preparado específicamente para este libro**), David du Plessis, Demos

Shakarian y Kenneth Hagin, entre otros. Sin embargo, a pesar del agente o agentes iniciador fomentando la aceptación general de esta enseñanza, es innegable que el movimiento Carismático fuera responsable por preparar el camino para un número sin precedente de iniciados a recibir la manifestación de hablar en lenguas a lo largo del mundo, extendiéndose sobre cada denominación Cristiana.

VALOR DE LAS "LENGUAS VOLITIVAS"

Entre las consecuencias prácticas de la aceptación general de las "lenguas volitivas" promovidas por el movimiento Carismático está la desmitificación y la remoción de la subjetividad en la experiencia. Armado con el conocimiento de que el hablar en lenguas puede comenzar con la voluntad, el creyente tenderá a experimentar el bautismo del Espíritu más rápidamente sin tener que esperar por un tiempo o sentimiento específico. Una vez bautizados en el Espíritu, los creyentes practicarán más frecuentemente las lenguas como un lenguaje regular de oración, comprendiendo que la experiencia original era simplemente una de numerosas experiencias de habilitación de poder personal establecida para continuamente levantar al creyente para el vivir Cristiano. El Espíritu Santo esta siempre listo a incitar al espíritu humano a orar en el lenguaje celestial de las lenguas. La responsabilidad descansa con el creyente para vocalizar esas expresiones orales que fluyen dentro de lo profundo del espíritu humano mediante el apremio del Espíritu Santo.

UNA VERDAD PARA TODOS LOS CRISTIANOS

El movimiento Carismático se convirtió en un vehículo para despertar la iglesia a una verdad de experiencia del Nuevo Testamento que por siglos ha sido olvidada por la Cristiandad. La enseñanza de las "lenguas volitivas", a la vez que son un distintivo Carismático, es, más importantemente, un distintivo bíblico del Nuevo Testamento. Una verdad revelada a la iglesia a través de Pablo; esta enseñanza fue establecida para ser creída he implementada por todos los Cristianos. El espíritu humano fue creado para entablar una comunión constante con el Espíritu Santo, y la expresión de lenguas es un medio primario de mantener intimidad con Jesús y experimentar Su ministerio en una relación continua.

El Contexto Paulino

Tal vez las implicaciones radicales de esta enseñanza puedan ser señaladas más claramente si el texto bíblico primario de los escritos de Pablo es acentuado. Pablo articula la naturaleza y la expresión propia del don de lenguas en I Corintios 14. Más se dice en este capítulo acerca del hablar en lenguas que en cualquier otro sitio en el Nuevo Testamento. En este contexto, una paráfrasis de versos claves en este capítulo específicamente enfocándose sobre las lenguas es intentada, en expectativa de que los lectores puedan entender el pensamiento de Pablo en una forma refrescante, trayendo una perspectiva y una visión más amplia de esta verdad invaluable.

I Corintios 14

> "Cuando el creyente está hablando en lenguas, no está hablando a los hombres sino a Dios. El está hablando misterios a Dios que fluyen de su espíritu humano. (2) Cuando alguien está hablando en lenguas, está siendo edificado y levantado en su fe. (4) Por lo tanto, Yo deseo que todos ustedes entren en la práctica de hablar en lenguas. (5) El hablar en lenguas es una forma de oración, sin embargo no es una expresión conceptual del intelecto, sino una oración originada del espíritu humano. (14) Así como el creyente escoge orar y cantar a Dios con la comprensión intelectual, así el creyente debe escoger orar y cantar a Dios en lenguas. No obstante cuando los creyentes están congregados en adoración debe realizarse con consideración por el bien de la asamblea. Aunque estoy agradecido que

hablo en lenguas privadamente más que todos ustedes, Yo me controlo a mí mismo cuando estoy adorando con otros. En la asamblea, cinco palabras que puedan entenderse son mejores que diez mil palabras habladas en lenguas. (18-19) Durante la adoración, es mejor que dos o tres de ustedes traigan un mensaje mediante el don de interpretación. De otra manera, es mejor el refrenarse de hablar en lenguas en la asamblea, sino el continuar orando en lenguas en tu devoción privada a Dios". (27-28)

Neocarismáticos de la "Tercera Ola"

Una extensión del movimiento Carismático ha sido el emerger de lo que ha sido etiquetado como la "Tercera Ola" del Pentecostalismo (Neocarismático). Los Carismáticos buscaron traer renovación en el Espíritu Santo a las denominaciones Cristianas. Los Neocarismáticos establecieron su identidad fuera de las estructuras de la iglesia denominacional. Dentro del Protestantismo, los grupos de la Tercera ola proliferaron por los miles. Mientras la mayoría de estos grupos permanecieron pequeños y limitados en influencia, otros desarrollaron entidades altamente organizadas similares a la mayoría de las corporaciones, con sucursales extendiéndose en algunos casos más allá de las fronteras nacionales. Los Neocarismáticos han sido responsables de producir "mega iglesias" y "pequeñas denominaciones" significativamente impactando al Cristianismo mundial. Muchas de las iglesias más grandes hoy en el mundo han sido producidas por el movimiento de la Tercera Ola originándose fuera del movimiento Carismático. En adición, miles de ministerios de paraiglesias que son Carismáticos en orientación, pero no relacionados denominacionalmente, han encontrado su lugar en la Cristiandad como resultado del movimiento de la Tercera Ola.

Independientes Contemporáneos

Estos Neocarismáticos independientes son una fuerza que debe ser considerada en el mundo moderno. Algunos operan con una infraestructura "corporativa", apoyando a miles de iglesias y ministerios afiliados. Algunos son establecidos débilmente, mientras otros son mantenidos por gobiernos autoritarios bajo liderato singular o grupal. Un movimiento "apostólico" está creciendo dentro de este entorno, según iglesias se han ordenado a sí mismas bajo el liderato de un apóstol en un esfuerzo para recobrar este patrón o modelo Nuevo Testamentario. En línea con el enfoque de este capítulo, hemos observado continuidad general en creencia y práctica con el movimiento Carismático. Los independientes ven el bautismo del Espíritu como una experiencia distintiva, subsiguiente a la conversión, para el propósito básico de equipar al creyente con el poder sobrenatural del Espíritu. Cuando comparados con los Carismáticos originales, intentando influenciar a las denominaciones principales con los dones, señales y milagros del Espíritu, los independientes son más insistentes en su creencia que el hablar en lenguas es la señal inicial del bautismo en el Espíritu Santo. Es menos probable que ellos comprometerán este principio de "Pentecostalismo clásico." En adición, han perpetuado el recobro Carismático de las "lenguas volitivas," de tal modo fomentando el concepto de que las lenguas deben ser una práctica normal frecuente en la vida devocional de cada Cristiano.

Examen Final

Hemos llegado a un punto fundamental, donde el enfoque debe ahora girar al asunto central subrayado, el cual es los fundamentos Cristológicos. Todos los aspectos de nuestra creencia y práctica, a fin de ser auténticamente Cristiana, deben conformarse a la revelación bíblica acerca de la persona y obra de Jesucristo. Debemos tener el valor de someternos regularmente a nosotros mismos al proceso de reforma. Cada aspecto de lo que creemos y como practicamos nuestras creencias debe ser escudriñada rigurosamente de acuerdo a una reflexión teológica centrada en la Cristología. Puesto simplemente, si lo que creemos y practicamos no está en acorde con la vida y ministerio de Jesucristo, y el testimonio del Nuevo Testamento de Su ministerio, entonces nuestra experiencia debe ser por consiguiente reformada. La Cristología es nuestro estándar según concluimos nuestro proceso de reflexión y reforma.

Capítulo 27
Recobro Cristológico
La Teoría de "Oprimir el Botón" de la Divinidad de Jesús

Las Cristologías Modernas Son Deficientes

La Cristología Debe Estar en el Corazón de la Expansión

Estándares Tradicionales Fundidos Con la Dimensión Pneumatológica

Cristología Implícita de la Iglesia Actual

El "Botón Divino" de Jesús

Nos Distancia de Jesús

Se Asemeja al Eutiquianismo

Desafía la Integridad de la Humanidad de Jesús

La Encarnación no se Comprendió ni se Honró

La Teoría Transgredió la Encarnación

Falsa Protección de la Divinidad

Desactivación de los Atributos Divinos es Esencial

La Desactivación de la Divinidad Permite que la Obediencia de Jesús sea Genuina

La Dimensión Sobrenatural de Jesús Proveniente del Espíritu Santo

Jesús una Persona Real de Fe

Las Obras de Su Padre Mediante El Espíritu

Del Bautismo a Bautista
¡No Más Excusas Para Pecar!
¡No Más Excusas por Falta de Poder!
¡Ningunas Disculpas Por Ser un Humano!
Jesús No Necesitaba una Ventaja Injusta
Un Tsunami de Alabanza

CAPÍTULO 27

RECOBRO CRISTOLÓGICO
LA TEORÍA DE "OPRIMIR EL BOTÓN" DE LA DIVINIDAD DE JESÚS

LAS CRISTOLOGÍAS MODERNAS SON DEFICIENTES

Nuestra intención no es avanzar la novedad, sino estimular el recobro. Por siglos, la Cristología se ha desviado de la norma bíblica de la naturaleza de la persona y el propósito de Jesús. Capítulos previos que tratan de como la vida encarnada de Jesús fue vivida en dependencia de la presencia santificadora y habilitadora de poder del Espíritu Santo, de este modo posibilitando la habilidad de la iglesia para llevar la Gran Comisión de Jesús y tomar seriamente Su propósito como Bautista en el Espíritu Santo, exhiben claramente las diferencias evidentes en las orientaciones Cristológicas tradicionales y modernas.

LA CRISTOLOGÍA DEBE ESTAR EN EL CORAZÓN DE LA EXPANSIÓN

Según la expansión Neocarismática de la iglesia del día presente a penetrado dentro de las raíces de la experiencia del Cristianismo bíblico, modelos doctrinales y Cristológicos no han hecho lo mismo para autenticar, unificar, y visionar nuevos horizontes para la consolidación presente y la exploración futura. Así como la iglesia del Nuevo Testamento avanzó dentro de territorio inhóspito, apoyada por la fundación segura de la doctrina de los apóstoles, la actual expansión y diversificación del Evangelio necesita amarres doctrinales. Los miembros del sector Independiente contemporáneo deben tener una fundación Cristológica en el corazón de su expansión, ya que la actividad del Espíritu Santo, no importando cuan dinámica, debe siempre centrarse sobre la fundación del Jesús de la Escritura y acentuar la proclamación del Evangelio.

Estándares Tradicionales Fundidos Con la Dimensión Pneumatológica

Cristología Llena del Espíritu cumple el estándar, al fundir el modelo tradicional que culmina con la refutación del Semipelagianismo en el Concilio de Orange, con la dimensión pneumatológica que ha sido omitida por presentaciones ortodoxas distintas a la persona y obra de Jesús. La "teoría del cesacionismo" ha dominado la arena de la educación académica por demasiado tiempo, y debe ser reemplazada con un modelo Cristológico que es fiel a la misión de Jesús y Su mandato eclesiológico. Por más de cien años, desde que surgió el Pentecostalismo sobre el mapa del mundo Cristiano, el sector más dinámico de la iglesia ha vuelto a visitar los escenarios de experiencia del Libro de los Hechos, sin una fundación Cristológica para establecer y guiar su rápido avance.

Cristología Implícita de la Iglesia Actual

No ha habido ningún debate oficial que haya enfrentado alguna vez el problema de esta falsa Cristología, la cual yo la he llamado como la teoría de "oprimir el botón" de la divinidad de Jesús. Como una presuposición anónima e implícita, que pasa de generación a generación sin cuestionarse, esta opinión concerniente a Jesucristo ha estado en el trasfondo por siglos, entrampando a devotos que nunca habían soñado en desviarse de la probada senda de la ortodoxia. Yo creo que esta teoría de "oprimir el botón", mientras aparenta evitar los errores evidentes de las herejías Cristológicas, se ha acomodado en la iglesia moderna de tal manera que los cambios necesarios para la salud y vitalidad del Cristianismo contemporáneo han sido frustrados.

El "Botón Divino" de Jesús

La mayoría de los adherentes de esta perspectiva tienen por lo menos algún conocimiento de que Jesús tiene dos naturalezas, divina y humana. Pero el supuesto erróneo subyacente entrampando a cada víctima de esta perspectiva, es la noción de que Jesús mientras experimentó Su vida como un humano, mantuvo en reserva continua la extensión completa de Sus atributos divinos. Cuando los necesitó, no dudó en activarlos para Sus propósitos (el oprimir Su botón de divinidad). A la vez que mantuvo Su conciencia humana, Jesús en varios momentos activó Su conciencia divina, proveyéndole con el acceso a la totalidad de los atributos divinos que le estaban disponibles como el eterno Hijo de Dios. Los que apoyan esta perspectiva asumen la constancia de la vida humana de Jesús, pero lo perciben como teniendo una reserva continua de recursos divinos a Su disposición, la cual era capaz de activarla a voluntad propia de acuerdo a las necesidades del momento. Por ejemplo, la omnipotencia divina fue activada cuando Jesús le dio la vista al ciego, sanó al cojo, levantó a los muertos, calmó la tormenta y caminó sobre el agua. Cuando reveló detalles personales de la historia pasada de la mujer en el pozo, Jesús oprimió Su "botón divino" con el objeto de penetrar en Su omnisciencia eterna para obtener tal información.

Nos Distancia de Jesús

El peligro con tal perspectiva es que aparenta hacer justicia en la superficie de ambos, los atributos divinos y humanos de Cristo, y provee una explicación conveniente por Sus capacidades sobrenaturales. A un nivel psicológico, esta perspectiva permite a los devotos convenientemente "pedestalizar" a Jesús al interpretar hechos de Sus logros extraordinarios como si fueran el resultado de activar Su naturaleza divina, de este modo eliminando a los creyentes de cualquier conexión entre las obras de Jesús y las suyas propias. La teoría de "oprimir el botón" de la divinidad de Jesús distancia sin peligro a Jesús y Sus experiencias, de la vida cotidiana del creyente, aislándoles dentro de una "zona de confort" de mediocridad. Por ejemplo, si creemos que Jesús alcanzó impecabilidad a causa de Su divinidad inherente, teniendo recursos a Su disposición que no nos están disponibles a nosotros, entonces hemos realizado ambos, minimizado los logros humanos de la obediencia de Cristo, y eliminado cualquier conexión entre Su santidad y nuestro reto de participar en Su santificación. Igualmente, si percibimos Sus milagros como que son expresiones de Su naturaleza divina, constituida solamente para confirmar Su identidad como Hijo de Dios, entonces nos hemos removido a nosotros mismos como creyentes, de cualquier posibilidad de servir como vehículos para realizar obras sobrenaturales conforme ministramos en Su nombre.

Se Asemeja al Eutiquianismo

La perspectiva de "oprimir el botón" de la divinidad de Jesús aparenta dar lugar a la divinidad total y completa de Cristo, por lo tanto atrae fácilmente la devoción del creyente que desea proteger y preservar el Cristianismo ortodoxo y conservador. Sin embargo, incautamente, asemeja los tipos Eutiquianos de Cristologías los cuales tienden a sobre enfatizar el rol de la divinidad de Cristo en Su experiencia encarnada. Por ejemplo, las representaciones artísticas Eutiquianas de Cristo abundan a lo largo de la historia. Cristo es muchas veces representado con una luz resplandeciente rodeando Su cuerpo, algo como una aura divina. En algunas imágenes de Cristo lo encuentran con una aureola, o lo presentan con una presencia angelical o mística. En la raíz de tales imágenes está el Eutiquianismo, la perspectiva de que la naturaleza divina de Cristo dominaba de tal manera Su personalidad encarnada que Sus rasgos humanos fueron fusionados o absorbidos dentro de la majestad de Su divinidad. La humanidad de Cristo efectivamente fue "divinizada" en la concepción, dejando poco espacio para cualquier punto de identificación con nuestra verdadera humanidad.

Desafía la Integridad de la Humanidad de Jesús

La teoría de "oprimir el botó" comparte con el Eutiquianismo los errores comunes del docetismo,[65] pero varía en sus detalles. La teoría de "oprimir el botón" intenta ser verdadera a la continua y real humanidad de Cristo, pero le permite la opción de obtener acceso a la extensión completa de los atributos divinos a su voluntad, sin ver esto como una amenaza a la integridad humana de Jesús. Lo que aparenta ser un fiel reconocimiento y apreciación de las capacidades únicamente divinas de Cristo, en realidad representa un serio error doctrinal igualmente peligroso al Eutiquianismo. Mientras que el Eutiquianismo presenta a un Jesús cuyos atributos humanos están en peligro por la dominación subyugante de Su divinidad que está continuamente activa, la teoría de "oprimir el botón" presenta a un Jesús que activa Su divinidad a voluntad cuando las demandas a Su humanidad prueban ser muy desafiantes. Con el Eutiquianismo, los verdaderos atributos humanos son absorbidos por la dominación de la divinidad de Jesús, mientras que con la teoría de "oprimir el botón" la humanidad genuina es sólo un alivio temporero de frecuente excursiones a la esfera sobrenatural de Su divinidad. Ambas teorías debilitan e invalidan la autenticidad de la humanidad verdadera. Invariablemente, las Cristologías que ponen en peligro la humanidad de Jesús, son victimizadas por una doctrina impropia y no bíblica de la Encarnación.

La Encarnación no se Comprendió ni se Honró

Esto nos trae al problema más serio que enfrenta la iglesia de hoy. La preponderancia de la teoría de "oprimir el botón", especialmente entre aquellos que están comprometidos en la defensa de la ortodoxia conservadora dentro de la Cristiandad, trae a la luz una falla fundamental que está en el corazón del conservatismo moderno. La doctrina de la Encarnación, ni es entendida ni honrada en la creencia y práctica de la iglesia. Si los Cristianos de todas las denominaciones y trasfondos se adhieren simplemente a la suprema afirmación bíblica del apóstol Pablo concerniente a la Encarnación: "Y el verbo se hizo carne", (Juan 1:14) entonces nuestra perspectiva de Jesucristo será sometida a un proceso de purificación con el potencial de revolucionar cada fase de la iglesia Cristiana. Siguiendo el significado Nuevo Testamentario de "carne", i.e., la palabra griega "sarx", la humanidad asumida por el Hijo de Dios en el evento de la Encarnación, es la esfera de vida humana terrenal en su totalidad. Nuestro entendimiento de Cristo no debe desviarse a ningún nivel de la verdadera integridad de Su humanidad.

La Teoría Transgredió la Encarnación

La teoría de "oprimir el botón" intenta jugar trucos con la doctrina de la Encarnación real. La implicación de esta perspectiva es que Jesús fue capaz de traspasar las condiciones y los limites de Su encarnación a voluntad propia, trasformándose instantáneamente de finitud a infinitud y de criatura a Creador, y entonces revertir esta operación para regresar a conformidad con Su naturaleza humana. Con todo, cuan absurdo es que los defensores de esta teoría parecen pensar que tal maniobrar no representa una contradicción a la realidad de la Encarnación de Jesús. Algunas reflexiones lógicas sobre la doctrina bíblica de la Encarnación, revelarán que la teoría de "oprimir el botón" y otras Cristologías que intentan mezclar los atributos divinos activos con la vida humana de Jesús, no tienen fundamento bíblico. Siendo incompatibles con la doctrina de la Encarnación de la iglesia, estas perspectivas también terminan amenazando la credibilidad de la expiación de Cristo y nulificando la conexión entre la Cristología y la vida Cristiana responsable.

Falsa Protección de la Divinidad

Una falsa presuposición de larga duración continúa impidiendo a la mayoría de los Cristianos de entender correctamente las operaciones de la Encarnación. La gente supone que la verdad de la divinidad de Jesús de alguna manera es amenazada si se sostiene que Sus atributos divinos habían sido inactivos durante Su vida encarnada. La paradoja es que la única defensa viable de la verdadera divinidad de Jesús se sostiene cuando se entiende que Sus atributos divinos estuvieron inactivos. Esto significa que en los concilios eternos de la Trinidad, el Hijo de Dios escogió en convertirse el objeto de la Encarnación en beneficio de la salvación humana. El Hijo eterno de Dios accedió en convertirse en el encarnado Hijo de hombre. Mientras condescendió a las limitaciones de la naturaleza humana, temporalmente cesó de estar activo en Su naturaleza y conciencia divina. Para que Su Encarnación fuera auténtica, El necesitaba estar completamente activo como humano mientras estaba desactivado de Sus atributos divinos. Cualquier actividad de Su divinidad durante este corto período de Su encarnada misión hubiera violado la autenticidad de Su humanidad. Habiendo exitosamente alcanzado Su misión, Jesús regresó al trono de Su Padre recobrando el acceso de los atributos divinos que siempre le pertenecieron como Hijo eterno de Dios.

DESACTIVACIÓN DE LOS ATRIBUTOS DIVINOS ES ESENCIAL

Esta descripción de las operaciones de la Encarnación hace justicia a la autenticidad de la humanidad real de Jesús a la vez que mantiene la necesidad de la divinidad esencial de Jesús. El que Jesús voluntariamente desactivara Su divinidad por Su deseo de traer reconciliación entre Dios y la humanidad difícilmente representa una amenaza a la doctrina de Su deidad verdadera. Es una prerrogativa de la deidad el asumir la naturaleza de la humanidad y vivir dentro de esas limitaciones, si es determinado así por los miembros de la Trinidad. El que Jesús escogiera no activar Sus atributos divinos a lo largo de Su misión redentora en la tierra, de ningún modo representa una contradicción a Su naturaleza esencial como Hijo divino de Dios. En contraste, no obstante, no es consistente con la naturaleza de la humanidad el manifestar atributos divinos. Los atributos de finitud e infinitud de criaturas y de Dios Creador, no son lógicamente intercambiables. Por definición, el significado de divinidad y humanidad son incompatibles. El admitir la creencia en la Encarnación, mientras se contiende que Jesús manifestó los atributos de Su naturaleza divina, representa una contradicción lógica. La Encarnación del Hijo de Dios es realidad bíblica esencial. Por consiguiente, la inactividad de los atributos divinos de Jesús durante Su misión redentora, es una consecuencia necesaria de Su Encarnación, y representa la única conclusión lógica que preserva la divinidad esencial de Jesús y Su humanidad auténtica. Jesús no fue menos Dios por asumir las dificultades de la Encarnación y permanecer fiel a las limitaciones de Su humanidad asumida. De hecho, le ofrece a Su pueblo una causa para ofrecerle ¡gloria y suprema alabanza!

La Desactivación de la Divinidad Permite que la Obediencia de Jesús sea Genuina

Sin la Encarnación completa de Jesús, sin permitirle a sí mismo valerse de los recursos de Su naturaleza divina, la raza de Adán todavía estuviera en pecado, y la obra redentora de Jesús significaría nada. El Antiguo Testamento requería que el sacrificio final por el pecado humano debía venir del "Cordero sin mancha". Para que la sangre derramada de Jesús fuera eficaz para expiar por los pecados de la humanidad, Él debía estar sin pecado. El autor de Hebreos nos dice que Jesús fue "tentado en todo como nosotros, pero sin pecado". (Hebreos 4:15) Es obvio que la humanidad de Jesús debe ser auténtica para que Su obediencia sea genuina. Si Él hubiese dependido de manera alguna en Su naturaleza divina para resistir el pecado, Su obediencia no habría sido humana y no hubiese sido aplicable a la raza de Adán. Si Jesús hubiese mantenido la obediencia basándose en los recursos de Su divinidad hubiese hecho una burla del significado de la obediencia. La divinidad no puede ser tentada por el pecado. (Santiago 1:13) La tentación simplemente no aplica a Dios. Dios es Santo, y no puede contradecirse a sí mismo. En contraste, para uno que es completamente e inviolablemente humano el nunca cometer un simple acto de pecado, era de suprema importancia para la raza humana. La sangre derramada de Jesús en el Calvario fue eficaz para lavar todo el pecado de la humanidad porque la obediencia de Jesús le calificó para ser el "Cordero sin mancha de Dios". La victoria se ganó porque Jesús reunió cada requisito redentor sin contradecir Su naturaleza y experiencia encarnada. La teoría de "oprimir el botón" representa una opinión Cristológica falsa que nulifica la doctrina bíblica de la redención humana.

La Dimensión Sobrenatural de Jesús Proveniente del Espíritu Santo

Debe estar claro en este momento que la iglesia contemporánea no debe fallar en tomar seriamente la doctrina de la Encarnación de Jesús. La salud y vitalidad de nuestra fe depende de que percibamos a Jesús con completa consistencia, en que Sus limitaciones Encarnacionales nunca fueron violadas por excursiones en la esfera de Su naturaleza y consistencia divina. Todo lo realizado por Jesús fue dentro los parámetros de Su naturaleza y conciencia divina. No obstante, una Cristología Encarnacional debe dar cuentas por desatar otra experiencia obvia de lo sobrenatural en la vida de Jesús, particularmente durante los últimos tres años de Su ministerio público. Esto nos lleva a un punto crítico en este esfuerzo por llevar a la iglesia a un recobro de la Cristología encarnacional de las Escrituras. Los recursos divinos estaban disponibles a Jesús. Jesús operó libremente en la esfera de lo sobrenatural. Una Cristología encarnacional reconoce que los recursos sobrenaturales y divinos estaban activos en Jesús. No obstante, la fuente de actividad divina en Jesús es clave a esta discusión. Jesús no dependió en Su propia naturaleza divina para penetrar en lo sobrenatural, porque Él voluntariamente rindió latente los recursos del Espíritu Santo, cuya presencia había estado habitando en Él desde Su concepción en el vientre de Su madre.

JESÚS UNA PERSONA REAL DE FE

Una verdadera doctrina de la Encarnación trae a la vanguardia el rol del Espíritu Santo en la vida de Jesús. Una vez la opción se ha eliminado de que Jesús dependa de los recursos de Su naturaleza divina, estamos liberados a ver el retrato bíblico del Jesús humano operando como una persona de fe. Aunque Jesús era débil en Su humanidad, era fuerte en la fe. Él vivió Su vida en completa dependencia de Su relación con Su Padre celestial, y de la provisión de Su Padre del Espíritu Santo. Desde la concepción, Jesús ha estado lleno con el Espíritu Santo "sin medida". (Juan 3:34) En la debilidad de Su humanidad, Jesús siempre tuvo accesibilidad al Espíritu Santo. Sin embargo, el Espíritu no funcionó sin el rendimiento y cooperación de Jesús. Cuando enfrentó tentaciones humanas reales, o los feroces dardos de opresión de Satanás, Jesús no oprimió Su botón de divinidad para activar Su naturaleza o conciencia divina. Más bien, se apoyó sobre la presencia de Su Padre, y tomó del aliento y la fuerza del Espíritu. Jesús mantuvo Su humanidad pura, y no le dio lugar al diablo, al permitirle al Espíritu Santo que lo llenara continuamente e impartiera los recursos divinos para todas Sus labores.

LAS OBRAS DE SU PADRE MEDIANTE EL ESPÍRITU

El Espíritu Santo ha habitado en Jesús desde la concepción en adelante, pero cuando Jesús se lanzó a Su ministerio público en la ocasión de Su bautismo en aguas, recibió una unción especial del poder del Espíritu, permitiendo que las obras sobrenaturales del padre se manifestaran en Su vida desde ese momento en adelante. Isaías había profetizado que el Mesías venidero recibiría la unción del Espíritu, desatando sobre Él el poder "para traer buenas nuevas a los afligidos;... para vendar a los quebrantados de corazón, para proclamar libertad a los cautivos y liberación a los prisioneros;..." (Isaías 61:1). No al presionar el botón de la divinidad, sino por el rendimiento a la unción del Espíritu, Jesús fue capaz de cumplir completamente la profecía de Isaías. Lucas señala de "cómo Dios ungió a Jesús de Nazaret con el Espíritu Santo y con poder, el cual anduvo haciendo bien y sanando a todos los oprimidos por el diablo; porque Dios estaba con El". (Hechos 10:38) Jesús no alegó haber realizado las poderosas obras del Padre por medio de Su propia divinidad inherente, sino que le otorgó el justo crédito al Espíritu operando dentro de Él. Discursando a los Fariseos, Jesús reveló la fuente de Su poder libertador. "Pero si yo expulso los demonios por el Espíritu de Dios, entonces el reino de Dios ha llegado a vosotros". (Mateo 12:28) Jesús nunca intentó cruzar los limites de Su débil y frágil humanidad en la realización de milagros poderosos. Sin embargo el poder sobrenatural fluyó de Su humanidad porque permaneció dependiendo en el Espíritu Santo, la fuente de Su poder. Aunque por naturaleza era Dios, Jesús condescendió a nuestra débil humanidad. No obstante, Su humanidad encarnada no limitó el poder sobrenatural que fluyó a través de El porque ejercitó fe en Su Padre y en la provisión del Espíritu Santo que le fue gratuitamente dada.

DEL BAUTISMO A BAUTISTA

Esto nos lleva a la dimensión revolucionaria de una Cristología encarnacional consistente, ya que contiene inmensa aplicación para una vida de iglesia saludable y vital capaz de precipitar avivamiento al más alto grado. Jesús caminó en la santificación y la unción de poder del Espíritu en la tierra. El entonces, después de haber pagado el precio en la cruz del Calvario por nuestros pecados, se levanto de los muertos para respirar vida regenerada sobre Sus discípulos. El ascendió como el Señor resucitado para convertirse en el Bautista del Espíritu Santo en Su iglesia. Cuando impartió el Espíritu Santo sobre cada creyente, los dotó con la misma presencia santificadora que le habilitó a resistir el pecado y vivir con una conciencia pura ante el Padre. Cuando derramó desde el cielo el bautismo Pentecostal del Espíritu Santo, equipó Su iglesia con la misma unción sobrenatural que caracterizó Su ministerio público.

¡No Más Excusas Para Pecar!

Si Jesús acudió a los recursos de Su naturaleza divina en la realización de Su vida sin pecado, entonces nosotros no tenemos posibilidades. Nosotros no tenemos una naturaleza divina para activarla cuando las tentaciones del pecado nos hace señas. Podemos rendirnos al pecado, y entonces expresar la excusa familiar, "pero es que sólo soy humano". Continuamos en pecado porque eso es lo que los humanos hacen. Tal escenario tiene un gran problema. No es bíblico. Jesús mismo nos enseñó, "sed vosotros perfectos como vuestro Padre celestial es perfecto". (Mateo 5:48) Al tomar del modelo de santificación de Jesús, los creyentes no tienen que desesperarse en oponerse al pecado, porque el ejemplo de Su vida encarnada continuamente nos llama a regresar a nuestro Padre celestial en completa dependencia, conociendo que el Espíritu esta siempre presente para darnos fuerza que va más allá de nuestra propia habilidad para obedecer la voluntad de Dios. No tan sólo es Jesús nuestra presencia confortante para proveernos con valentía y motivación para resistir el pecado y su influencia destructora, sino que El también es nuestra fuente de gracia, proveyendo perdón y restauración cuando nos caemos en nuestras luchas con el pecado. Al adoptar un entendimiento correcto de la Encarnación de Jesús, las excusas familiares al pecado basadas en nuestra humanidad pueden desecharse de una vez por todas. El Espíritu nos habilita con poder en nuestra humanidad para caminar en obediencia a la voluntad de nuestro Padre. Somos libres de vivir por la fe de Jesús, quien compartió nuestra humanidad común, pero venció las tentaciones del pecado por el mismo Espíritu que nos santificó.

¡No Más Excusas por Falta de Poder!

Además, si Jesús activaba Su botón de divinidad a fin de ejecutar las obras milagrosas y marcar el paisaje con Su ministerio público, entonces estamos justificados al faltarnos fe para orar por otros con la expectativa de que seguirán señales y milagros. "Seguro que Jesús realizó milagros. Después de todo, El era Dios. Yo solo soy humano". Sin embargo, nuestra falta de fe no es justificable. La Biblia presenta a Jesús como el Cristo encarnado. Aunque eternamente Dios, Jesús vino a ser completamente humano. Rechazó activar Su divinidad durante Su estadía terrenal. Vivió por fe, así como nosotros estamos llamados a vivir, en dependencia del Espíritu Santo. Además, Su Padre le designó para ministrar obras milagrosas en confirmación de la llegada del reino de Dios y como una expresión del amor del Padre por la humanidad dolida. Jesús realizó esas obras poderosas, en obediencia a la voluntad de Su Padre, sin violar nunca los confines de Su débil y frágil humanidad. Se lanzó en fe, y dio lugar al poder del Espíritu, y los resultados fueron poderosas obras. Jesús impartió a Su gente el mismo Espíritu Santo, y envió a Su iglesia el bautismo de poder del Espíritu. Nos comisionó a "predicar el evangelio a toda la creación", prometiendo a la vez que los milagros que dan testimonio acompañarían nuestra proclamación. "Y estas señales acompañarán a los que han creído: en mi nombre echarán fuera demonios, hablarán en nuevas lenguas; tomarán serpientes en las manos, y aunque beban algo mortífero, no les hará daño; sobre los enfermos pondrán las manos, y se pondrán bien". (Marcos 16:15, 17-18) Esta comisión nunca ha sido rescindida, y permanece la obligación de la iglesia mientras Jesús tarde en Su Segunda Venida.

¡Ningunas Disculpas Por Ser un Humano!

La iglesia Cristiana se moverá a un nuevo nivel de madurez y fe cuando nos permitamos a nosotros mismos ser libertados de un complejo poco saludable y negativo acerca de la humanidad. Es un error serio y no bíblico el igualar nuestra humanidad, la cual fue creada buena, con la maldad y el pecado. El problema con la raza humana no es que seamos humanos, sino que somos pecadores. Jesús vino a libertarnos del pecado y su poder, para que así podamos ser reconciliados con Dios, otros, y nosotros mismos. El vino para que nosotros podamos disfrutar una vida abundante, la cual incluye el potencial creativo completo de nuestra humanidad. Jesús personificó esa vida humana abundante. El asumió la misma naturaleza que nosotros poseemos, y vivió Su vida dentro del mismo ambiente y condiciones que nosotros enfrentamos. Y Su vida estaba llena de gozo. El nos enseñó que podemos ser libres del pecado y su poder, a través de la habitación, y la vida santificadora del Espíritu Santo. El creyente que conoce su legitimación en Cristo no tiene que excusarse por ser un humano. Sabemos que somos el templo del Espíritu Santo.

Jesús No Necesitaba una Ventaja Injusta

Las Cristologías docéticas nos roban de nuestra esperanza de ser libres de la dominación del pecado. Hacen de la humanidad de Jesús una diferente a la nuestra. Le otorgan a Jesús una ventaja injusta contra el pecado al contribuirle a Su impecabilidad las capacidades divinas que no nos están disponibles a nosotros. La línea estándar es, "Claro que Jesús no cometió pecado. El era Dios. Nosotros pecamos porque solo somos humanos". Aun así Jesús no necesitó ninguna ventaja injusta. El escritor de Hebreos restaura nuestra esperanza. El revela al Jesús auténtico que "tenía que ser hecho semejante a sus hermanos en todo". (Hebreos 2:17) Jesús tenía a Su disposición todos los poderes de Su divinidad, no obstante rechazó el comprometer la integridad de Su humanidad. El necesitaba alcanzar la victoria como un hombre, para que Su hermano hombre coseche las recompensas de Su conquista. Las únicas ventajas que Jesús tenía son las ventajas disponibles a cada creyente: nuestra relación intima con Padre Dios, y la habitación de la presencia de Jesús a través del Espíritu Santo.

Un Tsunami de Alabanza

Esto concluye la sinopsis de *Cristología Llena del Espíritu*. Este tratado doctrinal con respecto a al persona y el propósito de Jesucristo posee el potencial para reformar. Reflexionar sobre estas verdades compele a la acción. El Espíritu Santo será desatado para glorificar a Jesús entre Su pueblo. Un tsunami de alabanza que envolverá la tierra será puesto en marcha. La alabanza no será independiente, sino que entraremos como un cuerpo en las más altas alabanzas de Jesús mientras sube en crescendo al Padre. "Porque la tierra estará llena del conocimiento del Señor, como las aguas cubren el mar". (Isaías 11:9)

APENDICE 1

60 Afirmaciones de Cristología Llena del Espíritu

Introducción

En el año 529, los obispos del Concilio de Orange sometieron sus 25 artículos en oposición a la doctrina Semipelagiana y para afirmar la iniciativa de la gracia de Dios en ambas, la conversión y la santificación.

En 1517, Martín Lutero sometió sus 95 Tesis en oposición a los abusos relacionados a las indulgencias y al sacramento de penitencia y afirmó el significado bíblico del verdadero arrepentimiento.

En el 2006, yo estoy sometiendo las 60 Afirmaciones de la Cristología Llena del Espíritu en oposición a las Cristologías docéticas y para afirmar la Encarnación y unción de Jesús por el Espíritu Santo como el estándar para una vida llena del Espíritu en la iglesia de hoy.

Estos estándares están en la forma de afirmaciones a fin de facilitar su uso como declaraciones confecciónales de fe. Yo recomiendo que los Cristianos afirmen estas declaraciones de fe diariamente para renovar su conciencia y motivar una respuesta activa de las operaciones del Espíritu en este tiempo de extensión de avivamiento mundial.

LAS 60 AFIRMACIONES

1

Jesucristo es totalmente Dios, eternamente preexistente, y comparte la misma divinidad con el Padre y el Espíritu Santo "En el principio existía el Verbo, y el Verbo estaba con Dios, y el Verbo era Dios". (Juan 1:1)

2

En el consejo eterno de la trinidad, el Hijo de Dios consintió convertirse en humano por el bien de la salvación de la raza humana (Salmo 40:7-8, Hebreos 10:9-10, Juan 17:24).

3

En el tiempo señalado, el eterno Hijo de Dios fue encarnado en la persona de Jesucristo (Gálatas 4:4; Hebreos 2:14-17). Manteniendo Su identidad divina, fue concebido en el vientre de Su madre María a través de la agencia del Espíritu Santo (Lucas 1:35).

4

La naturaleza humana de Jesús era de la substancia de la humanidad de Su madre, i.e., la carne (sarx) mortal y corruptible de la raza humana la cual El vino a redimir. "Y el Verbo se hizo carne, y habitó entre nosotros,...". (Juan 1:14)

5

Los Cristianos ingenuamente descartan la importancia de la humanidad de Jesús, pensando que el colocar demasiado énfasis en la deidad de Jesús a expensas de Su humanidad es un intercambio virtuoso. Pocos se dan cuenta que la redención nuestra es nula y sin efecto si Jesús no es totalmente humano así como totalmente divino.

6

Si el Hijo no se convirtió en lo que somos como el Segundo Adán,

Apéndice 1: Las 60 Afirmaciones

entonces aquello que no asumió en la Encarnación permanece bajo la maldición del pecado. Jesús tomó todo lo que somos para que la reconciliación, la redención y la relación con el Padre puedan aplicar a nuestra humanidad completa. "Porque ya que la muerte entró por un hombre, también por un hombre vino la resurrección de los muertos. Porque así como en Adán todos mueren, también en Cristo todos serán vivificados". (I Corintios 15:21-22; Romanos 5:18-19)

7

Los atributos y la conciencia divina de Jesús fueron desactivados cuando se convirtió en humano, para que la autenticidad de Su humanidad no fuera comprometida. ". . .el cual, aunque existía en forma de Dios, no consideró el ser igual a Dios como algo a qué aferrarse, sino que se despojó a sí mismo tomando forma de siervo, haciéndose semejante a los hombres". (Filipenses 2:6-7)

8

Jesús era Dios mismo, y Él sabía eso, pero los privilegios y prerrogativas asociados con Su vida divina no le estaban disponibles como Hijo de Hombre.

9

El estatus de la divinidad de Jesús no fue amenazado por la desactivación de Sus atributos divinos y conciencia en el evento de la Encarnación, en que Su identidad como Hijo de Dios es eterna en alcance, y no es perjudicada por las restricciones temporales que fueron auto impuestas durante un tiempo breve por el bien de la redención humana. (Juan 17:5)

10

Ya que Jesús encarnado no tenía el beneficio de Su divinidad omnisciente, requirió desarrollar conciencia de Su identidad y propósito mesiánico. Su crecimiento y aprendizaje fue de acuerdo a los patrones de desarrollo humano. "Y el niño crecía y se fortalecía, llenándose de sabiduría; y la gracia de Dios estaba sobre Él. . . Y Jesús crecía en sabiduría, en estatura y en gracia para con Dios y los hombres". (Lucas 2:40, 52)

11

Conscientemente, Jesús sabía que Él era Hijo de Dios, pero no tenía memoria de Su vida y experiencia como miembro de la Trinidad. Él sabía que tenía una identidad más allá de Su vida y experiencia humana, pero cedió Su acceso natural a Su identidad divina desde la concepción hasta la tumba.

12

Jesús no era menos Dios por emprender la ordalía de la Encarnación y permanecer fiel a las limitaciones de Su humanidad asumida. De hecho, le ofrece a Su gente una causa para ofrecerle gloria y las más altas alabanzas.

13

Jesús asumió la humanidad con el propósito de la redención. Se convirtió en el Segundo Adán a fin de invertir la maldición sobre la humanidad debido a la desobediencia del primer Adán. En el lugar de Adán, Jesús se opuso a la desobediencia del primer Adán al ofrecer al Padre verdadera obediencia humana durante toda Su vida, culminando en Su muerte en la cruz. "Porque así como por la desobediencia de un hombre los muchos fueron constituidos pecadores, así también por la obediencia de uno los muchos serán constituidos justos". (Romanos 5:19)

14

Jesús, el hijo de Dios, vino al lugar mismo donde el pecado abundó, tomando en Su propia persona la naturaleza humana atrapada por el pecado, trayendo reconciliación y justicia en la arena que estaba formalmente bajo el control del pecado.

15

Mientras vivía con las limitaciones y limites de Su naturaleza humana, Jesús fue sujeto a las tentaciones comunes de la raza humana. "Porque no tenemos un sumo sacerdote que no pueda compadecerse de nuestras flaquezas, sino uno que ha sido tentado en todo como nosotros, pero sin pecado". (Hebreos 4:15)

16

Jesús resistió todas las tentaciones del pecado durante toda Su vida. El estatus de la santidad de Jesús era normal, ya que mantuvo Su vida humana en firme obediencia a la voluntad del Padre.

17

Su obediencia moral no fue un fingimiento, realizada solamente en apariencia humana, y verdaderamente alcanzada por Su destreza divina. Todo lo contrario. La carne de Jesús era idéntica a la carne de la raza de Adán cuando vivió Su vida en completa obediencia a la voluntad de Su Padre. ¡La Gloria sea a Jesús!

18

La impecabilidad de Jesús fue alcanzada a través de la dependencia continua en la presencia santificadora del Espíritu Santo, y no a través de Su divinidad inherente. "Y por ellos Yo me santifico, . . . (Juan 17:19) "...y aunque era Hijo, aprendió obediencia por lo que padeció; y habiendo sido hecho perfecto, vino a ser fuente de eterna salvación para todos los que le obedecen,...". (Hebreos 5:8-9)

19

Jesús llama a toda persona a hacer como Él hizo, al emular Su compromiso de vivir Su vida en una relación personal con Su Padre Dios, nunca rompiendo la comunión intima y nunca desviándose a desobedecerle en palabra o en hechos. Él es nuestro modelo en Su rechazo a tomar iniciativa propia en cualquier cosa, sino que estuvo dispuesto en responder a la iniciativa de Su Padre en llevar a cabo las palabras y obras que Su Padre propuso para Él. "No hago nada por mi cuenta, sino que hablo estas cosas como el Padre me enseñó". (Juan 8:28)

20

Cuando llegó el tiempo para que Jesús rindiera Su vida por los pecados del mundo en la cruz del Calvario, estaba totalmente calificado para ser el Cordero de Dios sin mancha (Levíticos 14:10; Juan 1:29; Hebreos 10:10-12). La aceptación del Padre del sacrificio de Jesús en la cruz fue basada en una obediencia moral de toda una vida, y no sobre la santidad como una cualidad inherente de Su divinidad. Tenemos causa para alabar a Jesús no solo por Su sacrificio en la cruz, pero también por Sus sacrificios diarios de obediencia humana auténtica.

21

Debemos aprender a no desviarnos de la impecabilidad de Jesús en humanidad mortal y corruptible, pero gloriarnos en ella. La humanidad alcanzó victoria eterna en el triunfo moral de Jesús contra el pecado. Por ello, nuestra naturaleza caída es ahora restaurada ante el Padre. Somos aceptados y justificados con nuestro Dios santo porque Jesús tomó nuestra naturaleza y la hizo sin pecado (Romanos 8:3; II Corintios 5:17).

22

Cuando Jesús entró a Su ministerio público después de Su bautismo, El obró milagros para glorificar a Su Padre, para demostrar que Su carácter fue totalmente compasivo para satisfacer la necesidad humana, y para confirmar Su propósito Mesiánico. "Y Jesús recorría todas las ciudades y aldeas, enseñando en las sinagogas de ellos, proclamando el evangelio del reino y sanando toda enfermedad y toda dolencia. Y viendo las multitudes, tuvo compasión de ellas, . . .". (Mateo 9:35-36) ". . .anduvo haciendo bien y sanando a todos los oprimidos por el diablo; porque Dios estaba con El". (Hechos 10:38) "El Hijo de Dios se manifestó con este propósito: para destruir las obras del diablo". (I Juan 3:8)

23

El Espíritu Santo habitó y llenó la vida humana de Jesús, para que la presencia y capacidad divina sobrenatural estuvieran siempre con El. Jesús nunca intentó caminar fuera de los límites de Su débil y frágil humanidad en la realización de milagros poderosos. Aun así, poder sobrenatural fluyó de Su humanidad, porque permaneció dependiente del Espíritu Santo, la fuente de Su poder.

24

Que la presencia de divinidad dentro de la humanidad de Jesús fue el Espíritu Santo, y no Su propia naturaleza divina como Hijo de Dios, es un asunto de inmensa importancia doctrinal. (Juan 3:34-35; Isaías 42:1, 61:1; Mateo 12:15-18; Lucas 4:16-21)

25

La divinidad que Él expresó no era Su divinidad inherente como de Verbo e Hijo, sino que tuvo su fuente en otro miembro de la Trinidad. El rol de Jesús como un modelo de comportamiento humano deseado, tiene validez porque la fuente de agencia divina dentro de Él impulsándolo y habilitándolo con poder a realizar las obras del Padre, es el Espíritu Santo. "Vosotros sabéis cómo Dios ungió a Jesús de Nazaret con el Espíritu Santo y con poder, . . .". (Hechos 10:38) "Jesús lleno del Espíritu Santo, . . .fue llevado por el Espíritu . . .Jesús regresó a Galilea en el poder del Espíritu; . . . ". (Lucas 4:1, 14) "Pero si expulso los demonios por el Espíritu de Dios, entonces el reino de Dios ha llegado a vosotros". (Mateo 12:28)

26

La opinión Cristiana por demasiado tiempo ha falsamente alzado a Jesús en un pedestal al tribuirle los milagros que realizó a Su majestad divina. Aunque Jesús merece toda nuestra alabanza por Su legado de obras milagrosas, no nos estamos detractando de la alabanza que a Él se debe porque reconozcamos que Sus milagros fueron realizados a través de la unción del Espíritu que estaba sobre Él. El que Él ministrara tan poderosamente sin depender en los recursos de Su propia naturaleza divina es un logro de mayor magnitud que si hubiese insistido en utilizar Su divinidad.

27

Al realizar obras milagrosas en la debilidad de Su humanidad, a la vez que dependía del poder del Espíritu, Jesús estaba demostrando a Sus discípulos como Su ministerio sobrenatural debía continuarse cuando Él ya no estuviera físicamente presente. Si Jesús dependió en el Espíritu para realizar obras milagrosas, nosotros también podemos. "Y Él me ha dicho: Te basta mi gracia, pues mi poder se perfecciona en la debilidad. Por tanto, muy gustosamente me gloriaré más bien en mis debilidades, para que el poder de Cristo more en mí. . . .porque cuando soy débil, entonces soy fuerte". (II Corintios 12:9-10)

28

Si Jesús hubiese activado los atributos de Su naturaleza divina durante Su misión encarnada, tanto en resistir la tentación como en obrar milagros, hubiese violado los estándares de redención puestos por Su Padre. (Mateo 27:42; Lucas 22:42)

29

No es consistente con la naturaleza de la humanidad el manifestar atributos divinos. El admitir que se cree en la Encarnación mientras se contiende que Jesús manifestó atributos de Su naturaleza divina, representa una contradicción lógica. La Encarnación del Hijo de Dios es una realidad bíblica esencial. Por lo tanto, la inactividad de los atributos divinos de Jesús durante Su misión redentora es una consecuencia necesaria de Su Encarnación, y representa la única conclusión lógica que preserva la divinidad esencial de Jesús y Su humanidad auténtica.

30

Después de Su resurrección de la muerte, Jesús se levantó como el Redentor de toda humanidad. Su acto de soplar sobre Sus discípulos para recibir el Espíritu Santo representó la inauguración del nuevo nacimiento dentro de la historia humana. Colectivamente, Su discípulos recién nacidos fueron constituidos como los primeros miembros de la iglesia Cristiana. "...Jesús vino y se puso en medio de ellos, y les dijo: "Paz a vosotros'. Y diciendo esto, les mostró las manos y el costado. Entonces los discípulos se regocijaron al ver al Señor. Jesús entonces les dijo otra vez: 'Paz a vosotros; como el Padre me ha enviado, así también yo os envío'. Después de decir esto, sopló sobre ellos y les dijo: 'Recibid el Espíritu Santo'". (Juan 20:19-22)

31

El soplo de vida regenerada que Jesús realizó sobre esos discípulos significa el nacimiento de la iglesia. Desde este momento en adelante, todos los miembros de la raza humana dispuestos a recibir a Jesús como el Redentor resucitado pueden convertirse en hijos e hijas de Dios, y miembros de la iglesia. "Pero a todos los que le recibieron, les dio el derecho de llegar a ser hijos de Dios, es decir, a los que creen en su nombre,...". (Juan 1:12)

32

La fe para recibir a Jesús y Su salvación nunca debe ser considerada como una obra de parte nuestra, algo realizado para ganar nuestra salvación. Eso dejaría espacio de nuestra parte para jactarnos de que hemos contribuido a nuestra propia salvación. Pablo aprueba el jactarse solo en Dios, cuya gracia solamente, es responsable por nuestra salvación. "Porque ¿quién te distingue? ¿Qué tienes que no recibiste? Y si lo recibiste, ¿por qué te jactas como si no lo hubieras recibido?" (I Corintios 4:7)

33

Las obras humanas ni pueden añadir ni tampoco quitarle a la obra de Jesucristo en la cruz. La justificación está basada solamente en la victoria que fue terminada en la cruz, y es actualizada en el individuo simplemente al creer en los logros de Jesús. "Porque por gracia habéis sido salvados por medio de la fe, esto no de vosotros, sino que es don de Dios; no por obras, para que nadie se gloríe". (Efesios 2:8-9)

34

La presencia, bendiciones y poder de Jesús, no son metas externas a ser adquiridas por una ejecución espiritual superior, sino que son dones libremente otorgados que acompañan la presencia de Cristo. El Espíritu no responde a las obras del creyente, sino que guía al creyente a responder a las obras de Cristo en Su misión continua en la tierra. "Pero cuando El, el Espíritu de verdad, venga, os guiará a toda la verdad, porque no hablará por su propia cuenta, sino que hablará todo lo que oiga, y os hará saber lo que habrá de venir. El me glorificará, porque tomará de lo mío y os lo hará saber. Todo lo que tiene el Padre es mío; por eso dije que El toma de lo mío y os la hará saber". (Juan 16:13-15)

35

Cuando a los Cristianos se les encuentra tratando de impresionar a Dios, de mostrarse capaz, de realizar algo para Dios, o tratando de obtener las bendiciones de la vida abundante por ejecuciones espirituales, están desplegando síntomas de conducta inmadura y carnal.

36

Los Cristianos no viven **para** Jesús, sino que, han muerto a la vida propia y se han convertido en **recipientes de Cristo** a través de la presencia del Espíritu. "Con Cristo he sido crucificado, y ya no soy yo el que vive, sino que Cristo vive en mí; y la vida que ahora vivo en la carne, la vivo por fe en el Hijo de Dios, el cual me amó y se entregó a sí mismo por mí". (Gálatas 2:20)

37

Se nos hace difícil realmente creer que nuestro Evangelio es un Evangelio de gracia. En vez de recibir agradecidamente a Jesucristo y la dotación completa de los dones y beneficios asociados con Su bautismo en el Espíritu, somos tentados a regresar a la carnalidad al intentar realizar algo para Dios para reciprocarle por nuestra buena fortuna. "Pero si es por gracia, ya no es a base de obras, de otra manera la gracia ya no es gracia". (Romanos 11:6)

38

Convertirse en un creyente nacido de nuevo lleva la responsabilidad de permanecer en Jesús (Juan 15:4) y contribuir a la labor de la Gran Comisión que El asignó a la iglesia previo a Su ascensión. La iglesia ha sido comisionada por Jesús a hacer nuevos discípulos, y a transmitir Su Evangelio a las partes más remotas del mundo. (Mateo 28:19-20; Marcos 16:15-16)

39

Jesús requirió que Su iglesia recibiera el bautismo del Espíritu Santo de habilitación de poder antes de lanzarse a comenzar la implementación de Su Comisión. "Y he aquí, yo enviaré sobre vosotros la promesa de mi Padre; pero vosotros, permaneced en la ciudad hasta que seáis investidos con poder de lo alto". (Lucas 24:49) ". . .les mandó que no salieran de Jerusalén, sino que esperaran la promesa del Padre: . . . pues Juan bautizó con agua, pero vosotros seréis bautizados con el Espíritu Santo dentro de pocos días". (Hechos 1:4-5)

40

Después de Su ascensión, Jesús asumió Su rol como Bautista en el Espíritu Santo. "El os bautizará con el Espíritu Santo y con fuego".

Apéndice 1: Las 60 Afirmaciones

(Mateo 3:11) En el Día de Pentecostés, Él bautizó a Su iglesia con poder de lo alto, habilitándolos para confirmar la proclamación del Evangelio con señales y milagros que le sigan. Así que, exaltado a la diestra de Dios, y habiendo recibido del Padre la promesa del Espíritu Santo, ha derramado esto que vosotros veis y oís". (Hechos 2:33)

41

El mismo Jesús que asumió Su rol como Bautista del Espíritu Santo en el Día de Pentecostés, es Aquel que recibió y dependió en el Espíritu Santo en Su humanidad encarnada. Dador del Espíritu Santo como Dios, Jesús también recibió el Espíritu Santo cuando se convirtió en humano por el bien de la redención humana.

42

Desde el Día de Pentecostés, el bautismo del Espíritu Santo ha estado disponible para todos los creyentes, representando una experiencia subsiguiente de poder después de la conversión. (Hechos 2:38-39)

43

Aunque el bautismo del Espíritu puede recibirse en simultaneidad cronológica con el nuevo nacimiento, no obstante lógicamente siempre debe permanecer una experiencia distinta a la conversión. El Espíritu Santo llega para habitar en el creyente en la conversión, trayendo perdón y regeneración. En el bautismo del Espíritu, el Espíritu Santo equipa sobrenaturalmente la creyente regenerado con dones, señales y milagros con el propósito expreso de realizar la Comisión de Jesús. ".. .pero recibiréis poder cuando el Espíritu Santo venga sobre vosotros; y me seréis testigos en Jerusalén, en toda Judea y Samaria, y hasta los confines de la tierra". (Hechos 1:8)

44

La recepción del bautismo del Espíritu es evidenciada por el hablar en lenguas desconocidas, como fue típico en el Libro de Hechos. "Todos fueron llenos del Espíritu Santo y comenzaron a hablar en otras lenguas, según el Espíritu les daba habilidad para expresarse". (Hechos 2:4)

45

El hablar en lenguas es primero un lenguaje de oración, y puede hablarse a voluntad propia como una forma habilitadora de poder y devocional de comunicación con Dios el Padre. "Porque el que habla en lenguas no habla a los hombres, sino a Dios, ...". (I Corintios 14:2) El espíritu humano fue creado para emprender una comunión continua con el Espíritu Santo, y la expresión de lenguas es un medio primario de mantener intimidad con Jesús y experimentar Su ministerio en una continua relación. "... sino que en su espíritu habla misterios". (I Corintios 14:2) Secundariamente, es un don a ser expresado en una forma ordenada entre creyentes cuando un interprete de lenguas está presente. (I Corintios 14:27-28)

46

Como el orar en el lenguaje de nuestro entendimiento, orar en el lenguaje del Espíritu es una acción controlada a ocurrir libremente siempre que el hablante esté dispuesto. "Entonces ¿qué? Oraré con el espíritu, pero también orare con el entendimiento; cantaré con el espíritu pero también cantaré con el entendimiento". (I Corintios 14:15) Cuando el Cristianismo contemporáneo redescubra e implemente el patrón bíblico concerniente a Jesús como Bautista en el Espíritu Santo y la revelación Paulina concerniente al hablar en lenguas, un avivamiento encenderá a la iglesia con una reformación duradera que aparecerá en el horizonte.

47

Hemos visto que las lenguas son una forma de oración. Más específicamente, las lenguas son una expresión de adoración tan absolutamente puras y primordiales que su significado trasciende la comprensión conceptual. "Pero si yo oro en lenguas, mi espíritu ora, pero mi entendimiento queda sin fruto". (I Corintios 14:14) A la vez que el hablante rinde el consentimiento para expresar esta forma profunda de alabanza a Dios, el Espíritu Santo infunde el ser completo del hablante con poder sobrenatural. "El que habla en lenguas, a sí mismo se edifica, ...". (I Corintios 14:4) Las expresiones son habladas como un acto de fe, un rendimiento total de voz y lengua, de silabas no conocidas al intelecto. El orgullo de la inteligencia humana debe inclinarse en sumisión al balbuceo incomprensible que se creen que son las humildes articulaciones de una vasija completamente rendida.

48

Jesús vivió una vida humana auténtica en completa dependencia en el Espíritu Santo. Él ejemplificó una vida de fe consistente en la provisión de Su Padre a través del Espíritu Santo. Aunque débil en Su humanidad, era fuerte en la fe. "Cristo en los días de su carne, habiendo ofrecido oraciones y súplicas con gran clamor y lágrimas al que podía librarle de la muerte, fue oído a causa de su temor reverente; ...". (Hebreos 5:7) Esta vida de completa dependencia no solo le habilitó a reunir los requisitos para la redención, sino que también le sirvió para demostrar en Su propia vida el modelo de vivir una vida llena del Espíritu la cual El desea que los creyentes sigan.

49

La santidad de Jesús fue a través de la obediencia moral en la dependencia de la presencia santificadora del Espíritu Santo, y no a causa de la santidad inherente de Su naturaleza divina. Intencionalmente, estableció un modelo para vivir una vida santificada para todos los creyentes, en la cual el Espíritu Santo está presente en todos los creyentes para producir una santificación en unión con Su humanidad santa. "Pues por cuanto El mismo fue tentado en el sufrimiento, es poderoso para socorrer a los que son tentados". (Hebreos 2:18)

50

La misión personal y destino de la vida del creyente individual puede alcanzarse solamente a la vez que el Espíritu Santo se le es dado la libertad para imponer el Señorío de Jesús en cada faceta de pensamiento y acción.

51

Jesús no activó adredemente los atributos sobrenaturales de Su naturaleza divina, y dependió en el poder del Espíritu al hacer realidad Su ministerio milagroso. El desea para Su iglesia, a través de la experiencia del bautismo del Espíritu, obrar las mismas y aun mayores obras que realizó en el ejercicio de Su ministerio público. "En verdad, en verdad os digo: el que cree en mí, las obras que yo hago, él las hará también; y aun mayores que éstas hará, porque yo voy al Padre". (Juan 14:12) El mismo Espíritu Santo que habilitó con poder a Jesús, está disponible para habilitar con poder a Su iglesia en el mundo hoy.

52

Jesús vivió toda Su vida encarnada con este propósito en mente. El intencionó para Su existencia humana que fuera un modelo para Su iglesia de lo que significa vivir una vida en completa sumisión y conformidad con las operaciones del Espíritu Santo. Esto es verdad para ambos, en la santidad y en la habilitación de poder.

53

Si Jesús hubiese hecho las obras del Padre mediante la dependencia en Su divinidad inherente, entonces no hubiese cualificada para ser nuestro ejemplo. Nosotros no, ni nunca tampoco, tendremos una naturaleza humana que sea la fuente de nuestras palabras y obras. Pero si el mismo Espíritu Santo provisto por el Padre para que Jesús confiara en El, también es provisto a nosotros, entonces la posibilidad existe ahora para que Jesús sea nuestro ejemplo. "... pues como El es, así somos también nosotros en este mundo". (I Juan 4:17) "El que dice que permanece en El, debe andar como El anduvo". (I Juan 2:6) "Porque para este propósito habéis sido llamados, pues también Cristo sufrió por vosotros, dejándoos ejemplo para que sigáis sus pisadas". (I Pedro 2:21)

54

Es fútil intentar seguir el ejemplo del estilo de vida de Jesús sin antes haberlo recibido como un don. La humanidad desprovista del Espíritu Santo esta impotente para emular el estilo de vida que Jesús modeló.

55

El bautismo del Espíritu impartido por Jesús sobre la iglesia temprana nunca fue rescindido, sino que representa un depósito continuo de vida espiritual y poder disponible a cada generación de creyentes que participe. Jesús nunca intencionó que Su Evangelio fuera transmitido solamente en palabra, sino comunicado a un mundo necesitado de demostración del Espíritu y poder. "Y ni mi mensaje ni mi predicación fueron con palabras persuasivas de sabiduría, sino con demostración del Espíritu y

Apéndice 1: Las 60 Afirmaciones

de poder, para que vuestra fe no descanse en la sabiduría de los hombres, sino en el poder de Dios". (I Corintios 2:4) "Porque el reino de Dios no consiste en palabras, sino en poder". (I Corintios 4:20)

56

Cuando El impartió el Espíritu Santo a cada creyente, los dotó con la misma presencia santificadora que le habilitó a resistir el pecado y a vivir con una conciencia pura ante el Padre. Cuando vertió desde el cielo el bautismo Pentecostal del Espíritu Santo, equipó a Su iglesia con la misma unción sobrenatural que caracterizó Su ministerio público. "Y en cuanto a vosotros, la unción que recibisteis de El permanece en vosotros, . . .". (I Juan 2:27)

57

Si los Cristianos ven las obras sobrenaturales de Jesús como estableciendo un modelo para lo que la iglesia debe alcanzar, entonces la fe se incrementa dentro de la iglesia para seguir con el reto de la Gran Comisión. "Y estas señales acompañarán a los que han creído: en mi nombre echarán fuera demonios, hablarán en nuevas lenguas; tomarán serpientes en sus manos, y aunque beban algo mortífero, no les hará daño; sobre los enfermos pondrán las manos, y se pondrán bien". (Marcos 16:17-18)

58

El incentivo se reduce cuando los creyentes enfrentan una asignación desalentadora sin la confianza de que la asistencia sobrenatural está disponible. El aplaudir a Jesús por Su ministerio sobrenatural, mientras se cree que somos impotentes de realizar obras similares, no le ofrece ninguna gloria.

59

Jesús enseñó a Sus discípulos a esperar un estilo de vida de la unción del Espíritu. Jesús totalmente intencionó que Su vida de santificación y poder fuera reproducida por aquellos que vendrían después de El, porque el Espíritu que llenó Su humanidad también los llenaría a ellos. "Pero vosotros tenéis unción del Santo, y todos vosotros lo sabéis". (I Juan 2:20)

60

Nuestro rol no es imitar las acciones de Jesús como recordamos Sus hechos, sino el participar con Él a la vez que Él continúa ministrando a la gente en el poderoso poder del Espíritu. "Y ellos salieron y predicaron por todas partes, colaborando el Señor con ellos, y confirmando la palabra por medio de las señales que le seguían". (Marco 16:20) Las vasijas dispuestas libres a usarse son aquellas que se someten al bautismo del Espíritu Santo. Ninguna otra ocupación gloriosa ha agraciado más a los hijos de Dios que el ser la habitación del Espíritu Santo.

APENDICE 2

ORAL ROBERTS UNIVERSITY	Oral Roberts *Founder/Chancellor*

December 12, 2005

Dr David Dorries
c/o ORU
Tulsa, OK

Dear Dr. Dorries:

The term, "volitional tongues," is one I've never heard of. It was at the seminars I led at the pre-opening of ORU in the first 3 buildings that the Lord gave me the term, "The prayer language of the Holy Spirit," and the extended teaching of praying in tongues at will, and, of praying back to our minds the interpretation.

To help me expound this revelation of the Apostle Paul were special spiritual charismatic leaders such as Dr. Jim Brown, Dr. William Reed, Tommy Tyson, Jean Stone, Howard Ervin, Dr. John Peters, Harald Bredesen — and others, mostly historic ministers; also, Dennis Bennett of the Episcopal church in Van Nuys, California.

The Pentecostal was David du Plessis from South Africa, who was prominent in the "open door" of Pope John between the Pentecostals and Catholics in the early 60's. There were others I had teaching with me who also had fresh revelations of tongues which was new at the time.

I think the best thing God enabled me to do was (1)

introducing the prayer language and interpretation to the mind, which came out of my own experience as I walked the bare grounds trying to know how to build ORU from "nothing," and that along with seed-faith became the answer; (2) bringing these leaders mostly from historic churches to share with the 300-600 groups who came at my invitation where we boarded them free as our seed for 10 days at a time.

There were other "break-outs" of this revelation in Catholic groups and others that we later heard about.

God bless you in your most important work.

Sincerely,

Oral Roberts

CARTA DE ORAL ROBERTS

Dr. David Dorries
c/o ORU
Tulsa, OK.

Querido Dr. Dorries:

El término, "lenguas volitivas", es uno que nunca he escuchado. Fue en los seminarios que dirigí en la pre-apertura de ORU en los primeros 3 edificios que el Señor me dio el término, "El lenguaje de oración del Espíritu Santo", y la extensa enseñanza de las lenguas de oración <u>a voluntad</u>, <u>y</u>, de orar otra vez a nuestras mentes la interpretación.

Apéndice 2: Carta de Oral Roberts

Para ayudarme a exponer esta revelación del Apóstol Pablo fueron de especial ayuda lideres espirituales carismáticos como el Dr. Jim Brown, Dr. William Reed, Tommy Tyson, Jean Stone, Howard Ervin, Dr. John Peters, Harold Bredesen y otros, mayormente ministros históricos; también, Dennis Bennett de la Iglesia Episcopal en Van Nuys, California.

El Pentecostal fue David du Plessis de Sur África, quien fue prominente en la "puerta abierta" del Papa Juan entre los Pentecostales y Católicos en los comienzos de la década de los 60. También hubo otros que yo tenía enseñando conmigo que también tenían una revelación refrescante de las lenguas la cual era nueva en ese momento.

Yo creo que la mejor cosa que Dios me habilitó a realizar fue (1) el introducir el lenguaje de oración he interpretación a la mente, el cual vino de mi propia experiencia mientras yo caminaba los terrenos baldíos tratando de conocer como construir ORU de la "nada", y que junto a la fe-semilla vino a ser la contestación; (2) el traer a estos lideres la mayoría de iglesias históricas a compartir con los 300-600 grupos que vinieron a mi invitación donde los abordamos libremente como nuestra semilla por 10 días a la vez.

También hubo otros "rompimientos" de esta revelación en grupos Católicos y en otros que escuchamos luego.

Dios le bendiga en su trabajo de tanta importancia.

Sinceramente,
Oral Roberts

El texto aquí debajo representa la pregunta que yo les enviara a Oral Roberts y otros eruditos en Diciembre del 2005. La carta de Oral Roberts (Apéndice 2) es en respuesta a esta pregunta. Le estoy profundamente agradecido al Canciller Roberts por el tiempo y esfuerzo que incurrió en contestar mi pregunta, así como por su permiso de publicar su carta.

"Estoy en el proceso de completar un capítulo en la historia de hablar en lenguas para un libro que estoy escribiendo. No he sido capaz de identificar que persona o grupo recobró la enseñanza que he llamado "lenguas volitivas", eso es, la realización de que hablar en lenguas pueden ser habladas a voluntad por cualquier creyente. Yo creo que hablar en lenguas es el lenguaje de oración del espíritu humano, movido por el Espíritu Santo que habita adentro. Esta parece ser la enseñanza de Pablo en I de Corintios 14, pero fue perdida por la iglesia por siglos. Parece haber sido reconocida por muchos cuando el Movimiento Carismático entro en prominencia en la década de 1960, sin embargo la perspectiva de las "lenguas volitivas" debe haber entrado antes, posiblemente en la década de 1940 o 1950. Las personas con las cuales he hablado han sugerido varias posibilidades por el recobro: Smith Wigglesworth, John G. Lake, Movimiento de la Lluvia Tardía (Canadá – 1948), Oral Roberts, Demos Shakarian y Harold Bredesen. Yo creo que las "lenguas volitivas" fue una brecha importante, ya que los creyentes comenzaron a reconocer que ellos podían orar en lenguas a voluntad propia, ayudando a introducir la unción del Espíritu y la comunicación sobrenatural. Esto permitió que otros dones fueran estimulados al creyente, y, como Oral Roberts nos ha enseñado, el orar otra vez la interpretación a uno mismo. Previo a esta perspectiva, las personas sentían que ellos tenían que estar en un estado emocional especial para hablar en lenguas, lo cual hacía la experiencia muy subjetiva y esporádica. Muchos lucharon en "elaborar" el sentimiento o estado espiritual correcto. El apóstol Pablo quería que los creyentes oraran en lenguas a voluntad propia, y por lo tanto frecuente y regularmente. Por favor ayúdeme a descubrir quien le ayudó a la iglesia a recobrar esta importante enseñanza Paulina".

David W. Dorries, Ph.D.
Universidad Oral Roberts
ddorries@oru.edu

APENDICE 3

COMO RECIBIR A JESÚS COMO TU SALVADOR PERSONAL

"Pero a todos los que le recibieron, les dio el derecho de llegar a ser hijos de Dios, es decir, a los que creen en su nombre, ..." (Juan 1:12)

El Evangelio no es acerca de lo que nosotros debemos realizar para adquirir a Jesús y Su salvación. El Evangelio es acerca de lo que Jesús realizó para proveer salvación para la raza humana, libremente y sin condiciones.

El cambio en nuestras vidas llega sólo después que recibimos a Jesús, no antes. Solamente cuando Él ha sido invitado a entrar es que comienza el proceso de cambio. El Espíritu Santo acompaña a Jesús, y hace posible el cambio. El recibir a Jesús solo requiere que lleguemos con manos vacías, como pecadores. Venimos, dispuestos a recibir a Jesús como un don. Sabemos que no nos hemos ganado, y tampoco merecemos, la salvación que provee Jesús. Venimos, como personas necesitadas, dispuestas a recibir.

"Porque por gracia habéis sido salvados por medio de la fe, y esto no de vosotros, sino que es don de Dios; no por obras para que nadie se gloríe". (Efesios 2:8-9)

Nadie está excluido de la oferta de salvación por medio de Jesucristo. Jesús no se avergonzó el convertirse en humano. Él vivió una vida de completa obediencia humana y se dio a sí mismo a la muerte de la cruz por causa de nosotros. Lo que hizo por la humanidad aplica a cada miembro de la raza humana.

"El mismo es la propiciación por nuestros pecados, y no sólo por los nuestros, sino también por los del mundo entero". (I Juan 2:2)

Has esta oración a Dios ahora, con sinceridad, y Jesús gustosamente vendrá y habitará en ti permanentemente como tu Salvador y Señor.

"Querido Padre Dios, gracias por Jesús, y por Su vida, muerte y resurrección por mi causa. Vengo a ti como pecador, no digno de Tu salvación. Le pido a Jesús que venga a mi vida en este preciso momento a través del Espíritu Santo. Recibo perdón por todos mis pecados, y acepto un nuevo comienzo en la vida con Jesús como Señor. Padre, ahora yo sé que soy un creyente nacido de nuevo. Sé que ahora tengo vida, abundante y eterna. Guía y controla mi vida, desde este día en adelante. ¡Amén!

Querido Lector, si has recibido a Jesucristo como tu Salvador personal como resultado de este libro, estaría sumamente contento contigo de compartir las buenas noticias conmigo.

Tanto en correo electrónico, como escribirme o llamarme lo puedes hacer a las localizaciones siguientes:

David Dorries
ddorries@oru.edu
Ministerios Kairos Internacional
P.O. Box 575
Coweta, OK 74429
918.495.6894
Visita nuestro sitio en la Internet en:
www.kairostime.com

APENDICE 4

COMO RECIBIR EL BAUTISMO DEL ESPÍRITU SANTO

Cuando Jesús bautizó a Sus discípulos en el Día de Pentecostés, El estaba haciendo disponible el bautismo del Espíritu para todos los Cristianos por todos los tiempos. De hecho, El requiere que todos los Cristianos reciban este "*poder de lo alto*" (Lucas 24:49) antes de tratar de llevar a cabo Su obra. Lo mejor de la fuerza humana es funestamente inadecuada para cumplir los propósitos de Jesucristo en la tierra. Necesitamos los recursos sobrenaturales del bautismo del Espíritu para poder implementar la voluntad de Dios.

Nuestra confianza de que hemos recibido el bautismo del Espíritu Santo es la experiencia de hablar en lenguas. Ya que es una forma de oración, es una expresión hablada que el creyente es capaz de controlar. Cuando el bautismo del Espíritu fue primeramente desatado por Jesús sobre Sus discípulos, **ellos "*comenzaron a hablar en otras lenguas, según el Espíritu les daba habilidad para expresarse*".** (Hechos 2:4) Observa que el creyente fue el que habló, no el Espíritu Santo. Algunas personas tienen la idea que el hablar en lenguas es como un trance espiritual más allá del control del hablante. La idea no es bíblica. Pablo enseñó que el hablar en lenguas es una práctica voluntaria. "*. . . Oraré con el espíritu . . . cantaré con el espíritu . . .*".

(I Corintios 14:15) Él instruyó a los creyentes a no hablar en lenguas en la asamblea cuando no esta un interprete presente. En ese caso, es mejor "*que guarde silencio en la iglesia y que hable para sí y para Dios*". (I Corintios 14:28) Esto implica que el hablar en lenguas es capaz de ser controlado. Viendo el hablar en lenguas como una actividad frenética realizada en un estado de trance es una cosa de religiones paganas, no es la práctica bíblica de hablar en lenguas en la experiencia Cristiana.

Como oraciones, el hablar en lenguas está establecido para cada Cristiano, porque es un medio para que el creyente experimente comunión interna con el Espíritu Santo. Esta práctica introduce al creyente dentro de la esfera sobrenatural del poder del Espíritu. El creyente es edificado en la fuerza del Espíritu, y viene a estar disponible para operar en todos los dones del Espíritu Santo. Dios no muestra parcialidad. No permitirá estos privilegios a algunos de Sus hijos, mientras se los priva a otros. Pablo apeló a todos los Cristianos cuando dijo, "*Yo quisiera que todos hablarais en lenguas,...*". (I Corintios 14:5) El bautismo del Espíritu ha sido desatado sobre la iglesia, y continúa estando disponible a todos.

Cualquiera que desee recibir el bautismo del Espíritu, debe tener en mente que orar en lenguas pronto será tan simple para ti como el orar a Dios en tu propio entendimiento. Tu primer paso es pedirle a Padre Dios que te bautice en el Espíritu Santo. Comienza a agradecerle y a hablarle, pero no te permitas a ti mismo el hablar en tu propio lenguaje o en cualquier otro lenguaje. Habla solo en "silabas de fe".[66] Comienza a ejercitar tus cuerdas vocales. Permite que sonidos sean vocalizados, sin esperar entender lo que estas diciendo. Mientras estas hablando estas expresiones desconocidas, oblígate a ti mismo a detenerte. Entonces comienza de nuevo. Esto te asegurará que has escogido el hablar en lenguas, y a hacerlo a voluntad propia en cualquier momento.

Enfócate en Jesús mientras permites que nuevas lenguas fluyan. ¡Estas ahora bautizado en el Espíritu Santo! Habla en lenguas libre y frecuentemente. Te encontraras a ti mismo más receptivo

APÉNDICE 4: COMO RECIBIR DEL ESPÍRITU SANTO

a las cosas de Dios. Mantente abierto a recibir otros dones del Espíritu. (I Corintios 12:8-10) ¡Nunca serás el mismo!

Querido Lector, si has recibido el bautismo del Espíritu Santo como resultado de este libro, estaría sumamente contento contigo de compartir las buenas noticias conmigo.

Tanto en correo electrónico, como escribirme o llamarme lo puedes hacer a las localizaciones siguientes:

David Dorries
ddorries@oru.edu
Ministerios Kairos Internacional
P.O. Box 575
Coweta, OK 74429
918.495.6894
Visita nuestro sitio en la Internet en:
www.kairostime.com

NOTAS FINALES

1 Quisiera agradecer a dos personas que desempeñaron un papel importante en el título que he escogido para este libro. Mi amigo y colega, **Dr. Daniel Thimell**, sugirió el término *Cristología Llena del Espíritu* por el nombre de la perspectiva Cristológica presentada en el mismo. El **Canciller Oral Roberts** me ayudó indirectamente con el subtítulo. Él fundó un seminario como parte de su universidad con la razón específica de **fusionar teología con el poder del Espíritu Santo**. Ver la articulación de la visión del Canciller Roberts para el seminario en su autobiografía, *Expect a Miracle*, Nashville, TN: Thomas Nelson Publishers, 1995, p. 321.

2 Oral Roberts, *Expect a Miracle*, Nashville, TN: Thomas Nelson Publishers, 1995, p. 321.

3 Mi fuente para estas estadísticas es el *World Christian Trends AD 30-AD 2200*. David B. Barrett y Todd M. Jonson, Pasadena, CA: William Carey Library, 2001, p. 4.

4 Según definido en *The New International Dictionary of Pentecostal Charismatic Movements* (ed., Stanley M. Burgess, Gran Rapids, MI: Zondervan, 2002, p. xvii-xviii), "'neocarismático' es una categoría incluye-todo, que comprende 18,810 independientes, indigentes, denominaciones posdenominacionales y grupos que no pueden ser clasificados ni como Pentecostales ni carismáticos pero comparten un énfasis común en el Espíritu Santo, dones espirituales, experiencias que parecen Pentecostales (no una terminología Pentecostal), señales y milagros y encuentros de poder".

5 Otro líder que resistió el prejuicio anti-intelectual de la expansión Pentecostal / Carismática para fundar una escuela graduada acreditada, Regent University, ofreciendo también una educación teológica de primera, es Pat Robertson. En adición, las denominaciones Pentecostales han buscado la excelencia en la educación teológica, e.g., Seminario Teológico de las Asambleas de Dios y el Seminario Teológico de la Iglesia de Dios. El Seminario Teológico Fuller, aunque no es Pentecostal / Carismático en orientación, por décadas ha provisto un sólido entrenamiento académico teológico para los estudiantes P/C.

6 Dr. Flip Buys, Manila T.O.P.I.C. Report, en línea en www.puk.ac.za/theology/manil.htm.

7 La Definición de Fe original fue la declaración confesional producida en el Concilio de Calcedonia (451). La Definición de Fe ganó importancia a través de siglos de herejías Cristianas según reconocidas por todas las ramas principales de la Cristiandad porque capturó las creencias ortodoxas de la iglesia concerniente a la persona y obra de Jesucristo al resumir preciosamente las conclusiones de los cuatro concilios ecuménicos principales en la supresión de las herejías Cristológicas.

8 La Biblia confirma la existencia histórica de Jesús. No obstante más allá de las Escrituras, otros escritores religiosos y seculares confirman Su existencia histórica.

9 Aunque José fue el padre terrenal de Jesús, no lo fue biológicamente. La concepción sobrenatural de Jesús será considerada luego.

10 Los nombres de los cuatro hermanos de Jesús fueron Santiago, Judas, José y Simón. El número de hermanas no se conoce precisamente, pero la leyenda sugiere dos (María y Salomé) o posiblemente tres. Los eruditos difieren acerca de si ellos eran los hermanos y hermanas menores de Jesús, nacidos a María y José, o los hijos de otro matrimonio previo de José.

11 Jesús no esquivó las conexiones familiares según formaba Su equipo ministerial. Aun Su propia familia estuvo bien representada. Dos de los primos de Jesús estuvieron entre los doce discípulos, Santiago y Juan, quienes eran hermanos. Dos de los hermanos de Jesús (Santiago y Judas) y otro primo (Simeón) se convertirían en líderes en la iglesia temprana, pero no le siguieron antes de Su muerte. Otras dos combinaciones de dos hermanos integraron los doce originales (Andrés y Pedro, Santiago y Mateo). La actitud positiva de Jesús acerca de los miembros familiares participando en el liderato de Su equipo indica que Él no intentó separar la vida familiar del ministerio.

12 Vea los ejemplos de la sensibilidad de Jesús a los individuos; Zaqueo (Lucas 19:1-10), Bartimeo (Marcos 10:46-52), y la mujer sin nombre con la hemorragia (Lucas 8:43-48).

13 T. W. Manson confirma que la noción Judía del Mesías estaba estrechamente ligada a las esperanzas nacionalistas de Israel. "Porque esa historia muestra que los Judíos de Palestina estaban solamente bien preparados en darle la bienvenida a cualquier campeón prometedor de la causa de Israel y que tomara las armas en una guerra santa para el reino de Dios". *Servant Messiah*, Cambridge University Press, 1961.

14 Ningún erudito exegeta con más precisión y convincentemente en el tópico que se ventila, i.e., que el Día de Pentecostés no fue el día de nacimiento de la iglesia, como lo hace Howard Ervin. Varias de sus publicaciones establecen esta posición, incluyendo *Conversion-Initiation and the Baptism in the Holy Spirit*, Peabody, MA: Hendrickson Publishers, 1984, p. 133ff.

15 Un enemigo de Jesús durante Su vida, Santiago vino a ser uno de los discípulos ardientes de Jesús después de su dramática conversión. La resurrección persuadió a Santiago que su hermano era el Mesías. Otro hermano, Judas, también fue un convertido pos resurrección. Judas fue el autor de uno de los libros del Nuevo Testamento, el cual lleva su nombre.

16 *The Apology*, Capítulo 50. Tertuliano (160-220) era de Cartago, África, y fue un elocuente escritor y defensor de la doctrina Cristiana temprana.

17 Como el erudito bíblico F.F. Bruce ha declarado, "Cuando finalmente un Concilio de la Iglesia – el Sínodo de Cartago en 327 D.C. – listó los veintisiete libros del Nuevo Testamento, no confirió sobre ellos ninguna autoridad 1 cual ellos ya no

NOTAS

tenían, pero simplemente grabaron su canonicidad". *The Book and the Parchments*, London: Pickerikng and Inglis, 1950, p. 111.

18 Tradicionalmente, tales escritos son llamados apologéticos. Los escritos apologéticos han servido para defender la iglesia contra falsas acusaciones impuestas contra sus doctrinas y prácticas. Los escritores de apologías son conocidos como los apologistas.

19 Donald Bloesch, *Essential of Evangelical Theology*, Vol. 1, San Francisco, CA: Harper and Row, 1982.

20 Los escritos apócrifos representan una colección de la literatura de la iglesia temprana no incluidos finalmente en las Escrituras del Nuevo Testamento, no obstante es considerado lo suficientemente valioso como por haber sido leído entre las asambleas según los Cristianos se congregaban a adorar.

21 Versos relevantes están localizados en *The Epistle of Barnabus* 5:10-13.

22 Un número limitado de judíos tempranos convertidos al Cristianismo llamados Ebionitas adoptaron una perspectiva pervertida de Jesús, pero su enseñanza nunca llegó a ser un desafío serio a la iglesia en general.

23 Arrio publicó un libro popularmente escrito de sus enseñanzas llamado, *The Banquet*. Aunque le faltaba perspicacia teológica, la atractiva presentación de las ideas de Arrio manejó el incitar a muchos seguidores.

24 Herejía generalmente significa una opinión contraria a los estándares aceptados de un grupo; en este caso, la iglesia Cristiana.

25 El politeísmo es la creencia en existencia de más de un Dios. Previo a endosar el Cristianismo como la religión del estado, el Imperio Romano permitió el politeísmo. El Panteón Romano, un templo público de adoración, alojó las imágenes de una multitud de dioses.

26 Ortodoxia es un término usado para representar las doctrinas esenciales normativas sostenidas por la iglesia Cristiana en general. Constituyen la fundación de la verdad doctrinal, sin las cuales la iglesia no retendría su identidad como iglesia de las Sagradas Escrituras.

27 Talvez el más completo e influyente de las obras antiarrianas de Atanasio es la *Oration Against the Arians*.

28 El Credo Niceno como lo conoces hoy contiene algunos cambios que fueron añadidos al credo original en el Concilio de Constantinopla en el año 381. La sustancia del credo permanece la misma. Conflictos doctrinales adicionales resultaron en la necesidad de explícitamente afirmar la divinidad eterna del Espíritu Santo, así como la del Hijo. El credo original se enfocó en la relación Padre-Hijo, y la divinidad del Espíritu fue añadida en Constantinopla. El credo revisado, no obstante, retuvo el nombre original.

29 La excelente refutación de Cirilo del Nestorianismo es representada mejor en tres cartas, dos de las cuales fueron dirigidas a Nestorio, y la tercera a Juan, obispo de

Antioquia. Estas cartas están reproducidas en el libro de J. Stvenson, *Creed, Councils and Controversies*, London: SPCK, 1966.

30 Yo no considero que el surgimiento del Socinianismo a finales de 1500 haya sido una amenaza mayor a la ortodoxia. Esta reformulación del Nestorianismo antiguo, animada por el radicalismo de Michael Servetus, produjo una Reforma menor subterránea que apareció mucho después en la forma de expresiones racionalistas de anti Trinitarianismo. El unitarianismo fue producido de este medio.

31 Ya que Jesús nació de una virgen, no compartió la semilla natural de David. Pero puesto que la genealogía hebrea rastrea la descendencia por medio del linaje del padre, el linaje de Jesús correctamente sigue aquel de José, Su padre terrenal. En dos Evangelios, Mateo y Lucas, la genealogía de Jesús por medio de José es rastreada por Su padre, David.

32 Las referencias a los animales sacrificables siendo requeridos sin defecto son numerosas: Levíticos 1:3, 10; 3:1, 6; 4:3, 23, 28, 32; 5:15, 18; 6:6; 9:2-3; 14:10; 22:19; 23:12, 18; Números 6:14; 28:3, 9, 11, 19, 31; 29:2, 8, 13, 17, 20, 23, 26, 29, 32, 36.

33 Eduard Schweizer, *Theological Dictionary of the New Testament*, VII, ed. Gerhard Kittel and Gerhard Friedrich, Grands Rapids, MI: Eerdmans Publishing Company, 1971, p. 135.

34 Ibíd., p. 139.

35 Ibíd.

36 Esta cita es del artículo 31 del Credo. El Credo de Atanasio verdaderamente no fue escrito por Atanasio, pero apareció primero en el siglo sexto, y tiene una autoría desconocida. Es altamente estimado en el Oeste, pero no es reconocido en por las iglesias Ortodoxas Orientales.

37 "San Ireneo", en *A Dictionary of Christian Theology*, ed. Alan Richardson, London: SCM Press LTD, 1969, p. 175.

38 Gracias al trabajo erudito de George Dragas, la autoría Atanasia de *Against Apollinaris I and II* ha sido probada. Vea el estudio de Dragas, *St. Athanasius Contra Apollinarem*, Athens: Church and Theology VI, 1985.

39 El octavo concilio ecuménico de la iglesia temprana, cuyos resultados son reconocidos por todas las ramas principales de la Cristiandad, son los siguientes: Nicea I (325); Constantinopla I (381); Efeso (431); Calcedonia (451); Constantinopla II (553); Constantinopla III (680-681); Nicea II (787); y Constantinopla IV (869-870).

40 La Definición procede con la asunción de que la humanidad de María es la humanidad común de todas las personas.

41 Para un estudio cuidadoso, defendiendo la ortodoxia de la Cristología de Irving, ver mi libro *Edward Irving's Incarnational Christology*, Fairfax, VA: Xulon Press, 2002.

42 Henry Cole, *The True Signification of the English Adjective Mortal, and the Awfully Erroneous Consequences of the Application of That Term to the Ever Immortal Body of Jesus*

NOTAS

Christ, Briefly Considered, London: J. Eedes, 1827, p. 159.

[43] Weimar Edition, W, 10/I/2, 247, citando I.D.K. Siggins, *Martin Luther's Doctrine of Christ*, New Haven: Yale University Press, 1970, p. 159.

[44] El término, semipelagianismo, no fue acuñado hasta la era Escolástica.

[45] *On the Predestination of the Saints* and *On the Gift of Perseverance*, incluidos en *A Selection of the Nicene and Post-Nicene Fathers of the Christian Church*, ed. Philip Schaff, Vol. V (Saint Augustin: Anti-Pelagian Writings), Grand Rapids: Eerdmans Publishing Company, 1956.

[46] Varios grados de adherencia al sistema Agustino de doctrina fueron evidentes en el movimiento para resistir al Semipelagianismo. El partido dominante en contra del Semipelagianismo no vino de simpatizantes de la teoría de predestinación absoluta de Agustín, sino de los Agustinos moderados.

[47] Philip Schaff, *History of the Christian Church, A.D. 311-600*, Vol. II, Edinburgh: T. And T. Clark, 1891, p. 858.

[48] Tomas Aquino, *The Summa Theologica*, II-I, q. 109, art. 6, obj. 1 and 2. Ed. Antón C Pegis, *Basic Writings of Saint Thomas Aquinas*, Vol. II, New York: Random House, 1945, p. 987.

[49] *Institutes of the Christian Religión*, ed. John T. McNeill, trans. Ford Lewis Battles, Volume I, Philadelphia: The Westminster Press, 1960, p. 593 (III.3.1).

[50] Esta frase bíblica expresa un significado doble; "... pues El da el Espíritu sin medida" (verso 34). 1) Esto se refiere a la provisión abundante del Espíritu santo a Su pueblo en un sentido general. 2) Más específicamente, esta frase se refiere a la provisión del Padre del Espíritu Santo dado sin medida a Jesús. Verso 35 confirma la referencia a Jesús en el contexto, cuando se dice, "El Padre ama al Hijo y ha entregado todas las cosas en su mano".

[51] La resurrección de Jesús señaló la realización de Su obra redentora. El apareció a Sus discípulos siguiendo inmediatamente Su resurrección para sustanciar Su identidad y para respirar o exhalar sobre ellos la vida regenerativa del Espíritu Santo (Juan 20:22).

[52] Un caso excepcional es la experiencia de Cornelio y su casa, grabado en el capítulo diez de los Hechos de los Apóstoles. Dios envió a Pedro a predicarles, su primera exposición al Evangelio de Jesucristo. Antes que Pedro pudiera completar su mensaje, el Espíritu Santo vino sobre el grupo entero. No tan solo creyeron en el Evangelio, trayendo la regeneración del Espíritu sobre sus vidas, sino que simultáneamente recibieron el poder del Espíritu. Aquí no ocurrió una separación cronológica entre la recepción de impartición de la regeneración del Espíritu y la recepción del poder del Espíritu, evidenciada por las expresiones habladas de lenguas viniendo del nuevo convertido. Generalmente, tales casos son la excepción en lugar de la norma. Para la mayoría de las personas, una separación cronológica a la misma vez que lógica ocurre en la operación dual del Espíritu.

⁵³ El hablar en lenguas era la manifestación inicial obvia exhibida por los primeros creyentes en el Día de Pentecostés cuando Jesús primero ejercitó Su rol de Bautista en el Espíritu Santo. "Y se les aparecieron lenguas como de fuego que, repartiéndose, se posaron sobre cada uno de ellos. Todos fueron llenos del Espíritu Santo y comenzaron a hablar en otras lenguas, según el Espíritu les daba habilidad para expresarse". (Hechos 2:3-4)

⁵⁴ Entre otros relatos bíblicos prominentes de hablar en lenguas siendo la manifestación inicial cuando los creyentes recibían su bautismo en el Espíritu Santo, dos son dignos de mención. 1) El bautismo Pentecostal fue extendido al mundo no judío por primera vez cuando Pedro fue enviado a Cesarea a predicar el Evangelio de Jesús a la casa de Cornelio. "Mientras Pedro aún hablaba estas palabras, el Espíritu Santo cayó sobre todos los que escuchaban el mensaje. Y todos los creyentes que eran de la circuncisión, que habían venido con Pedro, se quedaron asombrados, porque el don del Espíritu Santo había sido derramado también sobre los gentiles, pues les oían hablar en lenguas y exaltar a Dios". (Hechos 10:44-46) 2) Pablo encontró en Efeso a doce hombres quienes habían sido discípulos de Juan el Bautista, pero que no habían escuchado el Evangelio de Jesús. Siguiendo las instrucciones de Pablo, ellos creyeron en Jesús y se sometieron al bautismo como nuevos convertidos. Pablo entonces les guió al bautismo del Espíritu santo. "Y cuando Pablo les impuso las manos, vino sobre ellos el Espíritu Santo, y hablaron en lenguas y profetizaban". (Hechos 19:6)

⁵⁵ El concepto de Pablo, de que el que habla en lenguas bajo un autocontrol voluntario, está identificado a lo largo de este capítulo como "lenguas volitivas".

⁵⁶ Una excelente fuente para entender el contexto de la iglesia temprana de manifestaciones carismáticas es *Cristian Initiation and Baptism in the Holy Spirit*, por Killian McDonnell y George T. Montague, Collegeville, Minnesota: The Liturgical Press, 1991.

⁵⁷ Del artículo, "A History of Speaking in Tongues and Related Gifts", por George H. Williams y Edith Waldvogel, *The Christian Movement*, ed. Michael P. Hamilton, Grand Rapids, MI: Eerdmans Publishing Company, 1975, p. 71.

⁵⁸ George Fox, *The Works of George Fox*, Vol. III, New York: AMS Press, 1975 (reimpreso de la edición de 1831), p. 13.

⁵⁹ Varias de mis publicaciones proveen perspectiva con respecto a las contribuciones Cristológicas y Pneumatológicas de Irving. David Dorries, *Edward Irving's Incarnational Christology*, Fairfax, VA: Xulon Press, 2002; David W. Dorries, Edward Irving and the 'Standing Sign' of Spirit Baptism", en *Initial Evidence*, ed. Gary B. McGee, Peabody, MA: Hendrickson Publishers, 1991; D. W. Dorries, "West of Scotland Revival (1830)", en *The New International Dictionary of Pentecostal Charismatic Movements*, ed. Stanley M. Burgess, Grand Rapids, MI: Zondervan, 2002. Mirar por los reimpresos de varios escritos de Irving, tales como *The Day of Pentecost or The Baptism with the Holy Ghost; On the Gift of the Holy Ghost, Commonly Called Supernatural; and The church , With Her Endowment of Holiness and Power*. Estos trabajos son editados por David W. Dorries.

NOTAS

60 Edward Irving, *The Day of Pentecost or The Baptism with the Holy Ghost*, Edinburgh: John Lindsay, 1831, p. 28.

61 Edward Irving, "On the Gifts of the Holy Ghost, Commonly Called Supernatural", en *The Collected Writings of Edward Irving in Five Volumes*, Vol. 5, ed. Rev. G. Carlyle, London: Alexander Strahan, 1864, p. 548.

62 Tengo que disentir fuertemente con las conclusiones básicas de Dallimore con respecto a la vida y el ministerio de Edward Irving, no obstante encuentro su explicación plausible con relación al éxito que algunos de los seguidores de Irving experimentaron al recibir las manifestaciones, mientras que Irving mismo probablemente nunca recibiera las lenguas, interpretación de lenguas, o profecía. Dallimore establece, "Es evidente que Irving no quería ningún don que necesitara alguna forma de inducimiento humano. El don de lenguas no viene como una acción directa del cielo, sino que medios fueron empleados para provocarlo. La Señorita Cardale fue considerada especialmente proficiente en este respecto y hizo de su practícale decirle al que buscaba, '¡Rinde tu lengua, rinde tu lengua, rinde tu lengua al Espíritu Santo'! Igualmente, Mary Caird, con su poderosa pero mística personalidad, instruyó bastante a como hablar en lenguas y fue excepcionalmente exitosa en esta labor. Irving permitió estas prácticas, pero deseaba algo mejor para sí mismo. No se atrevió a aceptar ninguna forma de dones los cuales pudieran dejarle con la menor duda del sobrenaturalísimo del fenómeno... Él anticipó la llegada sobre él 'del poder' en lo que habló como de una contorción o ataque físico del Espíritu Santo,..." Arnold Dallimore, *Forerunner of the Charismatic Movement: The Life of Edward Irving*, Chicago: Moody Press, 1983, páginas 134-135. El uso de Irving del término "ataque" en referencia a la llegada del Espíritu en el bautismo del Espíritu es revelador, ya que implica una imposición soberana del Espíritu sobre el recipiente no dejando preguntas de cómo el evento sobrenatural originó. El utiliza el término en otra ocasión al describir a la recepción inicial del don de lenguas de Mary Campbell (ella vino a ser Mary Caird en el 1831). Irving expresa, "Ella me ha dicho que el primer ataque o toma incontrolable del Espíritu fue el más fuerte que había tenido;..." Edward Irving, Facts Connected with the recent manifestatios of the Spirit," *Frasier's Magazine*, Enero, 1832, página 761.

63 El autor encontró nueva información justamente antes de la publicación de este libro la cual no se pudo integrar en el texto. Lo que hemos descrito como el concepto Paulino de "lenguas volitivas" parece que ha sido implementado a cierto grado por William Seymour y los obreros de la Calle Azusa. Refiérase a estas fuentes: Cecil M. Robeck, Jr., *The Azusa Street Mission and Revival*, Nashville, TN: Thomas Nelson, 2006, p. 140; y la Señora de Carlos Fox Parham, *The Life of Charles F. Parham*, Joplin MO: The Tri-State Printing Company, 1930, p. 169. Aparentemente, el movimiento Pentecostal dejó caer el batón al dejar de llevar esta verdad elusiva a las generaciones subsiguientes.

64 Esto se está cargando del formato de las "reuniones de campo" común al trasfondo Metodista Americano y familiar a los primeros Pentecostales. Al responder a un "llamado al altar", los recipientes potenciales de varias experiencias se arrodillaban en el altar para esperar por el resultado espiritual esperado.

65 Según se señalará anteriormente, el docetismo es el error Cristológico básico de minimizar la naturaleza humana de Cristo. Varias Cristologías son docéticas cuando devalúan o hasta niegan la humanidad real y/o el cuerpo humano verdadero de Jesucristo. Ejemplos clásicos de herejías cuyas Cristologías son docéticas son: Gnosticismo, Apolinarismo y Eutiquianismo.

66 Escuché primero la frase, "sílabas de fe", del Pastor David Ingles de la Iglesia Walnut Grove en Broken Arrow, Oklahoma. Su ministerio, en llevar a las personas a recibir el bautismo del Espíritu, es uno de los más efectivos que yo he tenido el privilegio de presenciar.

www.ingramcontent.com/pod-product-compliance
Lightning Source LLC
Chambersburg PA
CBHW030228170426
43201CB00006B/150